LE HUSKY SIBERIEN

origine - standard - soins - élevage - alimentation

Dr Dominique Grandjean
Vétérinaire à l'école de Maisons-Alfort

LE HUSKY SIBERIEN

origine - standard - soins élevage - alimentation

EDITIONS DE VECCHI S.A.
20, rue de la Trémoille
75008 PARIS

Toutes les photos y compris celle de couverture sont de Vladimir Vinitzky. La photo en noir et blanc qui se trouve à la p. 296 est de Dominique Grandjean.

Imprimé en Italie

"Mieux vaut se mettre sérieusement à quelque chose de perfectible que de rêver éternellement au parfait"

Docteur Vétérinaire Dominique Grandjean

Docteur en Nutrition

Maître Assistant en chaire de Nutrition-Alimentation
à l'Ecole Nationale Vétérinaire d'Alfort

Lauréat de l'Académie Vétérinaire de France

Je dédie cet ouvrage,

- *à mon épouse Rosita, pour trois années de travail de terrain sur ces merveilleux Huskies, en témoignage de tout mon amour;*

- *au Professeur Bernard-Marie Paragon, qui, j'en suis sûr, appréciera cette maxime à sa juste valeur...;*

- *à Patricia Jacquot, pour son aide et sa gentillesse;*

- *à tous mes amis mushers: Thierry et Myriam Bloch, Claire et Jacques Philip, Monique Bene, Serge Laromiguière, Bernard Robert, Roger Hurisse, Pascal Nicoud, Yannick Belmont, Alain Barrès, Jean Crotteux, Peter Thomann et à la toute jeune Fédération Française de Pulka et Traîneau à Chiens...*
  Vous faites du sport de traîneau l'un des plus beaux sports, et je vous en remercie;

- *à "notre" Championne d'Europe 1985: Henriette Verny;*

- *sans oublier Rhino, Vodin, T'vodin, Sherka, Varna, Pando, Zoon, Track, Tio, Fullmoon, Snow, Taika, Rimsky, Touto, Natilik, Panouk... et Koliuk, mon favori.*

Préface

En région polaire, le chien nordique a assuré la survie de l'homme comme moyen de transport, chasseur, gardien, source de chaleur, et compagnon de lutte contre la solitude. Coureur de grand fond, adapté aux climats très froids, c'est un athlète du plus haut niveau qui, pour un poids moyen de 25 à 30 kg, est capable de parcourir près de 100 km par jour, en tirant une charge voisine de 50 kg, par des températures approchant de moins 50 degrés centigrades, éventuellement aggravées par le blizzard. C'est aussi un excellent ami de l'homme, sérieux, discipliné, courageux et très intelligent dans son travail, noble et réservé, mais très fidèle et affectueux avec son maître. En outre, le Husky a encore l'avantage d'être un chien particulièrement élégant, alliant l'équilibre de la silhouette, l'expression d'une puissance tranquille, la beauté de son abondante fourrure, une tête très éveillée avec ses petites oreilles très mobiles et un regard fascinateur. Cumulant tant de qualités physiques, comportementales et esthétiques, il n'est pas surprenant qu'il connaisse actuellement un grand engouement de la part du public.
Le moment est donc spécialement bien venu pour publier une monographie complète sur le chien de race Husky, pour en considérer les multiples aspects génétiques, anatomiques, physiologiques, zootechniques, sportifs, sanitaires et réglementaires.
Inspiré par l'heureuse association de la passion et de la raison, le Docteur Grandjean, Maître-Assistant à l'Ecole Na-

tionale Vétérinaire d'Alfort, était très bien placé pour mener à bien cette très utile et intéressante entreprise.
Son ouvrage mérite le meilleur succès. Il ne manquera pas de captiver les amateurs de Husky, toujours plus nombreux et plus soucieux de mieux connaître cette race aux dons multiples et exceptionnellement attachante.

Professeur R. Wolter

Les origines du Husky de Sibérie

Le loup, ancêtre du Husky de Sibérie

Si l'hypothèse du loup comme ancêtre du chien est parfois controversée, elle semble, dans le cas du Husky de Sibérie, trouver des fondements. Cet "enroué" (traduction littérale du mot "husky") constitue en effet, parmi les chiens domestiques, le cousin le plus proche du loup, tant par sa morphologie, que par son comportement ou son hurlement.

Néanmoins, il est toujours difficile de définir très clairement l'origine exacte de telle ou telle race de chiens et notre Husky de Sibérie n'échappe pas à cette règle: son histoire est en fait intimement liée à l'évolution de peuplades qui l'utilisèrent comme animal de travail, mais aussi de chasse, qu'il s'agisse de peuples sibériens ou esquimaux.

LE CHIEN CHUKCHI

A l'origine, on pense que des tribus nomades du Nord du lac Baïkal et du bassin de la rivière Kolima (Sibérie Centrale) furent les premières à atteler des chiens à un traîneau, ce, il y a quelques milliers d'années. Ces premiers chiens arctiques étaient et le restèrent longtemps, des chasseurs, ainsi qu'en témoignent les rares peintures rupestres dont on dispose encore, et qui remontent à plus de 2000 ans avant notre ère (Vallée de Pegtymel, en Tchoukotka).

Pendant des siècles, l'art de conduire des traîneaux à chiens atteignit un haut niveau, grâce à des tribus sibériennes telles que les Samoyèdes ou les Chukchis (encore appelés Tchouktches). C'est d'ailleurs cette dernière peuplade, appartenant au complexe paléo-arctique, qui a "sélectionné" et conservé la race telle que nous la connaissons actuellement.

Initialement peuple de chasseurs de rennes, les Chukchis se sédentarisèrent en optant pour des villages permanents le long des côtes de l'actuelle mer de Béring. Occupant une des zones les plus déshéritées du continent sibérien, ils devinrent chasseurs de mammifères marins (baleine, morse, phoque) et terrestres (ours, renard). Au XIXe siècle, commerçants russes et américains se mirent en quête de fourrures, ce qui amena les Chukchis à utiliser de plus en plus le traîneau à chiens, animaux moins rapides et puissants que les rennes, mais beaucoup plus résistants et endurants sous ce climat côtier hyperboréal. Ce mode de vie permit la sélection de chiens spécifiquement adaptés à la traction.

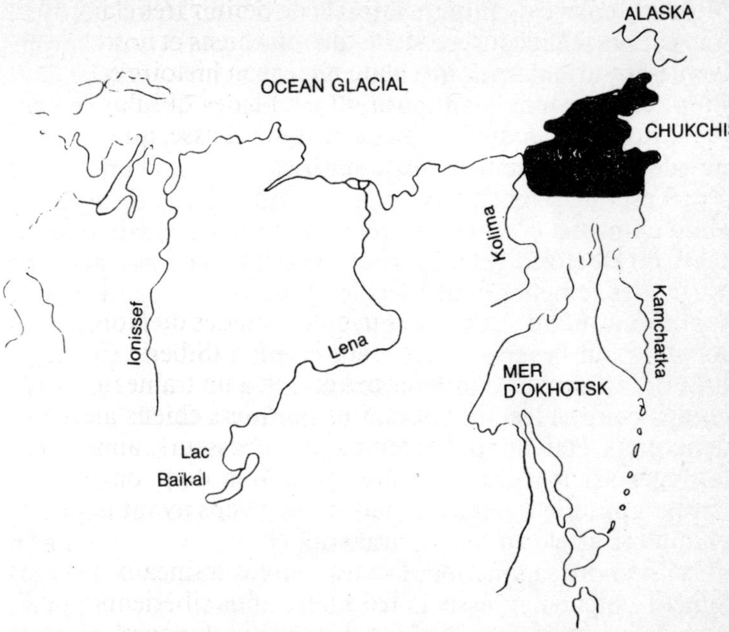

Figure 1: carte de la Sibérie. Situation du peuple Chukchi

Malheureusement pour nous, la civilisation Chukchi n'avait, jusqu'au début de notre siècle, pas changé depuis l'âge de pierre, et nous ne pouvons disposer de ce fait d'aucune trace écrite de l'histoire du chien Chukchi. Dès lors, il faut se tourner vers des écrits de marchands ou d'explorateurs décrivant partiellement et incidemment ce petit chien nord sibérien, ancêtre de notre moderne Husky de Sibérie. Ainsi, Hooper en 1853 le présente comme un animal de taille inférieure aux chiens esquimaux du Nouveau Monde: "la tête est fine (phénomène renforcé par la largeur des tempes), la poitrine est profonde, les pattes fines et musclées. La fourrure, courte ou mi-longue, est très dense. La queue, fournie, est portée recourbée sur le dos. Les couleurs de la robe sont très variables (noire, blanche, rouge ou fauve)".

Bien que ne connaissant pas les lois de la génétique, le peuple Chukchi a assuré la préservation de la race dans ce qu'elle avait de meilleur, en n'autorisant que les bons chiens à se reproduire, les chiens inaptes au travail ou trop agressifs étant éliminés. C'est ce que relate Patrick Louveau, dans sa thèse de Doctorat vétérinaire (1983): "Dès la naissance, une partie des femelles était sacrifiée (une femelle gardée pour sept à huit mâles), et seules quelques-unes étaient ainsi conservées pour la reproduction et le trait, même si leurs qualités de docilité et d'ardeur au travail les faisaient souvent choisir comme leader. Les chiots, parfois seulement âgés de deux mois, étaient attelés dès leur première saison hivernale. Jugés sur leur travail, seuls les animaux présentant une bonne aptitude au trait étaient conservés. Le futur leader était alors attelé en tête de traîne, à côté du vieux chef afin d'y apprendre sa fonction. D'excellents attelages étaient également obtenus en associant une femelle à toute sa portée âgée de quelques mois. Afin d'augmenter leur docilité et de limiter les conflits entre mâles, la castration était une mesure fréquente, celle-ci s'effectuant dès l'âge d'un an, à testicule découvert, de la neige bourrée dans le scrotum favorisant l'hémostase par action vasoconstrictrice du froid. Seuls les meilleurs chiens n'étaient pas castrés. Ces derniers, laissés libres en dehors des périodes de travail (tous les autres étaient attachés), pouvaient saillir les femelles en chaleur, assurant la pérennité des bonnes lignées d'animaux".

Dans le cas du chien Chukchi, à la fois compagnon, garde, chasseur, berger et surtout chien de traîneau, on voit combien est vital le lien avec le chien, dans des régions aussi âpres que l'arctique; ceci peut expliquer que, dans l'esprit des peuplades arctiques, tendresse et rapports affectifs ont souvent été incompatibles avec la recherche de l'efficacité de la meute. Il n'en reste pas moins que le chien était respecté, comme le démontre la légende de Chukchi: la souffrance

terrestre lui ouvrait les portes du paradis, dont il assurait la garde; dès lors, tout homme l'ayant inutilement maltraité ne pouvait rejoindre à sa mort le pays de ses ancêtres.
L'apparition du régime soviétique actuel, assimilant la région où vivaient les Chukchis à un département national, amena le "discrédit officiel" de toute race pure; ce n'est qu'en 1930 que les Soviétiques, reconnaissant leur impossibilité d'utiliser la plupart des moyens de transport mécanisés de manière satisfaisante en Sibérie, essayèrent de promouvoir le chien de traîneau en systématisant son élevage. Ils sélectionnèrent alors, au sein d'un groupe dénommé "Laïkas", quatre types de chiens, dont ils exclurent le Chukchi, ce dernier étant considéré comme trop petit en regard des besoins de transport de l'économie soviétique arctique. Nous sommes en 1947 et le "Congrès Cynologique de toutes les Russies" ne reconnaît que ces quatre races ("Karelo-finnois", "Russo-Européen", "Sibérien de l'Ouest", et "Sibérien de l'Est"), chacune d'entre elles étant le fruit du croisement d'au moins trois races de chasse et de traîneau indigènes! Il faudra attendre 1971 pour que le département de Préservation de la Nature du Ministère de l'Agriculture soviétique, par le biais de son ambassade à Berne (Suisse), atteste que le chien de traîneau sibérien Chukchi n'a jamais existé...

LE HUSKY EN ALASKA

Dès lors, on peut se demander pourquoi s'intéresser à ce chien Chukchi, et pourquoi qualifier de sibérien un chien qui "n'existe pas" dans son propre berceau...
C'est là qu'intervient l'Alaska, immense terrain glacé, où se déchaînent vents et blizzards, bradé par le Tsar de Russie aux Américains pour la somme de 7 200 000 dollars en 1867! Il ne reste plus au "Chukchi" qu'à franchir le Détroit de Béring pour devenir "Husky".
Dès 1880, on découvre de l'or aux environs de l'actuelle

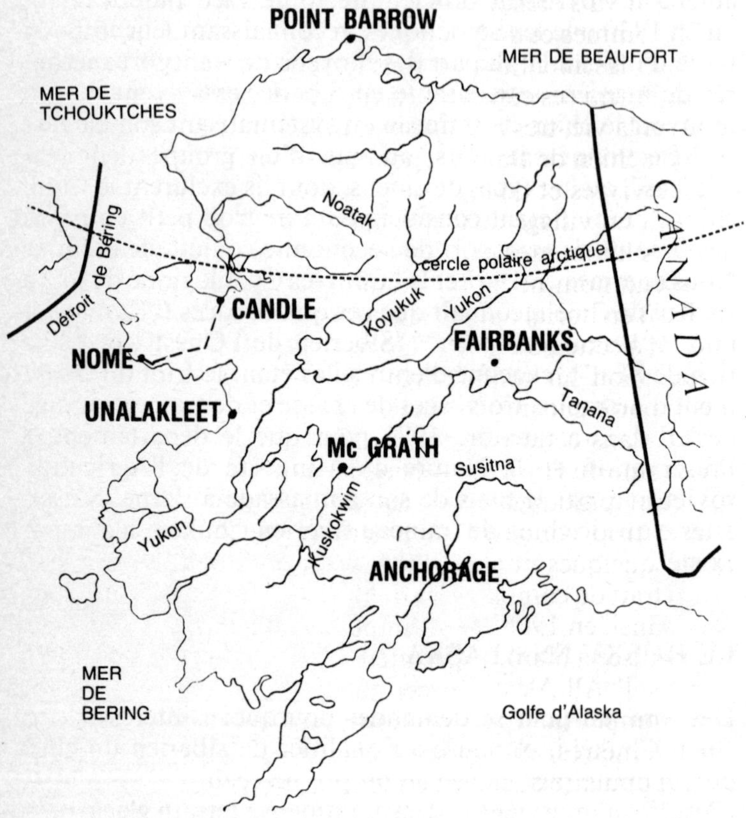

Figure 2: carte de l'Alaska avec tracé de l'All Alaska Sweepstakes

capitale administrative de l'Etat d'Alaska (alors seulement territoire d'Alaska), Juneau. Il faudra attendre 1896 pour que des prospecteurs quittent ce site pour aller tenter leur chance dans le Klondike, une région du "Yukon Territory"; c'est le "Gold Rush", la ruée vers l'or du début de notre siècle, qui va s'étendre sur tout l'Alaska, déraciner des milliers d'hommes et de femmes et inspirer à Jack London des récits qui fascinent encore tous les passionnés du traîneau à chiens. Parmi ces conquérants d'un nouveau type, beaucoup perdront la vie, très peu trouveront le filon, mais tous feront appel au chien de traîneau pour assurer le transport d'hommes, de vivres et de matériel.

En 1900, un village de tentes naît au bord de la banquise, à quelques kilomètres du Détroit de Béring, donc de la Sibérie. Aucun nom ne lui est donné, ce qui amène un clerc de l'Office Territorial à reporter sur sa carte, à l'endroit correspondant à cette bourgade, "No name". Une simple erreur de transcription lui conféra très peu de temps après le nom qu'elle porte encore: "Nome".

Et c'est dans cette ville minière que débute l'histoire contemporaine du Husky de Sibérie tel que nous le connaissons: possédant pratiquement tous un attelage de chiens et ne sachant trop comment meubler leurs modestes loisirs, il vient à quelques mineurs l'idée d'une compétition qui leur permettrait de comparer les qualités de leurs meutes respectives. Ainsi, en 1908, sous l'impulsion d'Allan Scotty Allan, est organisée à Nome la première grande course de traîneaux à chiens, l'"All Alaska Sweepstakes".

Cette compétition, reliant Nome à Candle aller et retour (656 kilomètres) eut lieu au mois d'avril; elle connut un tel succès populaire que sa reconduction annuelle fut alors décidée.

L'année suivante, le premier attelage de Huskies de Sibérie, y fit son apparition, se plaça troisième, démontrant ainsi les qualités d'endurance de la race face aux autres attelages composés de chiens d'origine et de morphologies très diverses. Ces neuf huskies en provenance directe de Sibérie furent les premiers à quitter le berceau de la race: ils avaient été achetés aux Chukchis à Markovo, petit village situé le long de la rivière Anadyr, par un négociant en fourrures, William Goosak. Par la suite, certains achetèrent des chiens à ce dernier, d'autres, comme William Madsen, Fox Maule Ramsey ou Iver Olsen, allèrent en acquérir sur la rivière Anadyr. Les meilleurs de ces chiens furent ensuite regroupés à Nome, afin de participer à l'expédition polaire de Roald Amundsen, puis furent repris ensuite par le célèbre Léonhard Seppala sur lequel nous serons amenés à revenir plus loin.

La dernière importation de chiens Chukchis de race pure eut lieu en 1930: Olaf Swenson, commerçant, mais surtout amateur éclairé et utilisateur de chiens de traîneau, ramena directement sur la côte est des Etats-Unis, quatre des meilleurs chiens Chukchis de la côte arctique. Les plus fameux de ces chiens, Kreevanka et Tserko, sont à l'origine de nombre de pedigrees “Siberian Huskies” de l'American Kennel Club.

A ce stade de l'étude des origines du Husky de Sibérie actuel, il convient de relater en quelques phrases l'histoire d'Olaf Swenson, dont la réputation en tant que grand ami des Chukchis et de connaisseur de leurs chiens a franchi les frontières.

Après l'avènement du socialisme en U.R.S.S., il fut le dernier contact de ce peuple avec le “monde extérieur”, ayant obtenu du gouvernement soviétique un contrat d'exclusivité (de 1926 à 1931) afin d'importer du matériel et d'exporter des fourrures. Ses capacités à apprécier la conformation et le comportement du chien Chukchi lui permirent de sélectionner les meilleurs afin de les ramener aux Etats-Unis: “J'ai payé d'excellents chiens, très difficiles à découvrir, jusqu'à 150 dollars, alors que j'aurais pu me contenter d'animaux plus ordinaires mais me rendant des services équivalents... et qui ne m'auraient coûté que 10 dollars chaque”! On ne peut encore que se féliciter que les derniers chiens de race pure importés, l'aient été par un tel homme, qui sut “dénicher” les meilleurs et en obtenir le maximum.

LE SIBERIAN HUSKY CLUB D'AMERIQUE

Sous l'impulsion d'Olaf Swenson et d'Arthur Walden, le Husky allait pouvoir gagner le Canada et le Nord-Ouest des Etats-Unis et dominer la scène des courses du "New England Sled Dog Club".
Le seul problème restait alors, pour ces premiers éleveurs, de créer un standard de confirmation. Après que la race ait été reconnue officiellement en 1930 par l'American Kennel Club (A.K.C.), ce fut chose faite en avril 1932 avec la publication dans l'American Kennel Gazette du premier standard de la race "Siberian Husky" (voir chapitre sur le standard).
Par la suite, la première réunion officielle du "Siberian Husky Club of America" se tint chez Milton et Eva Seeley le 10 juin 1938, et donna lieu à l'édition d'un second standard, plus évolué qui fut reconnu par l'American Kennel Club deux mois plus tard.
En 1939, ce même standard était reconnu par le Canadian Kennel Club. Depuis, le Husky de Sibérie compte parmi les 15 races les plus populaires parmi celles reconnues par les deux organismes avec deux pour cent de la population canine de race et est la race de chiens de traîneau la plus importante (près de 3 fois plus nombreux que Samoyèdes ou Malamutes). En 1982, l'American Kennel Club comptait 20 654 Huskies au Livre des Origines.

LE HUSKY ARRIVE EN EUROPE

Il semble bien que ce soit en Suisse, dès 1950, que les premiers Huskies de Sibérie furent introduits, avant d'atteindre la Norvège en 1958 et dans les années 1965-1970, la Finlande, la Belgique, la Grande-Bretagne, les Pays-Bas, l'Allemagne, l'Autriche et la France. Dès lors, l'augmentation du nombre de sujets fut rapide et conduisit, en 1966, à la reconnaissance officielle de la race par la Fédération Cynologique

Internationale (F.C.I.). Le succès grandissant de la race et le constant développement des courses de traîneaux à chiens et de pulka scandinave entraînent un rapide développement des effectifs, et c'est ainsi qu'en 1977, l'International Siberian Husky Club dénombrait: 1 500 chiens en Norvège, 800 en Finlande, 350 en Suisse, 300 au Danemark, 200 en Suède et 110 en Grande-Bretagne.

FRANCE: UNE POPULATION EN CONSTANTE AUGMENTATION

La France fut, quant à elle, plus tardive à introduire la race sur son territoire. On y trouve pourtant des Samoyèdes dès le début du siècle et nous avons tous entendu parler des Groenlandais ramenés par Paul Emile Victor de ses expéditions, et qui traversèrent les Alpes en 1938 de Nice à Chamonix. Le Malamute d'Alaska fut inscrit pour la première fois au L.O.F. (Livre des Origines Français) en 1969, et il faut attendre 1972 pour y trouver les premiers Huskies de Sibérie:

- Koliam du Patis du Roi (née en 1970, enregistrée sous le numéro 1);
- Kamut kyat of Anadyr (né en 1969, enregistré sous le numéro 2);
- Alaskan's igloo of Anadyr (né en 1968, enregistré sous le numéro 3).

Déjà, on remarque que deux de ces chiens sont de lignée Anadyr, c'est-à-dire en provenance du fameux "Alaskan Kennel" d'Earl et Natalie Norris: sans doute le meilleur et le plus réputé de tous les élevages de Huskies de Sibérie au monde. A l'origine de cette lignée qui remonte à 1946, on trouve trois chiens: Chinook's Alladin of Alyeska et deux femelles, Bayou of Foxstand et Candia... Depuis 40 ans, Earl et Natalie Norris n'ont pas cessé de sélectionner, d'élever et d'exporter sur tous les terrains de course du monde des Huskies de Sibérie et leurs résultats, tant en compétition de

traîneau qu'au niveau de l'élevage, resteront sans doute à jamais inégalés.
Quoi qu'il en soit, et même si les trois premiers Huskies "officiels" ne remontent qu'à 1972, il semble probable que quelques "Chuckchis" firent partie des 400 chiens nordiques importés en France en 1915 par l'armée, afin de permettre le ravitaillement en vivres et en munitions des troupes tenant le front des Vosges. Ces chiens avaient d'ailleurs été rassemblés et convoyés dans notre pays par "Scotty" Allan, fondateur de "l'All Alaska Sweepstakes" et vainqueur des éditions 1909, 1911 et 1912.
32 ans plus tard, en 1947, la compagnie Pathé-Films importait un attelage de 15 chiens achetés à Léonhard Seppala pour les besoins d'un tournage, dont la trace fut perdue quelques temps après en Suisse.
Il faudra attendre ces toutes dernières années pour que, le phénomène de mode aidant, la population française de Huskies de Sibérie connaisse un développement spectaculaire et passe de 25 sujets inscrits au L.O.F. en 1978 à près de 2 500 en 1985. Il vient ainsi largement en tête au "hit-parade" des races nordiques de trait, loin devant le Malamute d'Alaska (environ 200 sujets), le Samoyède (environ 80 sujets) et le Groenlandais (une cinquantaine d'animaux inscrits au L.O.F.).

[illegible] standard [illegible]

[illegible]

[illegible] 1978 les races [illegible] en dix groupes par la Société [illegible] sont les suivants :

Groupe 1 : Chiens [illegible]
Groupe 2 : [illegible]
Groupe 3 : Terriers [illegible]
Groupe 4 : Teckels [illegible]
Groupe 5 : Chiens [illegible]
Groupe 6 : Chiens [illegible]
[illegible]
Groupe 7 : Chiens [illegible]
[illegible]
Groupe 8 : Chiens [illegible]
Groupe 9 : Chiens [illegible]
Groupe 10 : Lévriers

[illegible]

[illegible]

Standard et morphologie générale

Depuis 1978, les races canines officiellement reconnues sont classées en dix groupes par la Société Centrale Canine; ces groupes sont les suivants:

Groupe 1:	Chiens de berger
Groupe 2:	Garde et Protection
Groupe 3:	Terriers
Groupe 4:	Teckels
Groupe 5:	Chiens courants pour gros gibiers
Groupe 6:	Chiens courants pour petits gibiers et chiens courants étrangers
Groupe 7:	Chiens de chasse (sauf races britanniques)
Groupe 8:	Chiens de chasse britanniques
Groupe 9:	Chiens d'agrément ou de compagnie
Groupe 10:	Lévriers

A ce titre, le Husky de Sibérie appartient au deuxième groupe, et au sein de celui-ci au sous-groupe des chiens "non soumis au travail"! D'emblée, on ne peut que s'étonner d'un tel choix, pour un chien de sport parfaitement incapable, de par son caractère, d'assurer la moindre mission de garde ou de défense...
Quoi qu'il en soit, et avant même d'entrer dans le détail de la connaissance du Husky de Sibérie, il est sans aucun doute utile de revenir sur l'évolution du standard depuis 1930. En

effet, si elle était, à l'origine, uniquement fonction des besoins, la sélection a, au cours des années, abouti à une certaine évolution du type morphologique de base.
Les notions de "race" et de "standard" remontent au milieu du XIXe siècle, époque à laquelle il apparut nécessaire de fixer les caractères principaux afin d'éviter la création de multiples types de chiens.
Par définition, le *standard* représente le modèle de base d'une race; il formule le descriptif morphologique et psychologique d'un animal imaginaire de référence. Il est donc représentatif du "modèle type" de chien que les responsables de la race souhaitent maintenir, ou obtenir, par le biais de la sélection des reproducteurs. Le standard s'attache à énumérer les caractéristiques recherchées, en limitant les variations possibles et surtout met en exergue les défauts qui amènent à refuser la confirmation de l'animal.
De par sa fonction, il est bien évident qu'un standard ne peut, et ne doit pas rester figé; il évolue donc selon les orientations souhaitées, voire les acquisitions ou les modifications du langage utilisé.

DE 1930 A NOS JOURS

Il serait sans doute long et fastidieux de reprendre ici l'évolution du standard du Husky de Sibérie depuis la reconnaissance de celui-ci en 1930 par l'American Kennel Club. La version primitive et ses révisions successives de 1938, 1941, 1963 et 1972 figurent d'ailleurs en annexe du présent ouvrage pour le lecteur intéressé. Précisons d'emblée, en rapport avec ce que nous avons déjà évoqué dans les aspects historiques, que bien que d'origine soviétique (ou pour le moins sibérienne), le Husky de Sibérie est considéré comme une race américaine, car reconnue initialement par les Etats-Unis. C'est donc à l'American Kennel Club qu'incombe la responsabilité de fournir ou de modifier le standard, ce dernier étant ensuite adopté et traduit par la Fédération Cynologique Internationale. Concernant l'évolution chronologique de la race au fil des différents standards, nous retiendrons:

- une volonté constante d'allonger et d'alléger l'animal, afin d'améliorer la vélocité, mais ceci en conservant les qualités de force et d'endurance qui font du Husky, un chien de traîneau;
- l'harmonie toujours recherchée entre la tête et le reste du corps;
- l'évolution de la position officielle quant à la couleur des yeux: pour le grand public, Husky est souvent synonyme de chien nordique, ou de traîneau "aux yeux bleus". Cette idée reçue, sur laquelle nous reviendrons lors de l'étude des critères de choix d'un chiot, a néanmoins fait son chemin... S'ils peuvent être bleus ou vairons, les yeux du Husky de Sibérie sont le plus fréquemment marron et il faut attendre 1971 pour que ne soit plus indésirable l'hétérochromie (un œil bleu, un œil marron) ou les yeux particolores (hétérochromie unilatérale, c'est-à-dire associant le bleu et le marron sur un seul œil);
- la décoloration hivernale de la truffe ("snow nose" des Américains), indésirable jusqu'en 1963, devient acceptable en 1972;
- une meilleure description du corps et des membres dans les standards récents;
- l'apparition d'un nouveau chapitre, concernant les allures dans l'édition de 1971;
- l'évolution dans le sens d'une réduction de la taille (56 à 60 cm en 1930, 54 à 60 cm en 1971).

LE STANDARD DE 1979

Le standard actuellement en vigueur en France est enregistré sous le numéro 270 b à la Fédération Cynologique Internationale et correspond à la traduction effectuée par cet organisme en septembre 1983 (traduction de R. Triquet) du standard américain approuvé par l'American Kennel Club le 18 avril 1979. Son texte figure ci-dessous:

STANDARD DU HUSKY DE SIBERIE

(RACE AMÉRICAINE)

Aspect général

Le Husky de Sibérie est un chien de travail de taille moyenne, à la démarche légère et vive. Il est dégagé et élégant dans ses allures. Son corps est modérément compact, couvert d'une bonne fourrure; ses oreilles droites et sa queue fournie (en brosse) évoquent son hérédité nordique. Son allure caractéristique est unie et apparemment facile. Il remplit avec la plus grande compétence sa fonction d'origine de chien de trait, en tirant une charge légère à une vitesse modérée sur de grandes distances. Les proportions et la forme de son corps dénotent cet équilibre fondamental de puissance, de rapidité et d'endurance. Les mâles de la race sont masculins mais jamais grossiers dans leurs formes. Les femelles sont féminines mais sans faiblesse dans leur structure. Le Husky de Sibérie en bonne condition a la musculature ferme et bien développée, n'a pas de poids superflu.

Tête

Crâne. De taille moyenne, il est proportionné au corps. Le sommet est légèrement arrondi. Il va en diminuant graduellement du point le plus large jusqu'aux yeux.
Défauts: tête lourde ou disgracieuse, tête trop finement ciselée.

Museau. Il est d'une longueur moyenne. La distance de la truffe au stop est égale à la distance du stop à l'occiput. Le

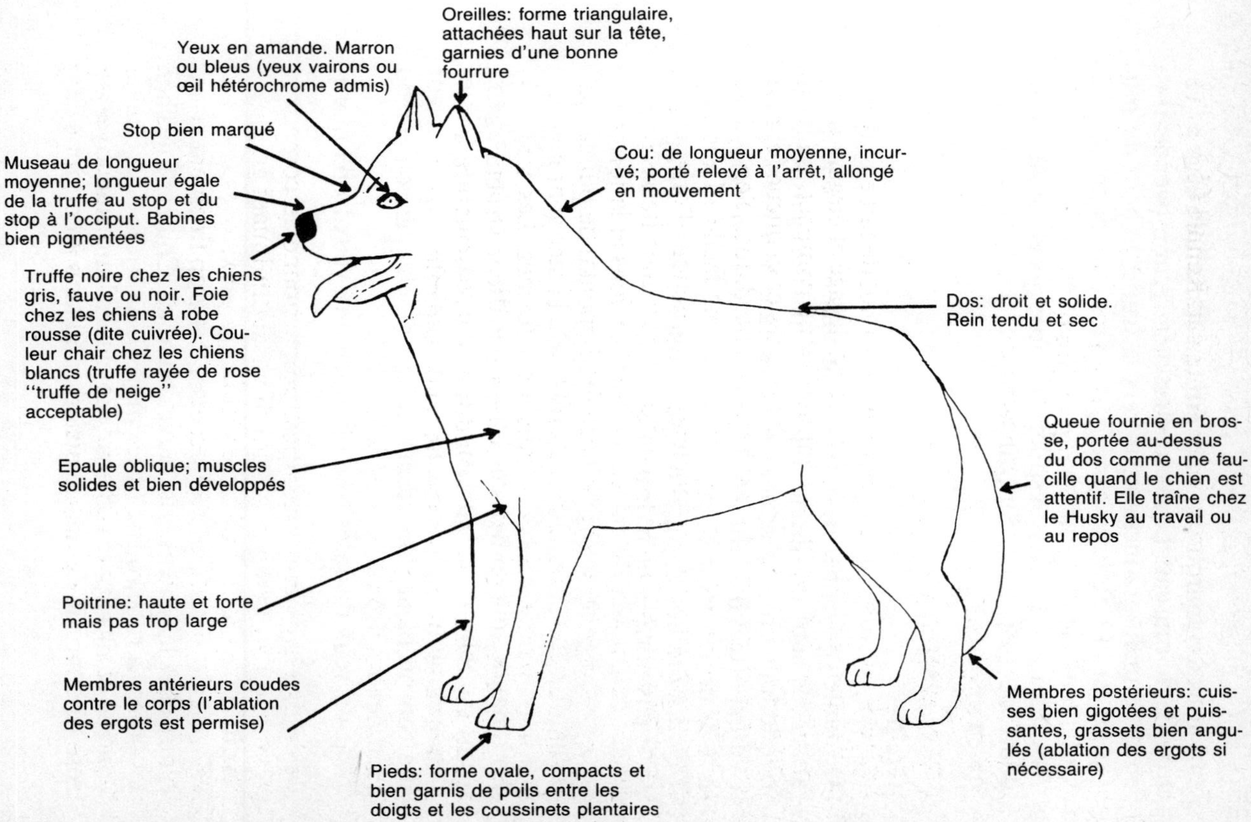

Figure 3: schématisation du standard du Husky de Sibérie

stop est bien marqué et le chanfrein est droit du stop à l'extrémité du museau. Le museau est de largeur moyenne; il va en diminuant graduellement vers la truffe; le bout du museau n'est ni pointu ni carré. Les lèvres sont pigmentées et s'adaptent bien; les incisives s'adaptent en ciseaux.
Défauts: museau trop en sifflet ou trop grossier; museau trop court ou trop long. Stop insuffisant. Tout autre articulé qu'en ciseaux.

Oreilles

De taille moyenne, de forme triangulaire, rapprochées et attachées haut sur la tête. Elles sont épaisses, garnies d'une bonne fourrure, légèrement arquées dans leur partie postérieure, portées bien droites. L'extrémité légèrement arrondie pointe droit vers le haut.
Défauts: oreilles trop grandes par rapport à la tête; trop écartées; pas portées bien droites.

Yeux

En amande, moyennement espacés et disposés très légèrement en oblique. L'expression est vive mais amicale, intéressée et même malicieuse. Les yeux peuvent être de couleur marron ou bleue. On admet un œil de chaque couleur ou l'œil hétérochrome.
Défauts: yeux disposés trop obliquement; yeux trop rapprochés.

Truffe

Noire chez les chiens gris, fauves ou noirs. Couleur foie chez les chiens à robe rousse (dite cuivrée). La truffe peut être de couleur chair chez les chiens tout blancs. La truffe rayée de rose dite “truffe de neige” est acceptable.

Corps

Cou. De longueur moyenne, galbé et porté fièrement dressé quand le chien est en station debout. Au trot, l'encolure s'étend de sorte que la tête est portée légèrement en avant.
Défauts: encolure trop courte et épaisse; encolure trop longue.

Epaules. L'omoplate est bien oblique et forme avec le sol un angle d'environ 45°. Le bras oblique légèrement vers l'arrière, de la pointe de l'épaule jusqu'au coude; il n'est jamais perpendiculaire au sol. Les muscles et les ligaments qui unissent l'épaule à la cage thoracique sont solides et bien développés.
Défauts: épaule droite; épaule mal attachée.

Poitrine. Haute et forte mais pas trop large. Le point le plus bas est situé juste derrière et au niveau des coudes. Les côtes sont bien cintrées à partir de la colonne vertébrale mais aplaties sur les côtés pour donner de la liberté aux mouvements.
Défauts: poitrine trop large; côtes en cercles de tonneau; côtes trop plates ou trop faibles.

Dos. Il est droit et solide; la ligne supérieure est horizontale du garrot à la croupe. Le dos est de longueur moyenne, ni court comme chez les chiens cob, ni insuffisamment soutenu par suite d'une longueur excessive. Le rein est tendu et sec, plus étroit que la cage thoracique et légèrement remonté. La croupe est inclinée par rapport à la colonne vertébrale mais elle n'est jamais avalée au point de gêner la poussée de l'arrière-main. Vu de profil, le corps, de la pointe de l'épaule à la pointe de la fesse, a une longueur légèrement supérieure à la hauteur au garrot.
Défauts: dos peu soutenu ou faible; dos de carpe; ligne du dessus inclinée.

Membres

Membres antérieurs. Le chien en station debout étant vu de face, les membres antérieurs sont modérément espacés, parallèles et d'aplomb; les coudes sont contre le corps, sans être rentrés ni sortis. Vus de profil, les canons métacarpiens sont légèrement obliques, l'articulation du carpe étant forte mais flexible. L'ossature a de la substance sans jamais être lourde. La longueur du membre antérieur, du coude au sol, est légèrement supérieure à la distance du coude au sommet du garrot. L'ablation des ergots aux membres antérieurs est admise par le standard.

Défauts: faiblesse des canons métacarpiens. Ossature trop lourde. Devant trop large ou au contraire trop étroit. Coudes sortis.

Arrière-main. Le chien en station debout étant vu de derrière, les membres postérieurs sont modérément espacés et parallèles. Les cuisses sont bien gigotées et puissantes, les grassets bien angulés, le jarret bien dessiné et bien descendu. En cas de présence d'ergots, on procède à leur ablation.

Défauts: angle du grasset trop ouvert; jarrets de vache, arrière trop étroit ou trop large.

Pieds

De forme ovale mais non allongés. Les pieds sont de taille moyenne, compacts et bien garnis de poils entre les doigts et les coussinets plantaires. Les coussinets sont durs et d'une bonne épaisseur. Les pieds ne tournent ni en dedans, ni en dehors quand le chien se tient en position naturelle.

Défauts: doigts mous ou écartés; pieds trop grands ou disgracieux; pieds trop petits et délicats; pieds tournés en dedans ou en dehors.

Queue

La queue bien fournie, qui a la forme de la queue en brosse du renard, est attachée juste en dessous du niveau de la ligne du dessus et elle est portée en général au-dessus du dos en une courbe gracieuse, comme celle d'une faucille, quand le chien est attentif. Quand elle est portée haut, la queue ne s'enroule pas sur un côté ou l'autre du corps et elle ne doit pas se rabattre à plat contre le dos. La queue qui traîne est normale chez le Husky au travail ou au repos. Le poil de la queue est d'une longueur moyenne; il a approximativement la même longueur sur le dessus, les côtés, le dessous de la queue, donnant ainsi l'aspect d'une brosse ronde.
Défauts: queue rabattue sur le dos ou très enroulée; queue très empanachée; queue attachée trop bas ou trop haut.

Allure

L'allure caractéristique du Husky est régulière et apparemment facile. Le Husky est rapide et léger dans sa démarche et, dans le ring d'exposition, il faut le mener, sans tendre la laisse, à un trot modérément rapide, de sorte qu'il présente une bonne extension des antérieurs et une bonne propulsion des postérieurs. Vu de face, le Husky de Sibérie au pas ne forme pas une piste simple mais quand la vitesse augmente, les membres s'inclinent graduellement vers l'intérieur si bien que les empreintes s'alignent juste dans l'axe longitudinal du corps. Alors que les empreintes convergent, les membres antérieurs et postérieurs se portent droit devant, les coudes et les grassets ne tournant ni à l'intérieur, ni à l'extérieur. Chaque postérieur se déplace sur la piste de l'antérieur du même côté. En action, la ligne du dessus demeure ferme et horizontale.
Défauts: allure raccourcie, heurtée, sautillante; pas pesant; chien qui roule dans ses allures, qui croise ou marche en crabe.

Robe

Le poil du Husky de Sibérie est double et de longueur moyenne, donnant un aspect bien fourré mais il n'est jamais long au point de nuire aux lignes nettement dessinées du chien. Le sous-poil est doux et dense et d'une longueur suffisante pour soutenir le poil de couverture. Le poil de couverture est droit et quelque peu couché; il n'est jamais dur ni planté dressé sur le corps. Il est à remarquer que l'absence de sous-poil pendant la mue est normale. Il est permis d'égaliser les moustaches et le poil qui pousse autour du pied et entre les doigts afin de donner un aspect plus soigné. Le toilettage du poil sur toute autre région du corps doit être sévèrement pénalisé.
Défauts: poil long, rude ou hirsute; texture trop dure ou trop soyeuse. Tout toilettage en dehors de ce qui est permis plus haut.

Couleur

Toutes couleurs admises, du noir au blanc pur. On rencontre communément diverses marques sur la tête, comprenant de nombreux motifs typiques que l'on ne trouve pas dans d'autres races.

Caractère

Le Husky de Sibérie se caractérise par sa gentillesse et la douceur de son tempérament mais il est également éveillé et sociable. Il ne témoigne pas du naturel possessif du chien de garde, ni d'une méfiance extrême envers les étrangers et il n'est pas agressif avec les autres chiens. On peut trouver chez l'adulte, dans une certaine mesure, de la réserve et de la dignité. Son intelligence, sa docilité, son désir de plaire font de lui un compagnon agréable et un travailleur plein de bonne volonté.

Vodin et Crazy

Taille

Hauteur au garrot. Elle s'établit de la façon suivante.
Mâles: 21 à 23 pouces 1/2 (53,5 cm à 60 cm)
Femelles: 20 à 22 pouces (50,5 cm à 56 cm)

Poids. Il est en proportion de la taille. Les tailles mentionnées représentent les limites extrêmes de la taille et du poids sans préférence pour l'un ou l'autre des extrêmes.

Mâles: 45 à 60 livres anglaises (20,5 kg à 28 kg)
Femelles: 35 à 50 livres anglaises (15,5 kg à 23 kg)

Disqualification

Taille dépassant 23 pouces 1/2 (59,69 cm) chez le mâle, et 22 pouces (55,88 cm) chez la femelle.

Récapitulation

Les caractéristiques les plus importantes du Husky de Sibérie sont sa taille moyenne, son ossature moyenne, ses proportions harmonieuses, l'aisance et la liberté du mouvement, la robe correcte, la tête et les oreilles plaisantes, la queue correcte et un bon naturel. Tout signe d'excès dans l'ossature ou le poids, d'allure contrainte ou gauche, de poil long et rude, doit être pénalisé. Le Husky de Sibérie n'a jamais un aspect lourd et grossier au point d'évoquer un animal de gros trait. Il n'est pas non plus léger et fragile au point d'évoquer un animal conçu pour la course de vitesse sur petite distance.

COMMENTAIRE DU STANDARD

Dans un remarquable ouvrage essentiellement axé sur

l'orientation de la race: *The Complete Siberian Husky* (Howel Book ed., New York), Lorna Demidoff et Michaël Jennings proposent un commentaire très fourni de l'actuel standard du Husky de Sibérie. Certaines des illustrations figurant dans ce chapitre en sont d'ailleurs inspirées.

Apparence générale

Originellement, le Husky de Sibérie fut élevé afin de tracter des charges légères sur des distances atteignant fréquemment 150 kilomètres par jour, ce qui explique la recherche d'une silhouette fine, harmonieuse, assez longue, conservant la rapidité à un animal endurant.

Tête

Plus que toute forme de commentaire, les schémas 4 et 5 précisent les critères recherchés en matière de museau et de port d'oreilles. La tête apparaît ainsi comme "spécifiquement nordique".
L'existence de poils nombreux à l'intérieur des oreilles peut se révéler intéressante aux fins de meilleure résistance au froid; sous nos latitudes et hors des périodes hivernales, cela peut à l'opposé constituer une gêne en se trouvant à l'origine de phénomènes inflammatoires bénins (otites externes).
Les aspects concernant d'éventuelles maladies d'origine génétique touchant les yeux ou la truffe seront traités dans le chapitre concernant la pathologie spécifique.

Corps

Les descriptions précises concernant le corps du Husky sont récentes; elles concernent en fait la "construction" même du

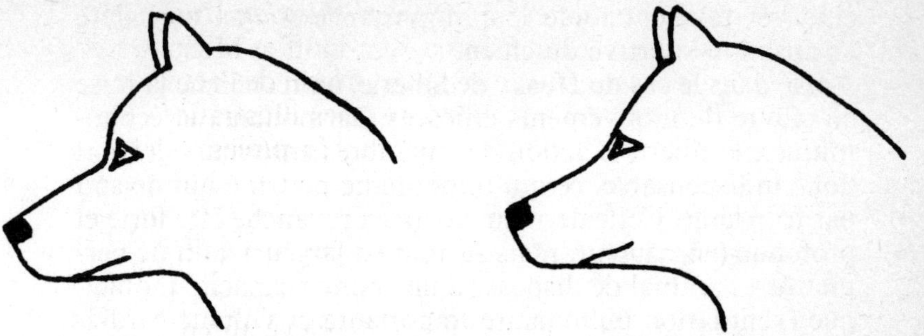

Stop correctement marqué **Pas assez de stop**

Figure 4: le stop du Husky de Sibérie (d'après *The Complete Siberian Husky)*

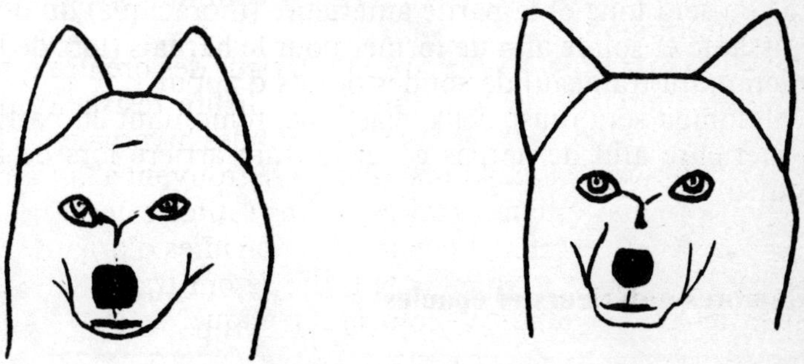

Port d'oreilles correct **Oreilles trop écartées**

Figure 5: le port des oreilles

chien et revêtent toute leur importance si l'on considère l'utilisation sportive du chien.
Ainsi, dans le cas du Husky de Sibérie, on recherche la mise en œuvre de mouvements efficaces, harmonieux et économiques; la liberté d'action des membres antérieurs devient donc indispensable, ce qui impose une poitrine qui ne soit pas trop large. Cette dernière devra en revanche être forte et profonde (en hauteur, mais surtout en largeur), afin de permettre à l'animal de disposer d'une bonne capacité thoracique (ventilation pulmonaire importante et volume cardiaque souvent exagéré par l'effort régulier).
Morphologiquement, le centre de gravité de l'animal se trouve situé en avant du corps et l'impulsion donnée par les membres postérieurs se transmet ainsi directement par le biais de la colonne vertébrale aux épaules; grâce à l'inclinaison de ces dernières par rapport au thorax, il s'ensuit une phase de suspension de celui-ci entre les omoplates qui permet l'amortissement de la poussée. On comprend dès lors qu'une lignée du dos rectiligne et horizontale paraisse être une qualité indispensable pour une bonne transmission de la force propulsive de l'arrière-main à l'avant-main.
Le cou sera long et la partie antérieure (thoracique) du dos puissante et solide afin de former pour le harnais (lors de la traction du traîneau) de solides points d'appuis.
L'abdomen sera musculeux, élastique, remontant en partie postérieure afin de ne pas gêner le train arrière lors de la course.

Membres antérieurs et épaules

Les membres antérieurs doivent réceptionner de façon correcte l'impulsion en provenance du train arrière et permettre une avance naturelle et harmonieuse. Ils assurent de plus les changements de direction.
L'épaule sera implantée obliquement, afin d'assurer une allonge optimale (45° si possible, par rapport à l'horizontale,

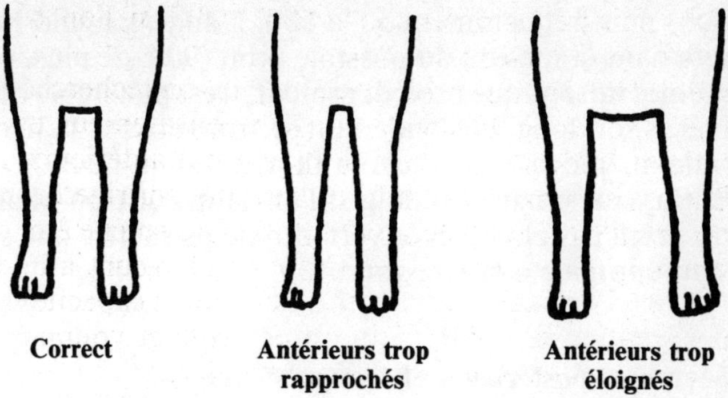

Figure 6: les membres antérieurs du Husky de Sibérie. Représentation schématique vue de face

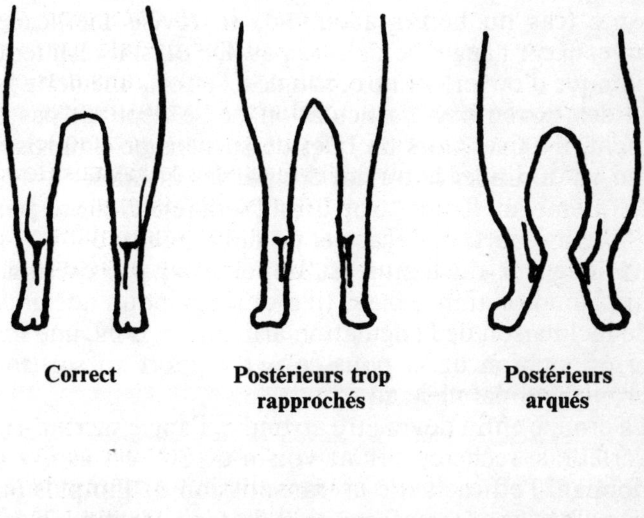

Figure 7: les membres postérieurs du Husky de Sibérie. Représentation schématique vue de derrière

mais plus fréquemment 50° à 60°). L'angle scapulo-huméral sera dans la mesure du possible droit (90°); de plus, pour les mêmes raisons que précédemment, il est préférable que l'humérus soit long. Le coude doit se trouver sous la ligne ventrale, même chez un chien à thorax volumineux.
Enfin, concernant les doigts, l'angle métacarpo-phalangien ne devra pas être trop ouvert afin de permettre une suspension optimale à la réception.

Membres postérieurs et croupe

L'ouverture de l'angle scapulo-huméral conditionne l'efficacité de l'impulsion; ainsi, celui-ci doit être petit (aigu), afin de permettre une poussée importante et un pas très grand. Mais il faut également que cette angulation soit efficace (l'angle doit pouvoir s'ouvrir). Une angulation trop importante (cas du berger allemand) se révèle inefficace à ce niveau, car l'angle ne s'ouvre pas. De plus, il résultera, d'un manque d'ouverture de cet angle à l'effort, une nette faiblesse des extrémités: l'articulation ne se dépliant pas totalement, il existe alors un effet de suspension-amortissement qui va diminuer le travail des parties distales.
De même, un fémur "trop droit" sera rejeté, car responsable d'un pas court, inefficace et de faible poussée.
La longueur du fémur est importante; par exemple, une implantation tibiale basse (fémur long) induit une plus grande inclinaison de l'angulation articulaire, donc une meilleure orientation de la poussée par rapport au sol (force de propulsion parallèle au sol).
La croupe enfin devra être arrondie, l'angle sacrum-colonne vertébrale recherché étant voisin de 30°, cet aspect conditionnant l'efficacité de la transmission de l'impulsion.
Signalons que la conformation du pied constitue parfois (et toujours en Alaska) un critère de sélection prépondérant; comme nous le verrons plus loin, la qualité du pied est essentielle en course de longue distance, ce qui amène par-

fois certains désaccords avec le standard officiel. Ainsi, le pied ne devra être ni trop “grand”, ni trop palmé; les coussinets seront durs (à ce titre, les coussinets noirs sont plus résistants). Nous reviendrons ultérieurement sur la prévention et le traitement des affections du pied.

Queue

Sans revêtir un aspect fondamental en terme d’utilisation, le port de queue est abondamment détaillé dans le standard. Les figures 8 et 9 décrivent mieux que toute phrase les différentes possibilités de port incorrect de la queue. Ajoutons que l’examen du port de queue chez le Husky attelé permet au conducteur du traîneau de juger du travail fourni par l’animal: une queue enroulée sur le dos traduit de la part du chien une certaine réticence à effectuer le travail demandé.

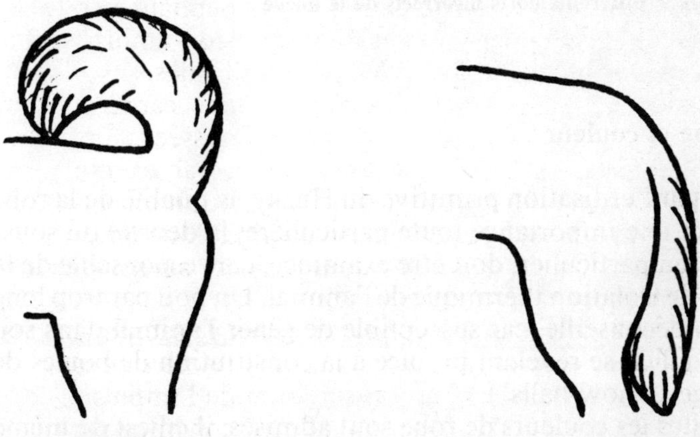

Figure 8: le port correct de la queue

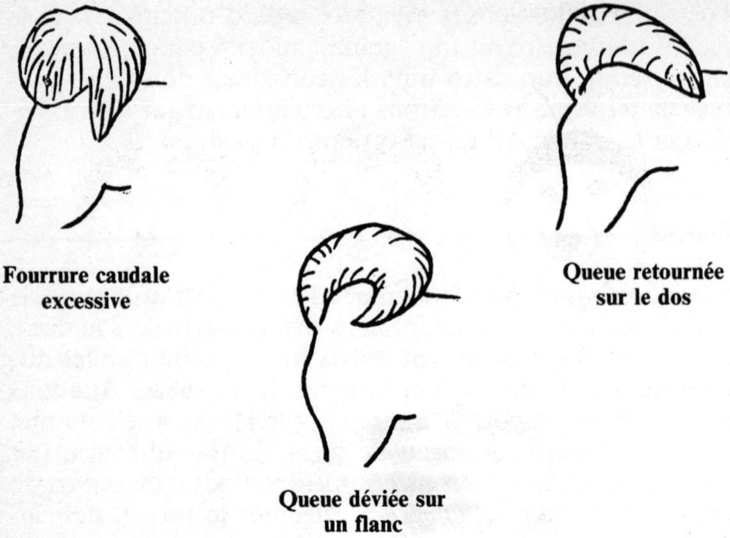

Figure 9: différents ports incorrects de la queue

Robe et couleur

De par l'utilisation primitive du Husky, la qualité de la robe revêt une importance toute particulière; la densité du sous-poil en particulier, doit être examinée, car responsable de la bonne isolation thermique de l'animal. Un poil par trop long sera déconseillé, car susceptible de gêner l'animal dans son travail en se révélant propice à la constitution de boules de neige ("snow-balls").
Toutes les couleurs de robe sont admises; il en est de même pour les dessins et les taches sur le corps, les membres ou la tête (voir figure 10 représentant les différents masques possibles).

Figure 10: les différents masques du Husky de Sibérie

LE PROBLEME DES ALLURES

Par définition, l'allure d'un chien en mouvement est la traduction dynamique de sa morphologie, telle que nous venons de la commenter à partir du standard. Pour un chien de sport comme le Husky de Sibérie, un déplacement correct est essentiel, car il conditionne l'efficacité en course et surtout prévient toute pathologie associée en économisant au maximum la fatigue de l'animal.

Ainsi, telles qu'elles se trouvent définies sur la figure 11 et telles qu'elles furent évoquées précédemment, les "angulations" du chien prennent ici toute leur importance: une bonne inclinaison de l'omoplate donnera une bonne allonge des antérieurs, tandis que l'angulation coxo-fémorale conditionne la puissance de l'impulsion postérieure.

De plus, de bonnes angulations sont nécessaires pour une implantation musculaire correcte, en accord avec les lois de la biodynamique (n'oublions pas que les os des membres ne sont finalement que des bras de leviers sur lesquels les muscles sont insérés et exercent des forces de traction).

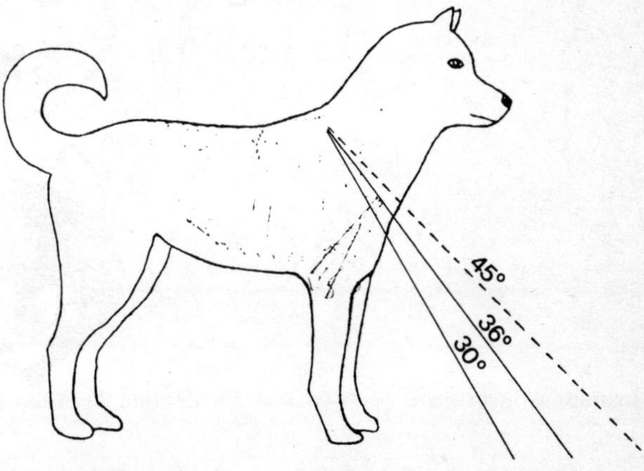

Figure 11: les angulations d'un chien peuvent être mesurées en prenant en compte certaines limites anatomiques (exemple du membre antérieur)

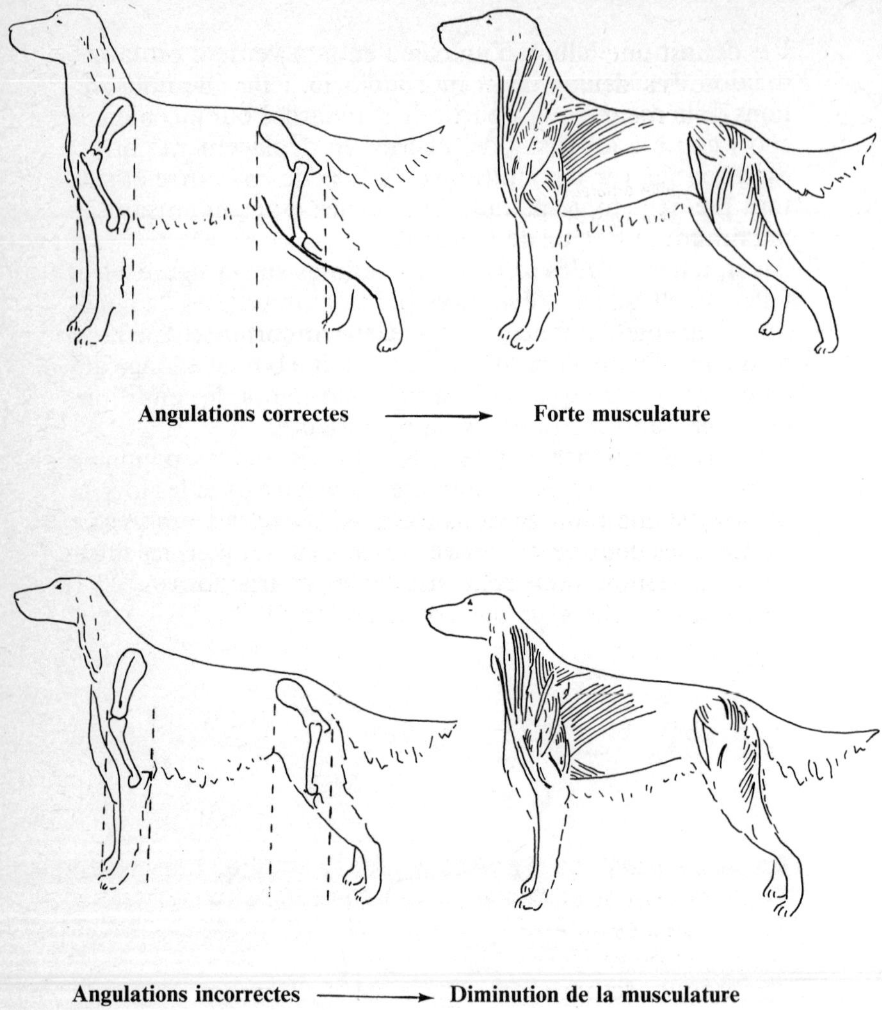

Figure 12: illustration des conséquences de l'angulation sur la musculature du chien (exemple pris sur un setter; source: R.P. Elliot; *The New Dogsteps;* Howell book ed.; 1984)

Les allures normales

Le *pas* est une allure bilatérale à deux temps de pose dans laquelle les deux membres d'un même côté se meuvent simultanément.

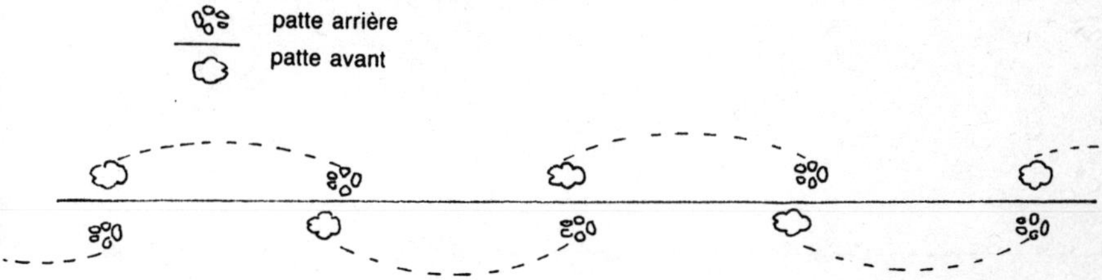

Le *trot* est une allure diagonale rythmique à deux temps dans laquelle les deux membres diagonalement opposés touchent le sol ensemble (antérieur droit avec postérieur gauche et antérieur gauche avec postérieur droit).

La *suspension*, ou "trot volant" (*flying trot* des Anglo-Saxons), est une allure rapide dans laquelle l'allongement et la poussée des antérieurs permet une période de suspension à chaque demi-foulée. Cette allure constitue pour le chien une preuve de bonne coordination motrice.

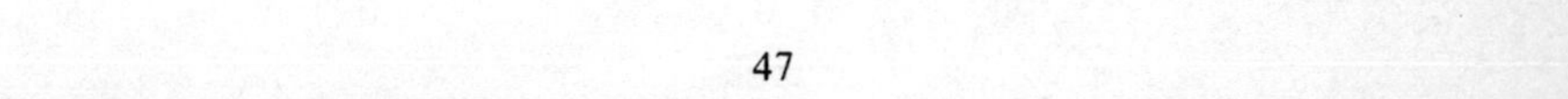

Le *canter* est une allure plus lente que le galop et surtout moins fatigante, dans laquelle l'animal peut "attaquer" sa foulée par l'antérieur droit ou gauche selon le cas.

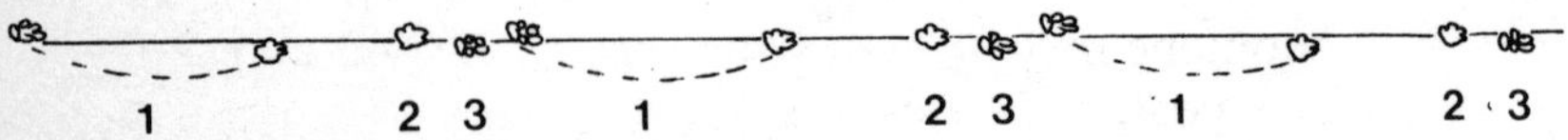

Le *galop*, la plus rapide des allures, suit un rythme à quatre temps, avec ou sans période de suspension.

Hormis le pas, on constate donc que toutes ces allures amènent l'animal à se déplacer en ligne, sur une piste unique, comme il est précisé dans le standard (*single track*). De fait, il semble bien que, plus la vitesse augmente, plus les membres (normalement en aplomb vertical) s'inclinent progressivement vers la ligne médiane, mais on pourrait discuter longuement de l'existence d'une seule et unique ligne de traces...

Les allures anormales

Parmi les allures que l'on peut qualifier d'anormales et qui constituent des défauts, le standard évoque les allures *raccourcies, heurtées, sautillantes* et *un pas pesant*, qualifications qui sont suffisamment explicites pour ne pas nécessiter de descriptions supplémentaires.

Les allures roulantes correspondent à un animal dont les membres ne se meuvent pas dans le même plan; deux cas de figure sont alors envisageables:

- les antérieurs sont en dehors de la ligne du corps, tandis que les postérieurs restent sur la trace centrale;

- le phénomène inverse peut se présenter (les antérieurs en ligne, les postérieurs désaxés).

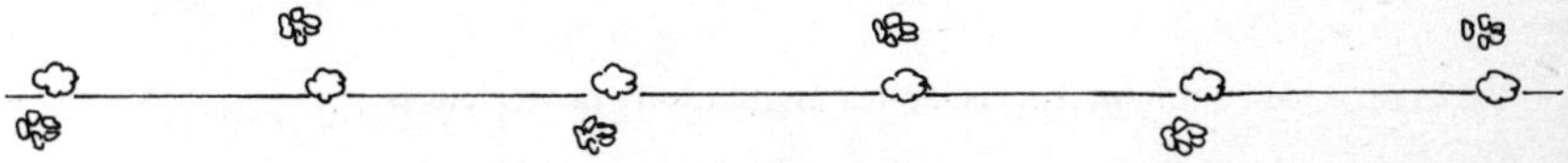

La démarche en *crabe* est un défaut d'allure courant; lorsque le chien marche ou court, son corps effectue un angle par rapport à sa direction de progression. Le phénomène est fréquemment lié à une trop forte angulation des postérieurs par rapport aux antérieurs, combinée à une ligne de dos courte et raide. En effet, si le chien a une foulée postérieure trop longue, il évite de marcher sur ses antérieurs en désaxant ces derniers à droite ou à gauche. Il en résulte une perte d'efficacité notoire, encore plus accentuée s'il s'agit de chiens de traîneaux:

- la force de traction va diminuer d'autant que la démarche sera en crabe (de par l'existence de sa composante latérale);
- le comportement de l'attelage entier se trouve perturbé.

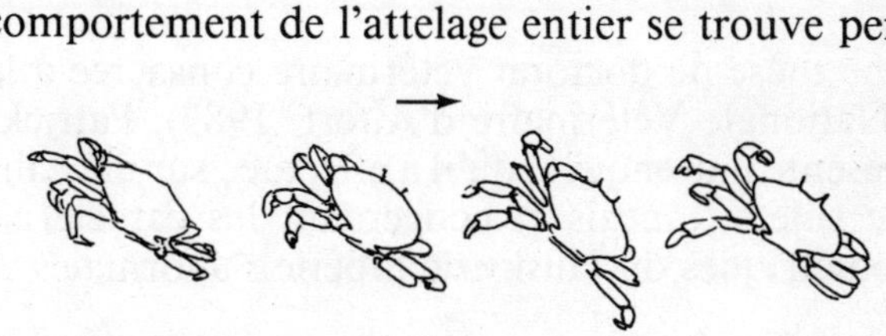

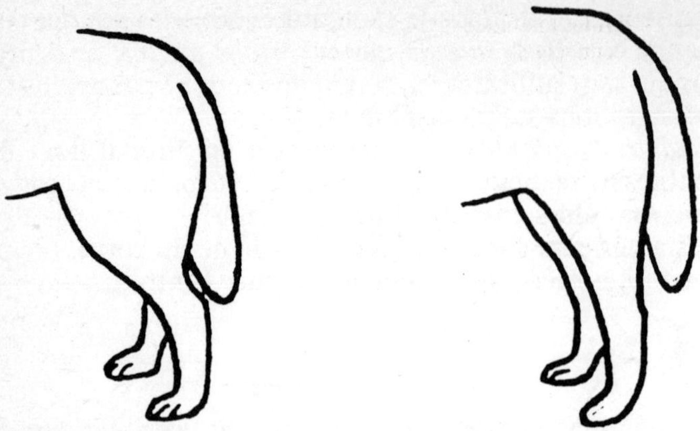

Bonne angulation **Angulation insuffisante**

Figure 13: comment apprécier les angulations postérieures

Le chien peut enfin *croiser* les membres lors du mouvement, anomalie particulièrement grave qui peut résulter d'une trop grande hauteur de l'animal par rapport à sa longueur, voire d'une malformation cérébro-spinale.
Il existe, bien évidemment, d'autres anomalies d'allures possibles (démarche en "patte d'oie", hyperécartement des coudes...), mais elles seront dans ce cas le reflet d'une maladie, c'est pourquoi nous les évoquerons plus loin.

MENSURATIONS ET CARACTERISTIQUES DE LA POPULATION FRANÇAISE

Dans une thèse de doctorat vétérinaire consacrée à la race (Ecole Nationale Vétérinaire d'Alfort, 1983), Patrick Louveau présente une enquête qu'il a effectuée sur une cinquantaine de sujets français et concernant les caractéristiques morphométriques du Husky de Sibérie.

Figure 14: limites anatomiques des mesures caractérisant la population étudiée (dans l'enquête du Docteur LOUVEAU)

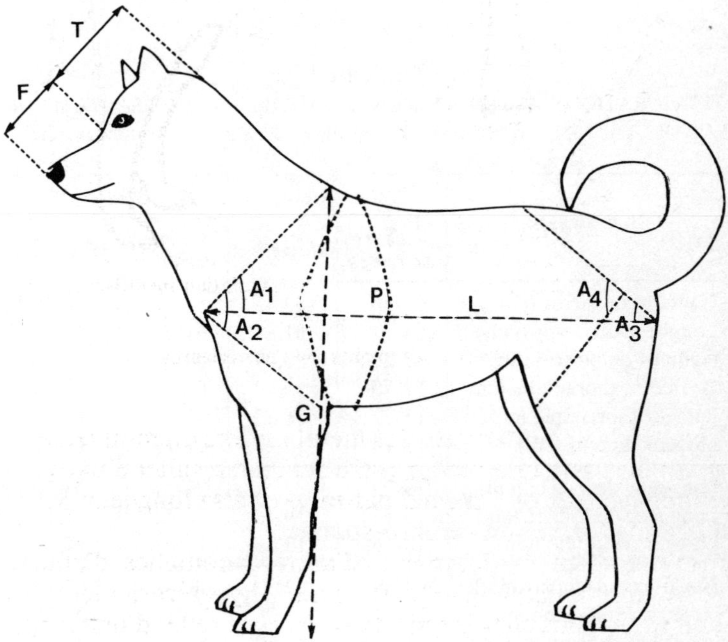

L: Longueur du corps
G: Hauteur au garrot
P: Périmètre thoracique
T: Longueur de la tête
F: Longueur de la face
A1: Angle scapula/horizontale
A2: Angle scapulo-huméral
A3: Angle coxal/horizontale
A4: Angle coxo-fémoral

Les limites anatomiques des mesures prises par Louveau figurent sur le schéma 14.
Les résultats fournis sont représentatifs car ils ont été obtenus sur un échantillon suffisamment important et constituent des références intéressantes (cf. tableau 1).

Tableau 1
MENSURATIONS MOYENNES D'UN ÉCHANTILLON REPRÉSENTATIF DE LA POPULATION FRANÇAISE DU HUSKY DE SIBÉRIE *(Louveau, 1983)*

Mensuration	*Femelles*		*Mâles*	
	Valeurs extrêmes	*Moyennes*	*Valeurs extrêmes*	*Moyennes*
Hauteur au garrot (cm)	51-56	53,45	55-61	58,95
Longueur du corps (cm)	54-71	61,85	61-74	66,21
Hauteur de poitrine (cm)	17-26	20,09	20-30	22,74
Périmètre thoracique (cm)	52-70	59,64	61-70	63,58
Largeur thoracique (cm)	13-22	16,33	16-21	17,94
Largeur de rein (cm)	11-18	13,27	11-16	13,47
Longueur de la tête (cm)	19-24	22	21-27	23,63
Longueur de la face (cm)	8-11	9,48	8-11	10,16
Largeur de la tête (cm)	11-16	13,09	13-16	14,31
Angle scapula-horizontale	55°-80°	67°	60°-82°	67,8°
Angle scapulo-huméral	85°-113°	101,06°	90°-110°	101,36°
Angle coxal-horizontale	35°-45°	38,69°	30°-50°	38,78°
Angle coxo-fémoral	90°-120°	105,58°	95°-120°	105,94°

Ces résultats appellent quelques commentaires, si l'on se réfère aux valeurs optimales des angulations évoquées auparavant:

- l'angulation entre l'épaule et l'horizontale (angle scapula/horizontale) est ici de 67° de moyenne, pour une valeur théorique recherchée de 45°. Même si cette dernière valeur semble difficile à atteindre, on trouve fréquemment en Alaska, au Canada ou en Norvège des chiens chez qui cette angulation avoisine 50 à 55°...;

- de même,l'angle coxal-horizontale(bassin/colonne vertébrale) recherché est de 30°, contre près de 40° dans le cas présent...

Ces différences sont sans nul doute à relier avec le hiatus qui existe dans toute race entre la conformation des chiens de beauté et des chiens de travail, et s'explique par l'apparition tardive (1979) du sport de traîneau en France.

Bien que les instances de la race s'y emploient, il faudra encore vraisemblablement plusieurs années pour rattraper ces différences.

LE CARACTERE DU HUSKY DE SIBERIE

Dans une dèscription récente du caractère du Husky de Sibérie, Madame M. Bartolozzi, secrétaire du Club Français du Chien Nordique, précisait: "Le Husky de Sibérie a un caractère affectueux et charmant mais non servile. S'il est désireux de plaire, s'adaptant facilement, d'une intelligence au-dessus de la moyenne, il a aussi un esprit indépendant qui peut surprendre. S'il témoigne une grande affection aux membres de la famille, il est habituellement sans peur et sans méfiance vis-à-vis des étrangers, auxquels il témoigne une grande cordialité, ne manifestant guère de dispositions pour la garde. Dans ses relations avec les autres animaux, il fait souvent preuve de retenue. Cependant il est prêt à se défendre énergiquement s'il est attaqué et maîtrise difficilement son instinct de chasseur avec les très petits animaux, la volaille, voire le bétail.

C'est un chien nécessitant peu d'entretien, extrêmement propre (sa fourrure est "auto-nettoyable", ne demandant aucun autre toilettage qu'un brossage et en période de mue, un bon peignage quotidien...").

Dans l'enquête déjà évoquée, Louveau rapporte par ordre de décroissance les qualités et les défauts du Husky les plus cités par les propriétaires:

- *qualités:* gentillesse notamment avec les enfants, intelligence, non-agressivité à l'égard de l'homme, espièglerie, obéissance;
- *défauts:* fugueur, chasseur, bagarreur avec les autres chiens, indépendant, voleur.

Pour notre part, il nous a été donné de côtoyer et de soigner plusieurs centaines de ces chiens sur tous les terrains de course d'Europe et plus récemment en Alaska et nous ne pouvons que confirmer ces points de vue. Il semble difficile de trouver plus gentil et plus amical qu'un Husky à l'égard de l'homme ou des enfants; par voie de conséquence, il est pratiquement impossible d'en faire des gardiens.

Le caractère fugueur est sans nul doute le gros défaut de la race et, ces fugues s'accompagnent souvent d'un tableau de chasse (volailles, lapins, chats, voire moutons) impressionnant. Nous avons de nombreux amis éleveurs qui doivent faire preuve d'ingéniosité pour éviter la fuite de leurs chiens.

Enfin, il ne faut pas oublier l'esprit de meute du Husky de Sibérie; pris par la passion du sport, beaucoup de propriétaires se retrouvent très vite avec deux, trois, quatre... chiens! Dès lors, il ne faut pas oublier ce comportement social particulier, sur lequel nous aurons l'occasion de revenir, fondé essentiellement sur la relation dominant-dominé, avec un chef de meute (ou une "cheftaine") qui sait se faire respecter.

Connaître votre Husky de Sibérie: notions d'anatomie et de physiologie

Posséder un chien, c'est aussi le connaître et cette connaissance ne doit pas, à notre avis, se limiter aux aspects comportementaux. Elle passe par une bonne compréhension du fonctionnement de la "machinerie" animale, laquelle doit permettre au propriétaire d'éviter un certain nombre d'erreurs et surtout d'apprécier à leur juste valeur les conseils, voire les idées reçues qui lui seront prodiguées.
Nous avons pas conséquent voulu détailler quelque peu ce chapitre dans lequel assez peu de choses se révèlent spécifiques au Husky de Sibérie, mais où beaucoup de conseils devraient s'avérer tout à fait utiles pour son propriétaire.

EXTERIEUR

Le Docteur Maurice Luquet, dans son ouvrage *Le chien: morphologie; extérieur; esthétique*, définit l'extérieur d'un animal comme l'ensemble de ses caractères morphologiques, c'est-à-dire des parties ou régions qui sont saisies au premier abord par l'œil de l'observateur.
Pour connaître l'extérieur du chien, puis le standard dont il relève, il est très important que la terminologie employée soit claire.
Les différentes caractéristiques morphologiques canines sont indiquées dans la figure 15.

Figure 15: les différentes régions de l'extérieur du chien

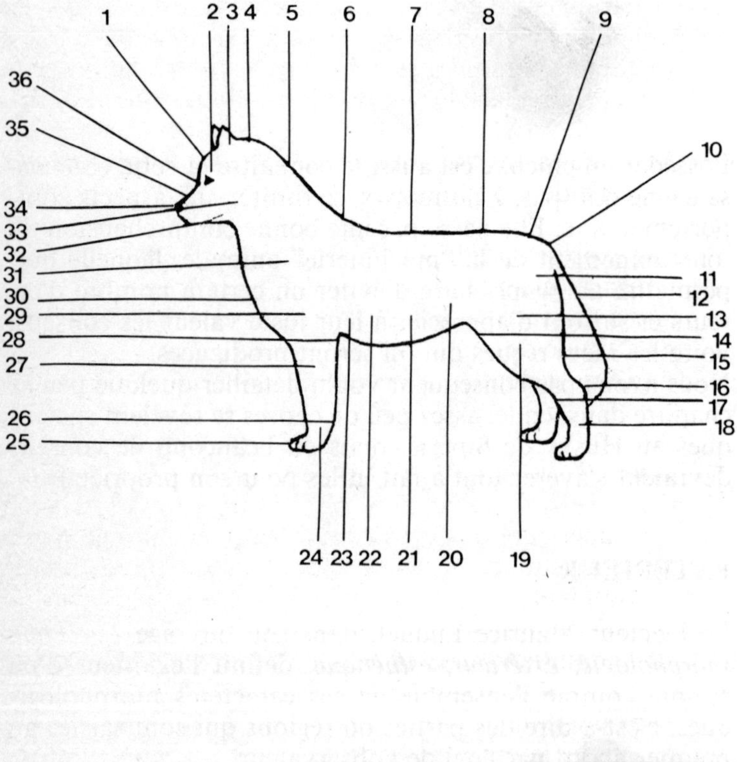

1. Front - 2. Arcade sourcilière - 3. Attache de l'oreille - 4. Nuque - 5. Cou - 6. Garrot - 7. Dos - 8. Rein - 9. Croupe - 10. Attache de la queue - 11. Pointe de la fesse - 12. Queue ou fouet - 13. Cuisse - 14. Grasset - 15. Corde du jarret - 16. Pointe du jarret - 17. Jarret - 18. Canon postérieur - 19. Jambe - 20. Flanc - 21. Abdomen - 22. Côtes - 23. Poitrine - 24. Canon antérieur - 25. Doigts - 26. Genou (région du carpe) - 27. Avant-bras - 28. Coude - 29. Bras - 30. Pointe de l'épaule - 31. Epaule - 32. Commissure des lèvres - 33. Joue - 34. Nez ou truffe - 35. Chanfrein - 36. Cassure du nez (stop).

Région de la tête

La région de la tête caractérise le type et la race du chien. Elle comprend la région cranio-frontale (crâne et front) qui se trouve séparée du museau (ou chanfrein) par le “stop” (cassure fronto-nasale).
Le museau se termine par le nez, aussi appelé truffe. Les yeux se trouvent dans la cavité orbitaire, protégés par les paupières. Les lèvres supérieures et inférieures (babines) se rejoignent à la commissure des lèvres et complètent avec le menton la région faciale. Sur le crâne, sont insérées les oreilles.
L’attache de la région crânienne avec le cou constitue la nuque, celle de la région sous-maxillaire avec l’encolure, la gorge.
Enfin, l’expression qui émane du chien dépend:
- du regard (mais un œil inexpressif ne permet pas de préjuger à l’avance du comportement du chien);
- de l’attitude des oreilles;
- de l’allure générale du visage.

Le corps

La face supérieure du corps comprend l’encolure, le garrot (partie supérieure de l’épaule), le dos, le rein, la croupe et la queue (ou fouet).
La face inférieure est formée de la région sternale, du ventre (sangle abdominale), de l’aine et des organes génitaux chez le mâle.
Le corps présente encore:
- deux faces latérales comprenant les côtes et la poitrine (limitée en avant par le poitrail, en bas par la ligne sternale et en arrière par l’abdomen), le flanc (face latérale de l’abdomen) et la hanche;
- une extrémité antérieure comprenant le poitrail, l’ars et l’interars;

- une extrémité postérieure comprenant la fesse, l'anus, le périnée et les organes génitaux femelles (sous l'attache de la queue).

Le membre antérieur et ses aplombs

Les membres antérieurs (ou thoraciques) sont principalement sustentateurs, car plus voisins du centre de gravité de l'animal.
En se dirigeant du haut vers le bas, le membre antérieur comprend d'abord la région de l'épaule, elle-même formée en fait de l'épaule proprement dite (omoplate) et du bras (humérus); l'articulation scapulo-humérale correspond à la pointe de l'épaule. A l'avant-bras fait suite l'articulation radio-carpienne (région dite du genou ou du poignet), puis la région métacarpienne. Cette dernière est encore appelée canon antérieur ou canon métacarpien, voire improprement par certains "paturon antérieur" (improprement, car chez le cheval, le paturon correspond à la première phalange du pied tandis que chez le chien il s'agit des os métacarpiens).
Le pied antérieur, ou main, comprend quatre doigts avec leurs ongles (griffes) auxquels il faut ajouter un petit ergot, ou pouce atrophié.
L'aplomb régulier du membre antérieur se trouve réalisé lorsque la verticale abaissée du milieu du bras passe par le milieu du pied, tout en étant à peu près tangentielle au poignet, si l'on se place de profil. Dans cette position, le Docteur Luquet définit l'aplomb irrégulier (figure 16):
- lorsque la verticale tombe en avant du pied; c'est la position du "rassembler" et le chien est dit "sous-lui devant";
- lorsque la verticale tombe en arrière du pied; le chien est dit "campé".

Si l'on se place de face, la verticale partant de la pointe de l'épaule doit diviser également l'avant-bras, le poignet, le

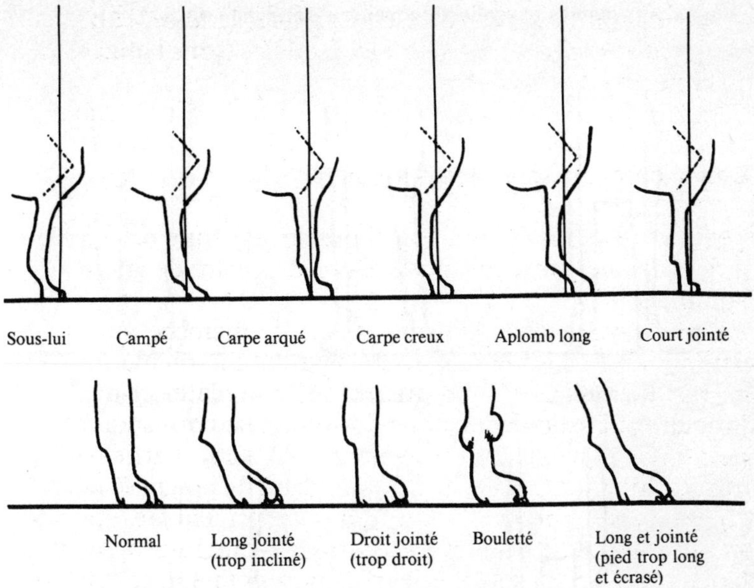

Figure 16: aplombs irréguliers du membre antérieur (vue de profil)

canon et le pied; d'autre part, les deux membres antérieurs doivent être dans des plans aussi parallèles que possible au plan médian vertical du corps.

Là encore, le Docteur Maurice Luquet définit un certain nombre d'aplombs irréguliers (figure 17).

• Lorsque ses membres sont en dehors de cette ligne:

- le chien est dit "trop ouvert du devant";
- il est dit "cagneux" si le poignet est dévié en dehors;
- il est dit "panard", si le canon et le pied sont tournés en dehors.

• A l'inverse, lorsque les membres se trouvent en dedans de la verticale évoquée:

- le chien est dit "fermé" au "serré devant";
- il a un "genou de bœuf", si le poignet est seul en dedans;

Figure 17: aplombs irréguliers du membre antérieur (vue de face)

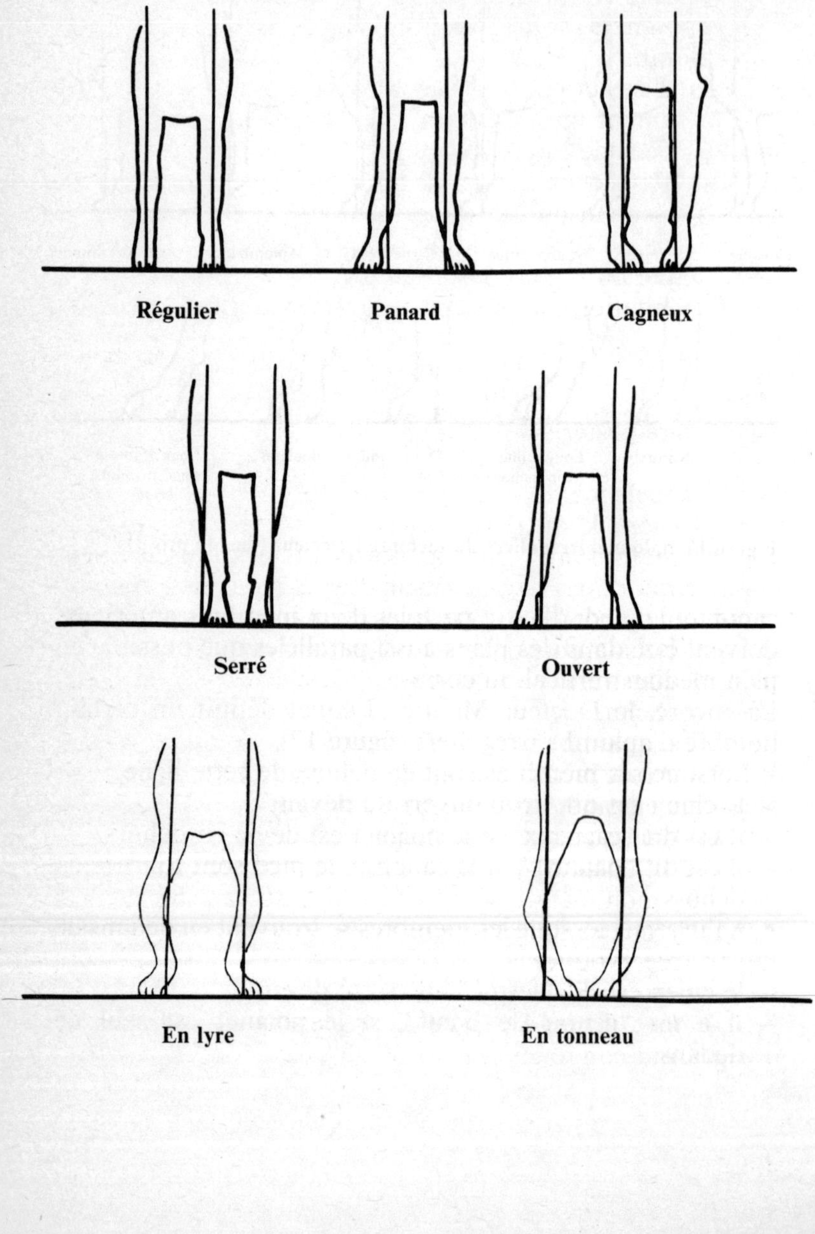

- il est dit “cagneux”, si le canon et le pied sont seuls en dedans;
- on réserve enfin l’appellation “genoux cambrés” lorsque les poignets sont incurvés en dehors de la ligne d’aplomb.

• Dans “l’aspect en lyre”, les membres antérieurs vus de face présentent une allure en lyre (rappelant des pieds de meubles de style Louis XV).

• Dans “l’aspect en douves de tonneau”, les membres antérieurs présentent un aspect de convexité vers l’extérieur.

L’ensemble de ces malformations manifeste généralement une atteinte de type ostéofibratique, liée essentiellement à une alimentation mal conduite durant la période de croissance.

Le membre postérieur et ses aplombs

Encore appelé membre pelvien, membre abdominal ou jambe de derrière, le membre postérieur est long, plus puissant que le membre antérieur car possédant des muscles plus volumineux et des angles articulaires très ouverts. Il comprend tout d’abord la croupe, avec les masses musculaires de la fesse, puis la cuisse. En avant de la jambe, se trouve le grasset, constitué par la puissante articulation fémoro-tibio-rotulienne.

La jambe, quant à elle, est longue et s’unit en région distale (en bas) avec le jarret ou torse, dont la pointe correspond à la pointe du calcanéum. Le jarret est une région osseuse, relativement massive, sèche et nette normalement.

On trouve, ensuite, la région métatarsienne (canon postérieur ou canon métatarsien), longue et aplatie jusqu’au pied campé de quatre doigts complets.

Chez le chien au repos, le membre postérieur joue un rôle sustentateur similaire au membre antérieur. En course ou en mouvement, il prend un rôle de propulseur. On comprend, dès lors, que son fonctionnement exige une complémentari-

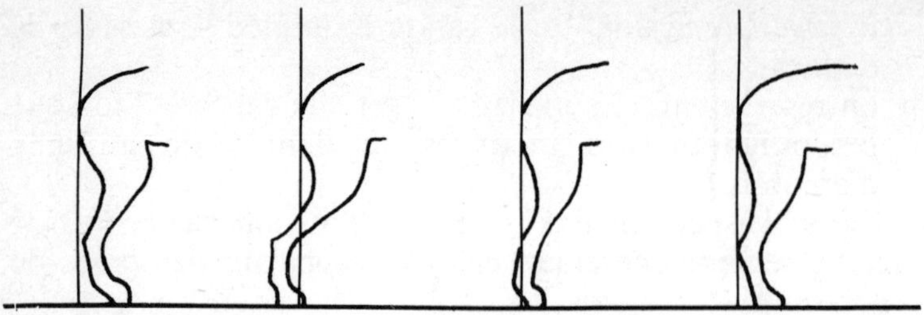

Figure 18: aplombs irréguliers du membre postérieur (vue de profil)

té parfaite avec l'antérieur, afin qu'il puisse débuter son mouvement au moment où l'autre l'achève. Cela explique que les segments supérieurs des deux membres (bras et cuisse) doivent avoir une direction inverse: l'articulation du coude est ouverte vers l'avant, celle du grasset vers l'arrière. Si les aplombs sont vus de profil, le canon postérieur doit normalement avoir une direction verticale par rapport au sol. Comme pour le membre antérieur, on définit un certain nombre d'irrégularités (figure 18):

- si le canon devient oblique vers l'avant, l'angle du jarret se fermant, le chien est dit "sous-lui de derrière";
- à l'opposé, lorsque l'angle du jarret s'ouvre, le canon se trouve de plus en plus dans le prolongement de la jambe; le chien est alors "campé du derrière", ou encore "prend la position du camper".

Vus de derrière, les aplombs sont corrects si la ligne verticale partant de la pointe de la fesse passe par la pointe du jarret en divisant également le canon.

Regroupées à la figure 19, les irrégularités sont les suivantes:

- les membres peuvent être trop rapprochés l'un de l'autre, le chien étant alors dit "trop serré de l'arrière-main" ou "trop fermé de l'arrière";
- les jarrets peuvent être trop déportés en dehors, s'accom-

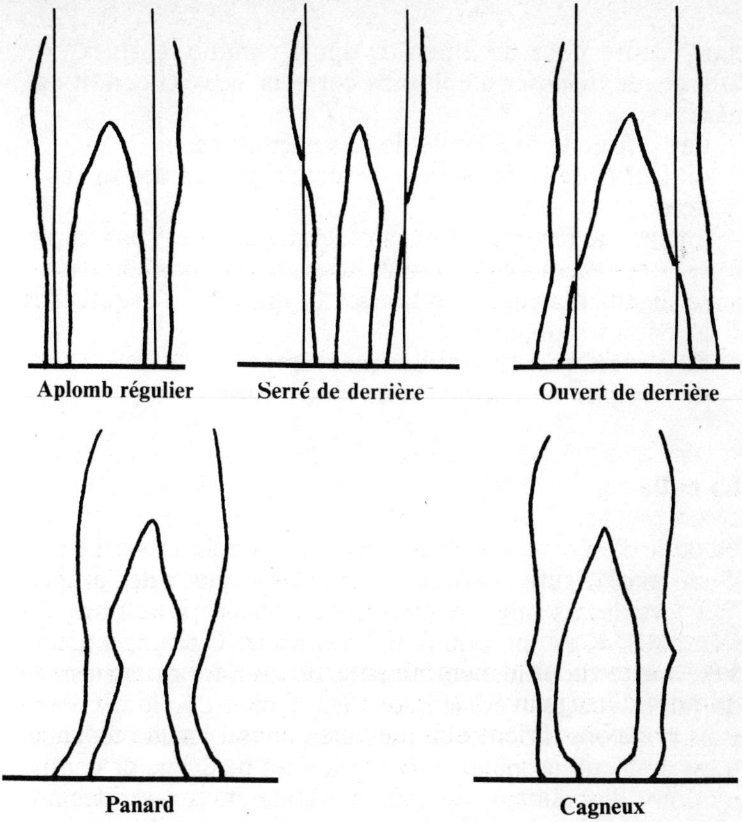

Figure 19: aplombs irréguliers du membre postérieur (vue de derrière)

pagnant d'une attitude cagneuse au niveau des régions inférieures du membre;
- les jarrets peuvent être trop rapprochés, cause d'une position panarde de la portion basse du postérieur ("jarrets clos" ou "jarrets de vache").

De mauvais aplombs sont toujours (ou presque) l'expression clinique d'une déficience quelconque durant la croissance et devront être reconnus, le plus précocement possible afin de tenter d'y remédier. En effet, il est essentiel pour un chien, et plus encore pour un chien de sport comme le Husky de Sibérie, de disposer d'aplombs corrects, ceux-ci conditionnant:

- une efficacité maximale de la sustentation;
- l'intégrité de la colonne vertébrale (ligne du dessus régulière);
- une bonne répartition physiologique des pressions imposées aux membres, ce qui évite toute déformation osseuse, ligamentaire ou tendineuse et prévient d'éventuelles atrophies musculaires;
- de bonnes angulations des membres;
- une amplitude optimale des mouvements.

La taille

La taille d'un chien se mesure entre le sol et le garrot à l'aide d'une toise (figure 20). Cette mesure peut poser des problèmes lors de cas litigieux (chiens se trouvant à la limite du standard). C'est pourquoi le Professeur Queinnec (Ecole Vétérinaire de Toulouse) propose de prendre neuf mesures de tailles successives, le chien étant bien d'aplomb, dans trois positions différentes, puis d'en conserver la moyenne. Il est malheureusement impossible à un juge, lors de confirmations, d'appliquer une telle méthode et ce, pour des raisons matérielles bien évidentes. C'est pourquoi l'appréciation de la taille du chien par une mesure unique devra être très scrupuleuse. Il existe de nombreux modèles de toises sur lesquels nous ne reviendrons pas. En revanche, il est essentiel lors de cette mesure de respecter quelques règles simples:

- le chien doit tout d'abord être placé bien d'aplomb (ni rassemblé, ni campé), sur un sol *parfaitement* plat;
- la potence de la toise vient se placer sur le garrot du chien, ce qui est fréquemment source d'incertitude, car l'emplacement du garrot peut varier d'un sujet à l'autre dans une même race. Cette incertitude anatomique explique que

Pulka à un chien

Huskies à poil long: l'attelage allemand d'Hans Jurs (catégorie "C")

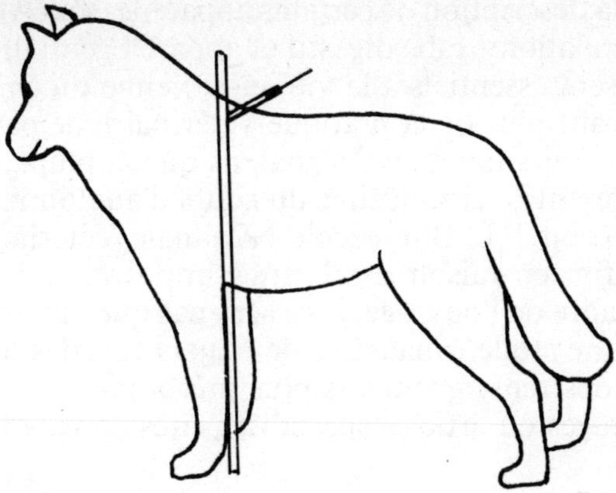

Figure 20: mensuration de la taille à l'aide d'une toise

nous sommes toujours très surpris de voir des Huskies non confirmés pour des excès de taille très minimes (0,5 cm), sans doute liés à une mesure difficile plus qu'aux caractéristiques du chien...

Quoi qu'il en soit, d'une manière générale, on peut dans le cas présent retenir comme règle que la verticale abaissée du garrot (angle antéro-supérieur des deux omoplates) vers le sol passe par l'axe médian de l'avant-bras (à peu près tangentiellement à la pointe du coude).

Lors de la mesure, le chien sera tenu très court par son maître et on masquera si possible l'œil correspondant au côté où se trouve l'examinateur avec la main.

NOTIONS D'ANATOMIE

Nous essayerons dans ce chapitre de fournir au lecteur des informations qui nous semblent nécessaires à la bonne "compréhension du chien". C'est pourquoi nous nous limiterons à la description de certains appareils (squelettes, muscles, articulations, tube digestif et appareil génital) qui nous apparaissent essentiels à la vie quotidienne du chien, d'autres relevant plus de la pratique vétérinaire de par la complexité de leurs fonctions. Signalons que la plupart des éléments présentés ici sont tirés du cours d'anatomie du chien du Professeur P.L. Blin (Ecole Nationale Vétérinaire d'Alfort). Enfin, en raison des limites imposées à ce chapitre dans le cadre de l'ouvrage, il ne sera pas question pour nous de faire une étude exhaustive des sujets abordés. Le lecteur désirant des renseignements plus précis pourra se reporter aux ouvrages ou articles spécialisés cités dans la bibliographie.

Le squelette

Le squelette constitue la charpente osseuse de l'organisme du chien, comme d'ailleurs de tout mammifère. C'est un assemblage très sophistiqué de 279 à 282 os (figure 21). A l'état normal, le squelette du chien représente de 8 à 9% du poids du corps.

Les os du chien sont en général allongés, grêles et minces, l'abondance de substance compacte leur confère pourtant une forte densité et une grande résistance.

Le processus d'ossification (fixation de la matière minérale sur les cartilages) débute tardivement, puisqu'à la naissance il n'existe que des noyaux primaires et que les os du carpe et du tarse sont encore à l'état cartilagineux.

En revanche, l'ossification est rapide par la suite et ne dépasse jamais 1/6e de la durée moyenne de vie du chien. De tous les animaux domestiques, c'est le chien qui a la croissance la plus rapide, ce qui ne va pas sans poser de problèmes parfois, ne serait-ce qu'au niveau des aplombs, nous l'avons vu. Le squelette du chien se caractérise par une *colonne vertébrale* longue et flexible, composée de 50 à 52 vertèbres réparties en 5 segments ou régions: 7 vertèbres cervicales, 13 ver-

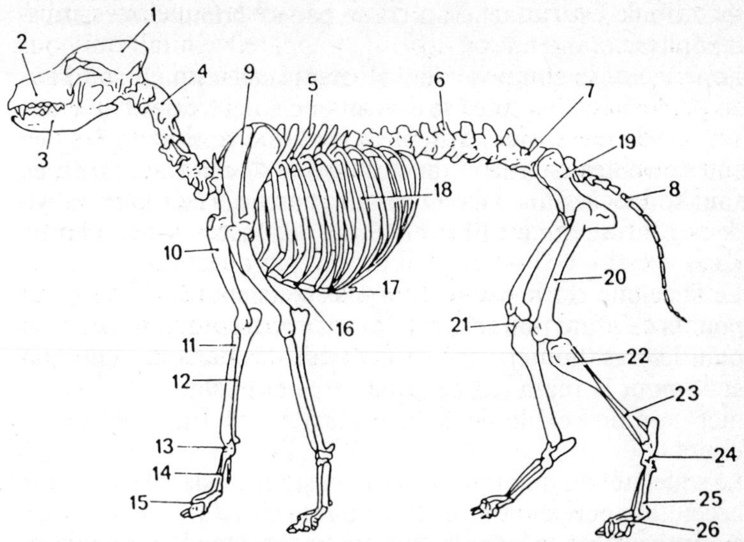

1. Crâne - 2. Maxillaire supérieur - 3. Maxillaire inférieur - 4. Vertèbres cervicales - 5. Vertèbres dorsales - 6. Vertèbres lombaires - 7. Sacrum - 8. Vertèbres caudales - 9. Omoplate - 10. Humérus - 11. Radius - 12. Cubitus - 13. Carpe - 14. Métacarpe - 15. Phalanges - 16. Sternum - 17. Appendice xiphoïde - 18. Côtes - 19. Coxal - 20. Fémur - 21. Rotule - 22. Tibia - 23. Péroné - 24. Tarse - 25. Métatarse - 26. Phalanges

Figure 21: le squelette du chien (d'après le Professeur P.C. Blin; Ecole Nationale Vétérinaire d'Alfort)

tèbres dorsales, 7 vertèbres lombaires, 3 vertèbres sacrées soudées en un seul os (le sacrum) et 20 à 22 vertèbres caudales.

Le *crâne* offre de vastes fosses temporales en large communication avec les fosses orbitaires; il comprend l'os occipital (avec sa crête occipitale), les os frontaux, les pariétaux et les arcades zygomatiques enserrant la cavité orbitaire, le maxillaire supérieur (comprenant les os nasaux, les maxillaires supérieurs et les intermaxillaires). Le maxillaire inférieur ou

mandibule est rattaché au crâne par sa branche montante (apophyse crânienne).
Le *sternum* se compose de 9 éléments sur lesquels se fixent en partie basse 13 côtes se divisant en côtes vraies (au nombre de 9), directement articulées sur le sternum et en fausses côtes ou côtes asternales (au nombre de 4), dont les cartilages sont soudés les uns aux autres à la base, hormis le cartilage de la 13e côte qui est libre et "flotte" dans la cavité abdominale.
Le squelette du *membre antérieur* se compose de 41 os: 2 pour la ceinture thoracique (clavicule réduite et omoplate), 1 pour le bras (humérus), 2 pour l'avant-bras (radius, cubitus) et 36 pour la main (carpe, métacarpe et phalanges). Ce dernier nombre explique la complexité des fractures de la main!
Le squelette du *membre postérieur* est formé de 39 os: 1 pour la ceinture pelvienne (coxal), 1 pour la cuisse (fémur), 3 pour la jambe (tibia, péroné et rotule), et 34 pour le pied (tarse, métatarse et phalanges).

Les muscles

Pour mouvoir tout ce système osseux, le chien dispose d'organes actifs: les muscles. Nous reviendrons, lors de l'étude des notions de physiologie sportive, sur la structure fine des muscles; retenons dès maintenant l'existence de deux grands groupes de muscles à fonctions très différentes:
- les muscles rouges ou striés, destinés à faire mouvoir les différentes parties du squelette (on parle aussi de muscles squelettiques) le plus souvent par contractions volontaires; ce sont ceux qui nous intéressent le plus;
- les muscles blancs ou lisses ou viscéraux qui forment la paroi des viscères (estomac, intestin...) et permettent leur fonctionnement, sous la direction du système nerveux autonome (contractions involontaires).

Certains des muscles rouges (dont la couleur est liée à la

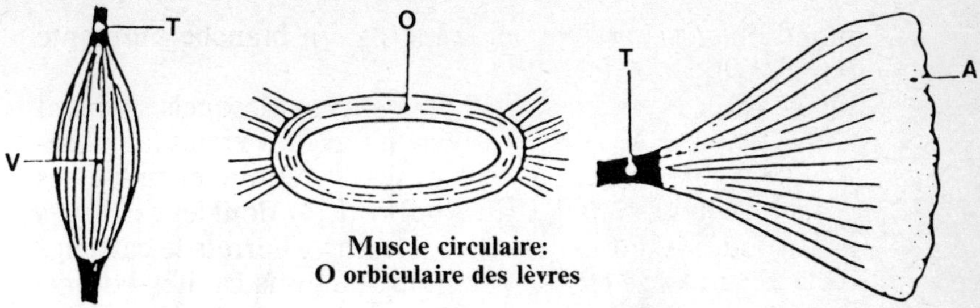

Muscle circulaire:
O orbiculaire des lèvres

Muscle en fuseau:
T tendon, V ventre

Muscle en éventail:
T tendon, A aponévrose

Figure 22: les différentes formes de muscles

présence de myoglobine, pigment voisin de l'hémoglobine du sang) n'ont pas de fonction squelettique. C'est le cas des muscles peaussiers (qui se trouvent sous la peau et la font se contracter) et du muscle myocardique (parois du cœur).
Les muscles squelettiques, quant à eux, peuvent revêtir trois "formes" différentes (figure 22):

- muscles longs, en fuseau, qui se composent d'une partie centrale élargie et souple (le ventre) et de deux extrémités amincies et dures (les tendons);
- muscles plats, en forme d'éventail, de lame, de ruban (cas des muscles de l'épaule), fixés aux os par un tendon et par une aponévrose (structure tendineuse aplatie);
- muscles circulaires ou orbiculaires, en forme d'anneaux (cas des lèvres ou des paupières).

Dès lors, et sans entrer dans le détail de la dénomination de chacun des muscles du chien (représentés à la figure 23), la construction de ces muscles, ou de ces groupes musculaires va permettre le mouvement.
Tout muscle s'insère sur deux os distincts, l'une de ces insertions va servir de point fixe, tandis que l'autre sera mobile durant la contraction.
Il en résulte la mise en œuvre de mouvements que l'on peut assimiler à ceux d'un levier (figure 24). Ceci explique l'inté-

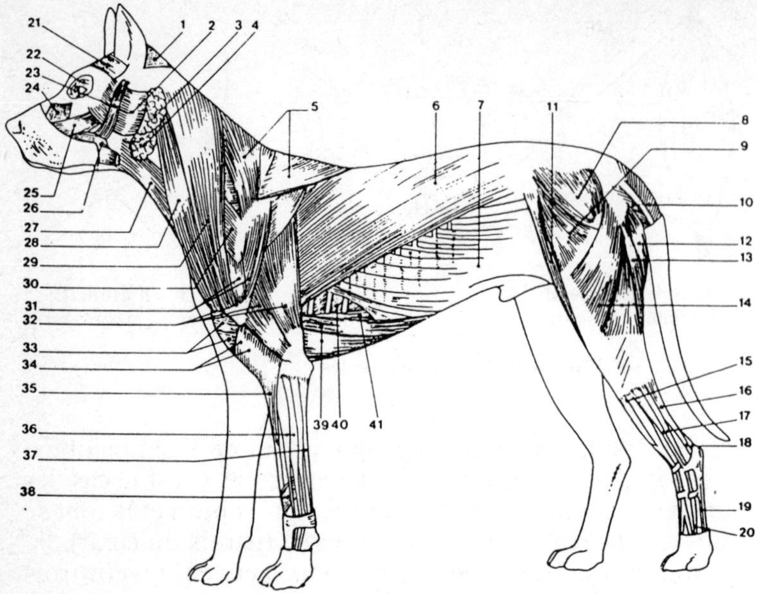

1. Cervico-auriculaire - 2. Masséter - 3. Glande parotide - 4. Glande sous-maxillaire - 5. Trapèze - 6. Grand dorsal - 7. Grand oblique de l'abdomen - 8. Fessier superficiel - 9. Tenseur du fascia-lata - 10. Sacro-coccygiens - 11. Couturier-rotulien - 12. Demi-membraneux - 13. Demi-tendineux - 14. Long vaste ou biceps fémoral - 15. Fléchisseur du métatarse - 16. Extenseur du métatarse - 17. Extenseur des phalanges - 18. Corde du jarret - 19. Tendons fléchisseurs des phalanges - 20. Tendons extenseurs des phalanges - 21. Temporal - 22. Orbiculaire de l'œil - 23. Zygomatique - 24. Releveur de la lèvre supérieure - 25. Canin - 26. Orbiculaire des lèvres - 27. Sterno-hyoïdien et sterno-thyroïdien - 28. Sterno-céphalique - 29. Brachio-céphalique - 30. Omo-trachélien - 31. Deltoïde - 32. Extenseur de l'avant-bras - 33. Muscles pectoraux - 34. Fléchisseurs de l'avant-bras - 35. Extenseur antérieur du métacarpe - 36. Extenseur des phalanges - 37. Fléchisseur du métacarpe - 38. Extenseur oblique du métacarpe - 39. Pectoraux - 40. Intercostaux - 41. Droit de l'abdomen

Figure 23: représentation schématique des muscles superficiels du chien (d'après le Prof. P.C. Blin; Ecole Nationale Vétérinaire d'Alfort)

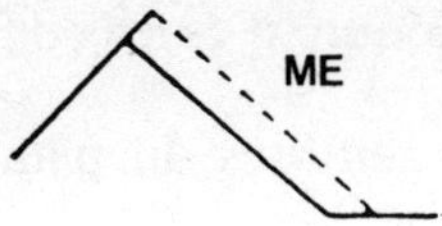

Levier du premier genre:
ME: muscles extenseurs
de la tête

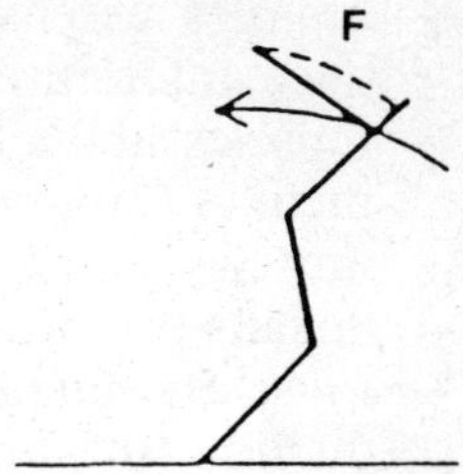

Levier du deuxième genre:
F: muscles fessiers,
membre postérieur

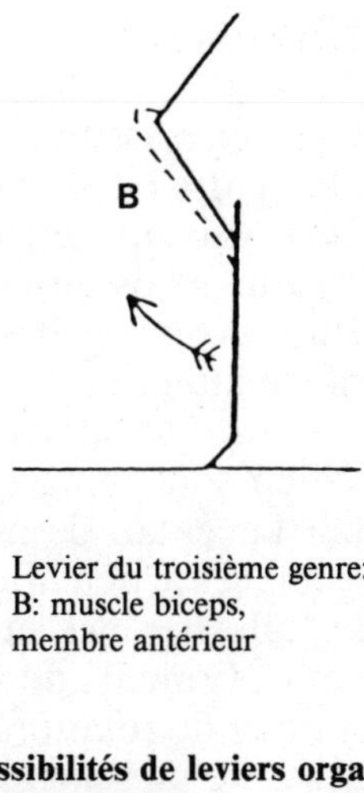

Levier du troisième genre:
B: muscle biceps,
membre antérieur

Figure 24: différentes possibilités de leviers organiques mettant en jeu des groupes musculaires lors du mouvement

rêt que l'on doit apporter à la conformation du chien, la nature des leviers et leur efficacité dépendant directement de l'importance des angulations interosseuses et prenant toute son importance chez le Husky de Sibérie de course.
Signalons enfin, que du point de vue de la fonction mécanique de chaque entité musculaire, on peut classer les muscles en:

- muscles fléchisseurs, qui imposent un mouvement de flexion (muscles de la face postérieure des membres);

- muscles extenseurs, qui ont une fonction d'extension (face antérieure des membres);
- muscles abducteurs, qui écartent les membres du plan médian (mouvement vers l'extérieur);
- muscles adducteurs, qui déterminent une traction en dedans (rapprochement du plan médian);
- muscles rotateurs, à l'origine des mouvements de circumduction (rotation de l'épaule par exemple).

Les articulations

Les articulations peuvent être assimilées à des joints, ou à des charnières qui relient entre elles les diverses pièces de la charpente osseuse. Elles peuvent être fixes (cas des os du crâne réunis par des "sutures" osseuses) semi-mobiles (cas des disques intervertébraux) ou mobiles. Ce sont ces dernières qui vont retenir notre attention, car susceptibles d'être parfois lésées lors de la pratique sportive.
Les articulations du chien sont remarquables par leur très grande souplesse et par l'éventail de mouvements qu'elles rendent possibles. Ce sont ces articulations mobiles qui permettent finalement de "lubrifier" les surfaces interosseuses, et donc autorisent les mouvements de flexion, d'extension, d'adduction, d'abduction et de rotation évoqués précédemment. La figure 25 nous offre un schéma théorique d'articulation mobile, aux fins de meilleure compréhension.
Schématiquement, elles sont formées de l'extérieur vers l'intérieur:
- d'une capsule articulaire solide, qui assure la protection de tout le système articulaire;
- d'une gaine synoviale, contenant un liquide huileux jaune clair et translucide (la synovie) qui joue un rôle de lubrifiant et d'amortisseur;
- de cartilages articulaires, relevés sur les bords (ménisques) et qui protègent la surface osseuse de toute usure ou abrasion et ont aussi un rôle amortisseur;

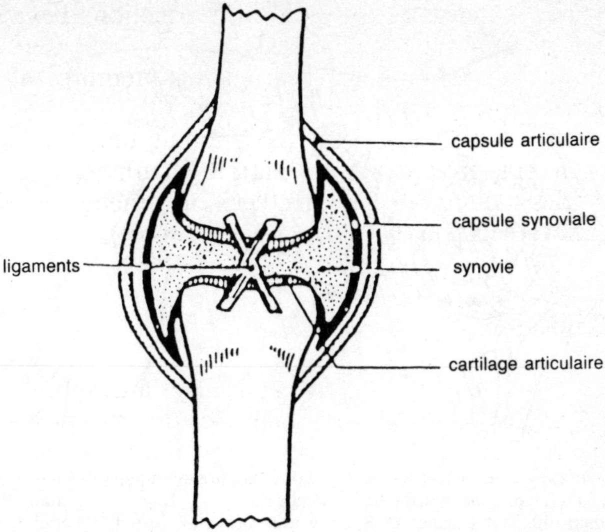

Figure 25: représentation schématique d'une articulation mobile

- de ligaments internes (croisés dans le cas de l'articulation fémoro-tibiale par exemple), dont le rôle est d'assurer la stabilité de l'articulation en ôtant à celle-ci toute laxité indésirable.

Ces notions précisées, il nous sera plus facile de comprendre pourquoi ces articulations peuvent se révéler fragiles et constituer parfois des points de rupture lors d'un accident traumatique survenant en course (entorse, luxation...)

L'appareil de la digestion

L'appareil digestif du chien se caractérise par l'adaptation à un régime alimentaire essentiellement carnassier à l'origine.

Comme chez tous les mammifères, il comprend:

- une portion antédiaphragmatique qui assure la préhen-

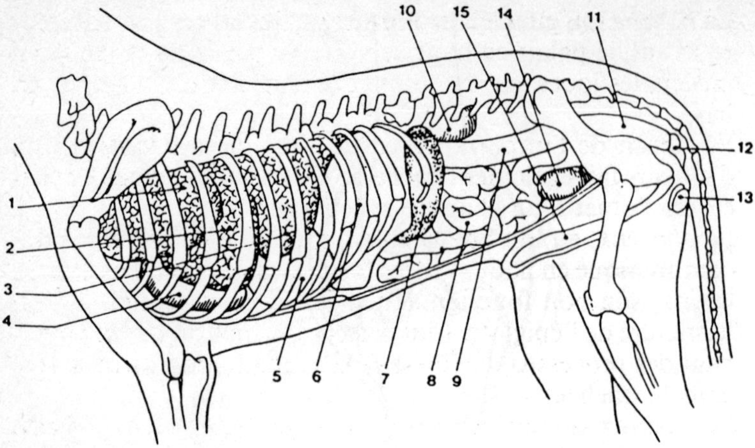

1. Lobe apical - 2. Lobe cardiaque - 3. Lobe diaphragmatique - 4. Cœur - 5. Lobe gauche du foie - 6. Lobe intermédiaire gauche du foie - 7. Rate - 8. Jéjunum - 9. Côlon descendant - 10. Rein gauche - 11. Rectum - 12. Anus - 13. Testicule et épididyme - 14. Vessie - 15. Verge

Figure 26: topographie viscérale du chien mâle (côté gauche) (d'après Prof. PC. Blin; Ecole Nationale Vétérinaire d'Alfort)

sion, l'insalivation, la mastication et la déglutition de la nourriture (bouche, dents, pharynx, œsophage);
- une portion postdiaphragmatique, digestive et éjective (estomac, intestin grêle, gros intestin).

Il y a enfin, pour annexes des glandes digestives qui élaborent des sucs digestifs destinés à transformer les aliments (glandes salivaires, glandes stomacales, pancréas, foie, glandes intestinales). Les figures 26, 27 et 28 serviront de références durant tout ce chapitre.

Portion antédiaphragmatique

Elle est constituée par un "tube" membraneux qui s'étend de la cavité buccale à la terminaison de l'œsophage.

La *bouche* (ou gueule) est limitée par les lèvres (ou babines) en avant, le palais en haut, le voile du palais ou la luette en arrière, les joues sur les côtés et le plancher de la langue en bas.
En raison de l'importance particulière de la *dentition* (qui d'ailleurs fait également partie de l'extérieur du chien), celle-ci fera l'objet d'un chapitre spécifique.
Le *pharynx*, au fond de la gorge, constitue un carrefour qui communique en haut avec les fosses nasales et en bas avec le larynx; son bon fonctionnement est donc essentiel, la non fermeture de l'épiglotte (qui protège l'orifice du larynx) amenant des processus de fausse déglutition (aliments ou salive dans la trachée).
Le pharynx se continue par l'*œsophage*, organe long (30 cm) et large (2 cm), très dilatable. Le transit des aliments dans l'œsophage se fait par ondes péristaltiques grâce à la musculature lisse intrinsèque (progression “en doigt de gant”); il dure 4 à 8 secondes et est aidé par la présence de nombreuses glandes au sein même de la muqueuse. L'œsophage traverse le diaphragme (muscle plat séparant la cage thoracique de la cavité abdominale) pour s'aboucher à l'estomac au niveau du cardia.
Signalons dès maintenant que ce *cardia*, sorte de “cravate” musculeuse qui joue le rôle de porte d'entrée dans l'estomac, est facilement dilatable chez le chien, ce qui explique l'aisance (et la non gravité) du vomissement chez cette espèce.

Portion postdiaphragmatique

L'estomac du chien est volumineux, avec une capacité allant de 0,5 à 8 litres en fonction de l'âge et de son état de remplissage (environ 4 litres chez le Husky adulte), soit plus de 60% du volume total de la portion postdiaphragmatique. Ce volume important permet à l'animal de consommer en une seule prise des repas copieux, la vidange gastrique se faisant progressivement, étalant ainsi l'apport de matières nutriti-

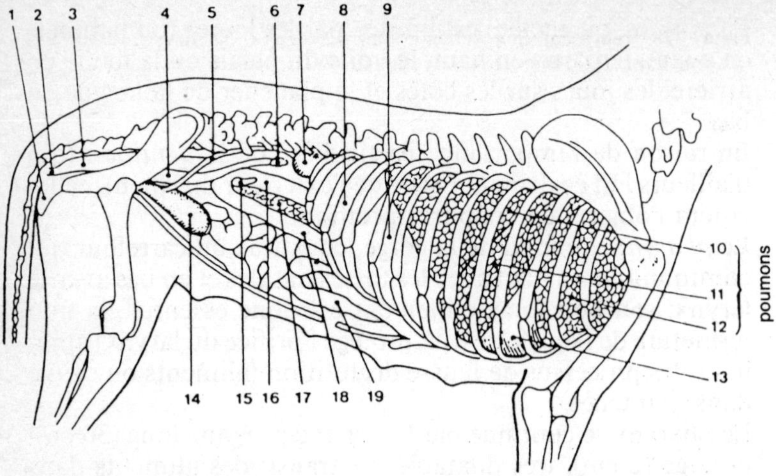

1. Vulve - 2. Anus - 3. Rectum - 4. Utérus - 5. Uretère - 6. Ovaire - 7. Rein droit - 8. Lobe intermédiaire droit du foie - 9. Lobe droit du foie - 10. Lobe diaphragmatique - 11. Lobe cardiaque - 12. Lobe apical - 13. Cœur - 14. Vessie - 15. Cæcum - 16. Côlon ascendant - 17. Pancréas - 18. Portion descendante du duodénum - 19. Jéjunum

Figure 27: topographie viscérale du chien femelle (côté droit) (d'après Prof. P.C. Blin; Ecole Nationale Vétérinaire d'Alfort)

ves au niveau de l'intestin. Ainsi, les liquides vont franchir très rapidement l'estomac, tandis que des aliments solides vont y stagner durant 3 à 8 heures.

L'estomac est donc la première portion du tube digestif où les aliments vont s'arrêter et être soumis à des phénomènes physiques (mouvements de l'estomac) et chimiques qui constituent la digestion gastrique (voir chapitre sur la physiologie de la digestion). Il en résulte l'obtention d'une purée d'aliments semi-liquide appelée chyme qui quitte l'estomac par l'orifice pylorique.

L'*intestin grêle* du chien est, quant à lui, relativement court; dans son ouvrage sur *L'alimentation du chien*, Ferrando

Figure 28: représentation schématique de l'appareil digestif du chien (d'après Prof. P.C. BLIN; Ecole Nationale Vétérinaire d'Alfort)

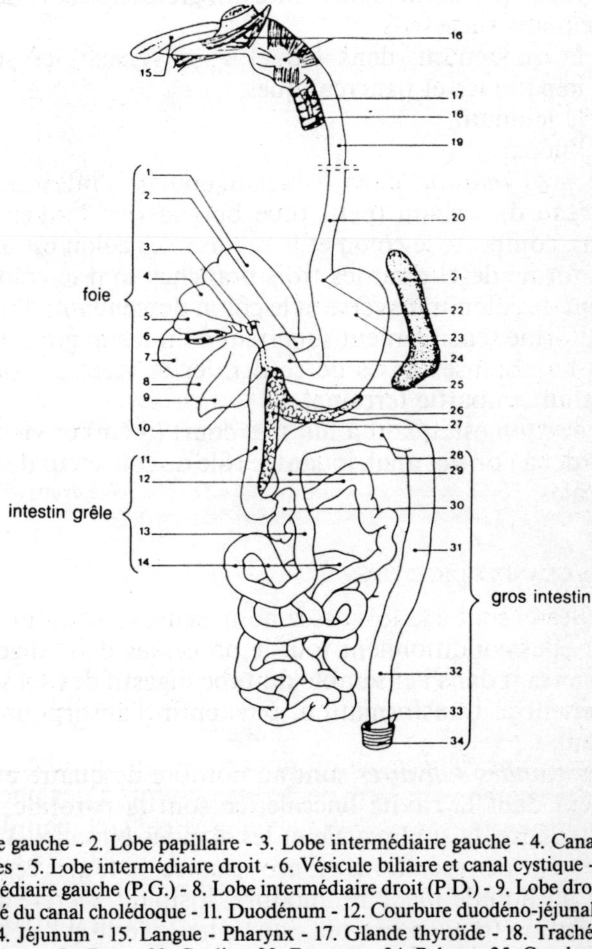

Foie: 1. Lobe gauche - 2. Lobe papillaire - 3. Lobe intermédiaire gauche - 4. Canaux pancréatiques - 5. Lobe intermédiaire droit - 6. Vésicule biliaire et canal cystique - 7. Lobe intermédiaire gauche (P.G.) - 8. Lobe intermédiaire droit (P.D.) - 9. Lobe droit - 10. Débouché du canal cholédoque - 11. Duodénum - 12. Courbure duodéno-jéjunale - 13. Iléon - 14. Jéjunum - 15. Langue - Pharynx - 17. Glande thyroïde - 18. Trachée - 19-20. Œsophage - 21. Rate - 22. Cardia - 23. Estomac - 24. Pylore - 25. Canal pancréatique principal - 26. Pancréas - 27. Canal pancréatique accessoire
Gros intestin: 28. Côlon transverse - 29. Côlon ascendant - 30. Cæcum - 31. Côlon descendant - 32. Rectum - 33. Glandes anales - 34. Sphincter anal

précise que sa longueur moyenne est de 4 mètres, ce qui donne un rapport longueur du corps/longueur de l'intestin de 1/6 chez le chien, contre 1/20 chez le cheval et 1/30 chez la vache (herbivores). Cet intestin grêle se subdivise en trois segments successifs:

- le duodénum, dans lequel se déversent les secrétions hépatiques et pancréatiques;
- le jéjunum;
- l'iléon.

Le *gros intestin*, dans lequel débouche l'intestin grêle au niveau du cæcum (petit tube borgne spiralé d'environ 10 cm), comporte le côlon et le rectum. Le côlon est un organe en forme de U dont les trois branches sont le côlon ascendant, le côlon transverse et le côlon descendant; d'un calibre uniforme sensiblement supérieur à l'intestin grêle, il enserre les nombreuses anses de ce dernier et vient s'aboucher au rectum en partie terminale.
Le *rectum* est, quant à lui, très court (5 cm) et vient se raccorder à l'orifice anal, jouant le rôle de collecteur de matières fécales.

Les glandes digestives

Celles-ci sont à la fois assez nombreuses et très importantes car elles conditionnent tout le processus de la digestion en déversant dans l'ensemble du tube digestif des sucs qui permettent la transformation, puis enfin l'absorption des aliments.
Les *glandes salivaires* sont au nombre de quatre et s'abouchent dans la cavité buccale; ce sont la parotide, la sous-maxillaire, la sublinguale et les glandes buccales. La salive, mélange des sécrétions en provenance de toutes ces glandes, est un liquide incolore, inodore, insipide, sécrété après stimulation (nous passerons sous silence le trop célèbre chien de Pavlov, connu de tous les lecteurs...). Globalement, les glandes salivaires du chien restent relativement petites, celui-ci mastiquant très peu ses aliments et n'ayant donc pas

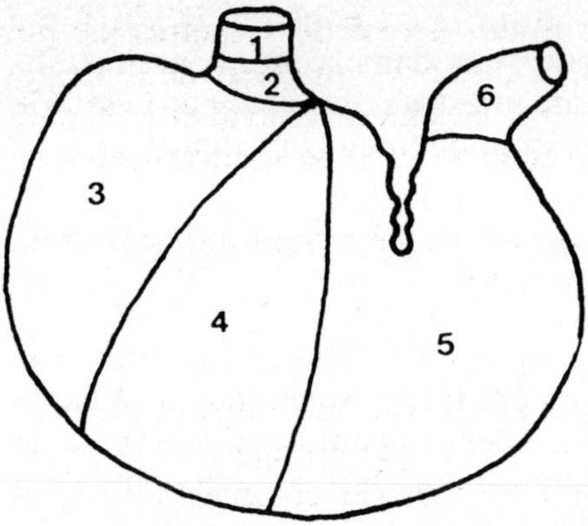

1. Muqueuse œsophagienne
2. Zone cardiaque
3. Zone cardio-fundique
4. Zone fundique
5. Zone pylorique
6. Muqueuse duodénale

Figure 29: différentes zones anatomiques et fonctionnelles de l'estomac du chien

besoin de les insaliver. Signalons qu'il peut se produire des engorgements de certaines de ces glandes, par obstruction du canal excréteur ou inflammation, conduisant alors à pratiquer leur ablation chirurgicale (opération dite de la "grenouillette").

Les *glandes sécrétrices de l'estomac* sont très nombreuses et se répartissent en trois zones sur la muqueuse de l'organe (figure 29).

Le *pancréas* est une glande formée de nombreux lobules, jaunâtre, sécrétant le suc pancréatique qui parvient à l'intestin par deux canaux excréteurs:

- le canal pancréatique accessoire, ou canal de Sautorini;
- le canal pancréatique, ou canal de Wirsung, qui débouche dans l'intestin au même niveau que le canal cholédoque.

Le *foie*, glande la plus volumineuse de tout l'organisme (environ 3% du poids du corps). Il est responsable de la sécrétion du suc biliaire (stocké dans la vésicule biliaire et excrété par le cholédoque) et joue également pour l'organisme un rôle d'émonctoire et de transformateur prépondérant (sans foie, aucune vie n'est possible).

Les *glandes intestinales*, enfin, sont constituées par toute une série de glandules essaimées dans la muqueuse intestinale. Elles produisent le suc intestinal, liquide jaune clair ou incolore dont le rôle est essentiellement lubrifiant.

Les dents du chien

De par l'importance qu'elles revêtent dans le domaine de la cynophilie, nous avons préféré traiter séparément de l'anatomie des dents du chien, celles-ci ayant d'ailleurs pu trouver leur place dans le chapitre consacré à l'extérieur, dont elles font également partie.

Bien que les deux expressions soient souvent employées indifféremment, nous retiendrons pour les termes denture et dentition les définitions présentées par notre confrère le Docteur Luquet:

- "La *denture* est l'assemblage naturel ou artificiel des dents, c'est aussi l'ordre dans lequel les dents sont rangées.
- La *dentition* est le phénomène naturel d'éruption des dents aux diverses époques de la vie".

Les dents du chien sont caractérisées par le grand développement des canines, la réduction des incisives et l'adaptation fonctionnelle des molaires dont les dents antérieures sont tranchantes et les dents postérieures, au contraire, sont broyeuses.

Comme dans toutes les races canines, la denture a une très grande importance chez le Husky de Sibérie, ses défauts, transmissibles génétiquement, pouvant être considérés comme un signe de dégénérescence.

L'armature buccale de l'*adulte* se compose de 42 dents (figure 30), 12 incisives, 4 canines et 26 molaires répondant à la formule dentaire suivante:

Incisives $\frac{3}{3}$; Canines $\frac{1}{1}$; Prémolaires $\frac{4}{4}$; Molaires $\frac{2}{2}$

Cette formule dentaire constitue un moyen simple de quantifier chaque type de dents sur une demi-mâchoire supérieure et inférieure.
La plupart de ces dents portent d'ailleurs des appellations qu'il convient de connaître, en particulier pour les incisives, et qui sont reportées sur la figure 30.
Ainsi, les incisives, au nombre de six à chaque mâchoire, sont divisées en deux pinces, au centre, deux mitoyennes, au milieu et deux coins sur les côtés.
De volume réduit, ces dents possèdent une longue racine, un collet marqué et une couronne aplatie dont le bord libre est taillé en "trèfle" par deux incisures (on parle aussi de "fleur de lys").
Les canines, encore appelées crocs ou crochets, sont au nombre de quatre. Ce sont des dents très développées, coniques,

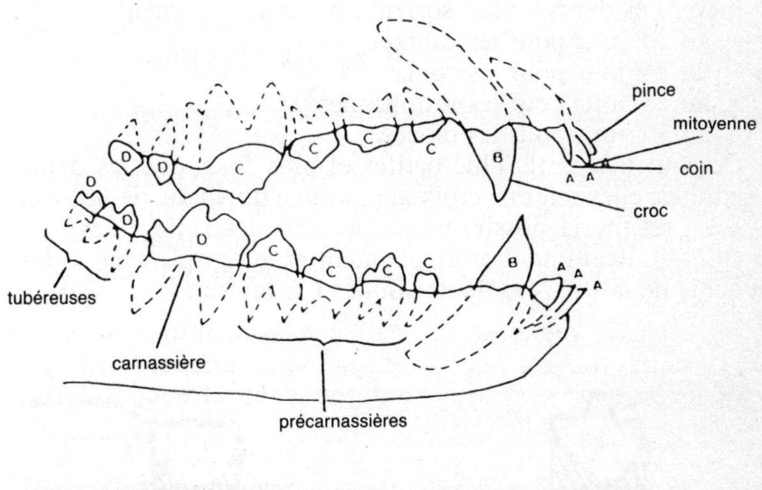

Mâchoire supérieure: 6 incisives - 2 canines - 8 prémolaires - 4 molaires
Mâchoire inférieure: 6 incisives - 2 canines - 8 prémolaires - 6 molaires
A: incisives - **B**: canines - **C**: prémolaires - **D**: molaires

Figure 30: la denture du chien

recourbées en arrière, à sommet pointu; leur racine est fortement implantée dans les mâchoires.
Les molaires sont au nombre de douze à l'arcade supérieure et quatorze à l'arcade inférieure. Elles sont dites hétéromorphes: les dents antérieures sont appelées précarnassières (elles sont minces, crénelées, tranchantes), tandis que les dents postérieures, dites tubéreuses sont basses, mamelonnées, broyeuses; la séparation entre ces deux types morphologiques est marquée par une dent de type intermédiaire, la plus volumineuse de l'arcade, appelée carnassière.
La dentition lactéale du chiot ne comprend, elle, que 32 dents réparties selon la formule dentaire:

Incisives $\frac{3}{3}$;	Canines $\frac{1}{1}$;	Molaires $\frac{4}{4}$

A la naissance, le chiot ne porte aucune dent (gencives inermes), ce qui d'ailleurs évite toute blessure des mamelles à la mère. Les dents de lait sortent approximativement:
- au 20e jour pour les canines;
- au 24e jour pour les coins;
- au 28e jour pour les mitoyennes;
- au 30e jour pour les pinces.

Ce sont des dents plus petites et plus fines que les dents adultes; elles ont une croissance et une durée de vie limitée. Il en résulte la possibilité de pouvoir déterminer l'âge du chiot en examinant le nivellement et le remplacement des dents de lait par les dents adultes (cf. tableau 2).

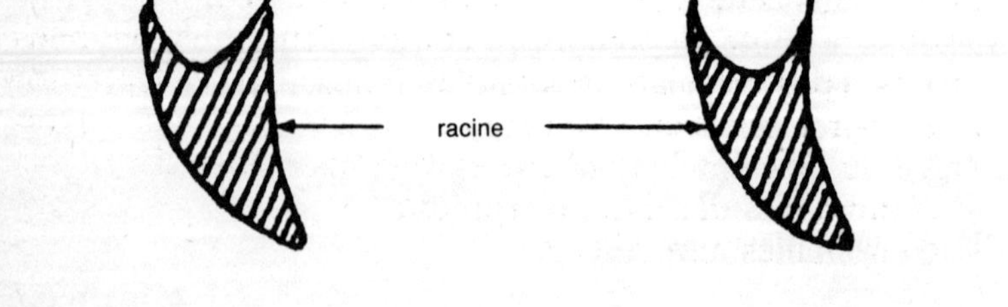

Tableau 2a

DÉTERMINATION DE L'ÂGE DU CHIOT PAR L'EXAMEN DES DENTS LACTÉALES

Dents	*Eruption*	*Remplacement*
Pinces	30 jours	4 mois
Mitoyennes	28 jours	4 mois ½
Coins	25 jours	5 mois
Canines	21 jours	5 mois
1ère PM	4 jours	persiste
2e PM	4 à 5 semaines	6 mois
3e PM	3 à 4 semaines	6 mois
4e PM	3 à 4 semaines	5 à 6 mois
1ère arrière-molaire	4 mois	
2e arrière-molaire		
- supérieure	5 à 6 mois	
- inférieure	4½ à 5 mois	
3e arrière-molaire	6 à 7 mois	

La *détermination de l'âge du chien* adulte est possible, de la même manière que chez le chiot, en examinant l'état de nivellement des dents (figure 31).
Il existe bien sûr des variations à ce phénomène d'usure dentaire; ainsi, le chien ne consommant que des aliments "humides" (ménagers ou conserves) garde plus longtemps ses dents intactes.
Reprenant l'ensemble de ces données, de la naissance à la mort, le Professeur Pierrard, dans un article sur l'application de l'âge du chien paru en 1967 dans la *Revue Canadienne Vétérinaire*, propose un récapitulatif que nous reprenons ci-après.
Enfin, dans cette étude de la denture du chien, il conviendrait sans doute de prendre en compte l'ensemble des anomalies et des irrégularités possibles. Nous nous contenterons d'énumérer celles-ci, renvoyant le lecteur intéressé à l'ouvrage du Docteur Luquet cité en référence. Il s'agit:
- d'anomalies des dates d'éruption;
- d'anomalies numériques;

Tableau 2b

DÉTERMINATION DE L'ÂGE PAR LES CARACTÈRES DE LA DENTURE

Age	*Denture*
3 semaines	Les canines temporaires percent
3 à 4 semaines	Les incisives temporaires percent (maxillaires avant mandibulaires)
3 mois ½ à 4 mois	Début du remplacement des dents temporaires, les dents permanentes apparaîtront dans l'ordre: pinces, mitoyennes, coins.
5 mois	Toutes les incisives permanentes ont fait éruption; les coins ne sont pas encore occlusifs.
5 à 6 mois	Les canines permanentes font irruption.
1 an ½	Le lobe principal des pinces mandibulaires est nivelé.
2 ans ½	Le lobe principal des mitoyennes mandibulaires est nivelé.
3 ans ½	Le lobe principal des pinces maxillaires est nivelé. La table d'usure des pinces et mitoyennes mandibulaires est carrée.
4 ans ½	Le lobe principal des mitoyennes maxillaires est nivelé.
5 ans ½	Le coin mandibulaire est nivelé. Une étoile jaune peut apparaître sur la table d'usure des pinces et mitoyennes mandibulaires, les canines sont émoussées.
6 ans	Le lobe principal des coins maxillaires est presque nivelé et les canines mandibulaires portent la marque des coins maxillaires.
7 ans	La table d'usure des pinces mandibulaires devient elliptique à grand axe sagittal.
8 ans	La table d'usure des pinces mandibulaires s'élargit dans sa partie labiale et s'incline vers l'extérieur.
9 ans	La table d'usure des mitoyennes mandibulaires devient elliptique.
10 ans	La table d'usure des pinces maxillaires devient elliptique.
10 à 11 ans	Chute des pinces mandibulaires puis maxillaires.
12 à 16 ans	Chute des autres incisives
16 à 20 ans	Chute des canines.

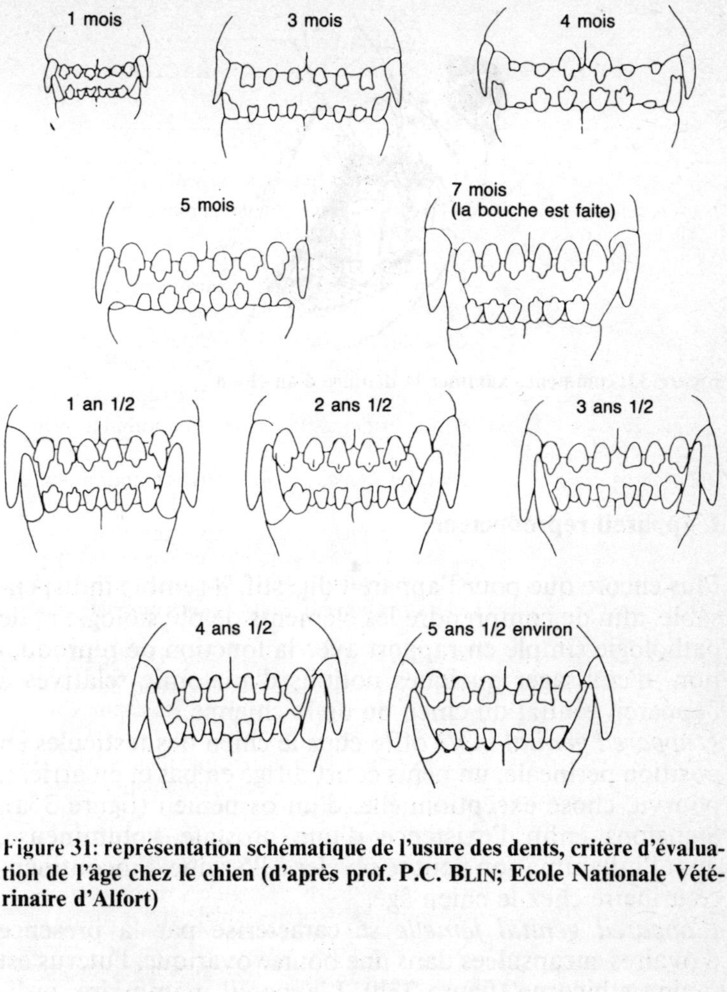

Figure 31: représentation schématique de l'usure des dents, critère d'évaluation de l'âge chez le chien (d'après prof. P.C. BLIN; Ecole Nationale Vétérinaire d'Alfort)

- de déviations de la mâchoire;
- de prognathisme inférieur (mandibule trop longue; chien dit "grignard");
- de prognathisme supérieur (mâchoire trop longue; chien dit "bégu").

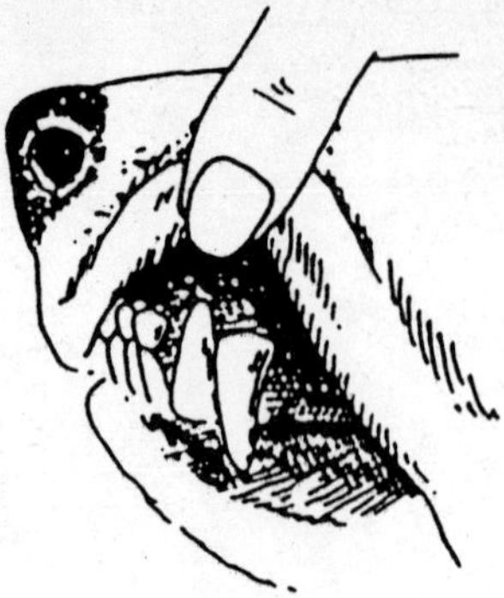

Figure 32: comment examiner la denture d'un chien

L'appareil reproducteur

Plus encore que pour l'appareil digestif, il semble indispensable, afin de comprendre les éléments de physiologie et de pathologie simple en rapport avec la fonction de reproduction, d'envisager quelques notions d'anatomie relatives à l'appareil génital du chien ou de la chienne.

L'appareil génital mâle offre chez le chien des testicules en position périnéale, un pénis court dirigé en bas et en arrière, pourvu, chose exceptionnelle, d'un os pénien (figure 33a). Signalons enfin l'existence d'une prostate volumineuse, dont l'inflammation peut se révéler à l'origine d'incontinence urinaire chez le chien âgé.

L'appareil génital femelle se caractérise par la présence d'ovaires encapsulées dans une bourse ovarique; l'utérus est toujours bicorne (figure 33b). L'appareil mammaire, ordinairement en position abdominale, peut déborder jusque sur la région pectorale ou se limiter à la région inguinale. Le nombre de paires de mamelles est de 5 à 6; les tétines sont détachées, coniques, percées de plusieurs orifices galactophores.

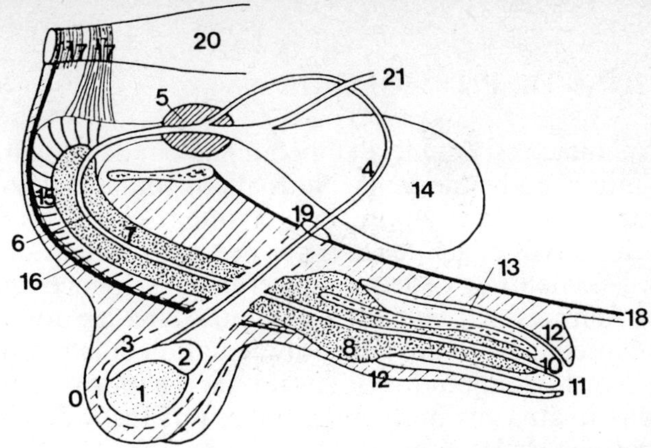

0. Scrotum - 1. Testicule - 2. Epididyme - 3. Gaine vaginale - 4. Canal déférent - 5. Prostate - 6. Urètre - 7. Tissu érectile - 8. Bulbe érectile - 9. Os pénien - 10. Gland du pénis - 11. Orifice préputial - 12. Fourreau - 13. Cavité préputiale - 14. Vessie - 15. Muscle bulbocaverneux - 16. Muscle rétracteur du pénis - 17. Muscle releveur de l'anus - 18. Sangle abdominale - 19. Anneau inguinal - 20. Rectum - 21. Uretère

Figure 33a: représentation schématique des organes génitaux du chien (in: J.P. MIALOT; *Pathologie de la reproduction chez les carnivores domestiques;* éditions du Point Vétérinaire)

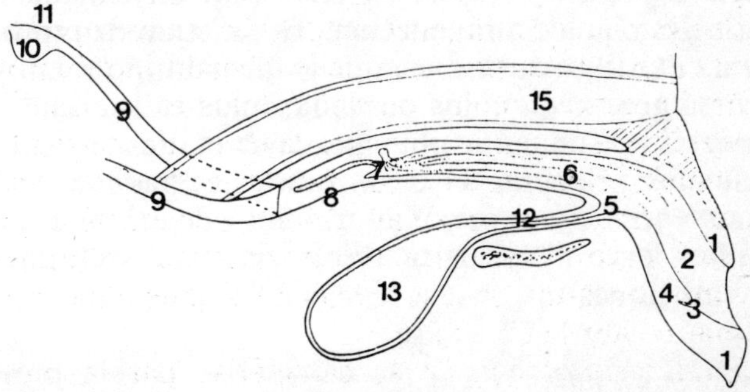

1. Commissure de la vulve - 2. Vestibule - 3. Fosse clitoridienne - 4. Clitoris - 5. Méat urinaire - 6. Vagin - 7. Col de l'utérus - 8. Corps de l'utérus - 9. Cornes utérines - 10. Ovaire dans la bourse - 11. Ouverture de la bourse - 12. Urètre - 13. Vessie - 14. Symphyse pubienne - 15. Rectum

Figure 33b: représentation schématique des organes génitaux de la chienne (in: J.P. MIALOT; *Pathologie de la reproduction chez les carnivores domestiques;* éditions du Point Vétérinaire)

NOTIONS DE PHYSIOLOGIE

La physiologie est l'étude du fonctionnement de l'organisme d'un animal en bonne santé. Nous avons souhaité développer quelque peu ce chapitre, afin de mieux cerner les fonctions digestives et génitales. Il permettra au lecteur de disposer d'éléments de réflexion concernant les données qui lui seront fournies aux chapitres suivants, dans les domaines essentiels en élevage que sont l'alimentation et la reproduction. Nous y adjoindrons en fin de chapitre quelques tableaux relatifs aux normes sanguines du Husky de Sibérie et à la façon de les appliquer.

Les bases de l'alimentation du chien

Evoquer l'alimentation du chien dans sa globalité pose toujours des problèmes, particulièrement si l'on cherche à être très pratique, sans pour autant sombrer dans la facilité de la "recette de cuisine". Il est en effet aisé, actuellement, de fournir des plans d'alimentation "types" aux propriétaires, éleveurs et utilisateurs et ce, quelle que soit la race envisagée. Il semble néanmoins beaucoup plus satisfaisant pour ces mêmes personnes de pouvoir étayer et donc adapter par eux-mêmes l'élaboration de la ration journalière par une connaissance plus ou moins approfondie de la biologie canine au sens large et plus particulièrement des aspects digestifs et métaboliques.

POURQUOI NOURRIR UN CHIEN?

Le chien est un organisme vivant. Il vit grâce à l'existence de centaines de millions de "mini-incendies" qui se déroulent dans chacune de ses cellules, l'extinction de tous ceux-ci provoquant la mort du chien.
A l'exception des flammes, ces incendies sont en tous points similaires à ce qui se déroule dans un four ou dans un

moteur à explosion: ils requièrent à la fois un carburant (matériau, essence...) et un comburant (oxygène) et transforment ces derniers en chaleur et en énergie.
Chez le chien, et ce, de façon très schématique, chaque particule alimentaire et donc la plupart des nutriments, constitue ce carburant, devenant le maillon central d'une chaîne de réactions chimiques aboutissant à la libération de gaz carbonique (CO_2), d'eau (H_2O), d'énergie (essentiellement sous forme d'adénosine tri-phosphate ou ATP) et de chaleur. L'ATP constitue, au niveau cellulaire, la principale ressource énergétique de l'organisme. Mais tandis que certains nutriments sont convertis en énergie, de la chaleur est également produite; elle permet le maintien de la température corporelle du chien aux environs de 38,5° C, température nécessaire à sa survie.
La quantité d'énergie et la production de chaleur permettant le simple maintien en vie d'un chien ont été obtenues en mesurant la chaleur produite par un animal au repos, en état de jeûne. Ces niveaux représentent ce que l'on appelle le *métabolisme de base*. Ce métabolisme de base varie avec la taille du chien.
De plus, le niveau du *métabolisme global* va varier considérablement, avec le travail fourni, la température ambiante, le stress... En effet, le chien ne se contente pas de survivre; il marche, joue, pratique un sport, se trouve dans un état psychologique qui modifie ses besoins alimentaires (croissance, gestation, lactation).
Toutes ces possibilités sont directement liées à la qualité et à la quantité de nourriture consommée, ces dernières dépendant elles-mêmes des nutriments contenus dans l'aliment.
On conçoit donc facilement que la première raison de nourrir un chien soit de fournir un carburant à ces centaines de millions "d'incendies" producteurs d'énergie, indispensables à la survie même de l'organisme. La seconde raison est de permettre à l'animal de construire et de solidifier l'édifice dans lequel se trouvent ces foyers, en l'occurrence son corps.
Ces deux problèmes résolus, l'alimentation du chien devient

alors un moyen d'améliorer l'environnement même de l'animal, que ce soit en terme de productivité ou de performance (esthétique ou sportive), ou celui de son propriétaire, en terme de facilité de travail ou de rentabilité.

Les grandes lignes de la digestion

La digestion est la dégradation dans le tube digestif d'aliments complexes en composés plus simples, le corps valorisant ceux-ci pour son entretien, sa croissance, ou comme source d'énergie. Elle est suivie d'une phase d'absorption à travers la paroi intestinale, puis les nutriments sont ensuite transportés vers les tissus par voie sanguine.

Les chiens considérés comme des carnivores non stricts (ils consomment autre chose que des produits animaux) ont, nous l'avons vu, un appareil digestif simple comprenant un seul estomac et des intestins relativement courts. Le transit digestif (temps entre l'ingestion des aliments et l'exonération des excréments) est rapide (24 à 36 heures).

Durant cette phase de transit, les aliments vont être dégradés sous l'action de processus physiques (mastication, mouvements de l'estomac et des intestins) ou chimiques (action de la salive, des sucs gastriques ou pancréatiques, de la bile...), la seulc fraction non digérée se retrouvant dans les matières fécales.

Très schématiquement, un aliment est en fait composé de plusieurs catégories de nutriments dont les rôles métaboliques seront, nous le verrons, très différents:

- des *glucides*, encore appelés hydrates de carbone, parmi lesquels on trouve les sucres, les amidons (riz, pâtes, féculents) et les dérivés cellulosiques (parois végétales). Ces derniers sont totalement indigestibles chez le chien, mais leur présence dans la ration est nécessaire car ils jouent dans le tube digestif le rôle de lest;
- des *lipides*, ou matières grasses, qui seront animaux ou végétaux;
- des *protides*, ou protéines, structures chimiques com-

plexes composées d'acides aminés. Leur composition variera en fonction de leur origine (animale ou végétale, viande ou tourteau de soja par exemple).

- des *minéraux*, parmi lesquels on distingue les macroéléments (ceux dont l'organisme a besoin en grande quantité: calcium, phosphore, magnésium) et les oligo-éléments (ceux dont l'organisme a certes besoin, mais en quantité infinitésimale: cuivre, fer, zinc...);
- des *vitamines*, substances organiques variées que l'organisme ne peut synthétiser lui-même et que le chien doit impérativement trouver dans son alimentation. Celles-ci sont dites hydrosolubles, quand elles sont solubles dans l'eau (vitamines B par exemple) ou liposolubles lorsqu'elles se dissolvent dans les matières grasses (vitamines A, D, E et K).

Sur le plan digestif, ces différentes familles de nutriments vont donc se comporter différemment.

• Les *glucides* non membranaires (c'est-à-dire sans la cellule, dont nous avons dit que le chien ne la digérait pas), encore appelés en nutrition E.N.A. (Extractif Non Azoté), sont essentiellement digérés sous l'action d'enzymes (substances catalysant leur dégradation) salivaires ou pancréatiques (amylases dégradant l'amidon par exemple). Une particularité importante du Husky de Sibérie est à signaler à ce niveau; cette race (peut-être parce qu'elle est restée proche du loup) dénote une insuffisance pancréatique chronique vis-à-vis de la digestion des amidons. Il en résulte une mauvaise digestion de ces derniers qui sont alors fermentés dans le gros intestin où ils provoquent des diarrhées. La conséquence pratique en est primordiale: nous serons amenés dans la constitution de la ration à réduire la proportion d'E.N.A. et à veiller à ce que les amidons soient très bien cuits (car plus digestibles).

• La *cellulose*, glucide totalement indigestible, améliore l'hygiène digestive par son effet de balayage au niveau du gros intestin.

• Les *lipides* ne posent généralement aucun problème au

niveau digestif. Ils sont digérés sous l'action de la bile et de la lipase pancréatique et nous verrons lors des applications pratiques qu'il nous a été possible d'apporter jusqu'à 50% de la ration journalière sous forme de matières grasses chez des chiens de traîneau, sans éveiller aucune pathologie et en améliorant les performances des chiens.

• Comme les glucides, les *protéines* peuvent se comporter de différentes manières au niveau digestif. Elles sont normalement digérées sous l'action de l'acide chlorhydrique de l'estomac puis des enzymes protéolytiques de l'estomac (pepsine), du pancréas (trypsine) et de l'intestin grêle (polypeptidases). Notons dès maintenant que le terme "protéines" ne signifie que peu de choses sur le plan nutritionnel; il existe en effet des protéines peu digestibles (protéines des tendons, des ligaments, des aponévroses et certaines protéines végétales mal cuites – tourteau de soja parfois) que l'on retrouvera dans le gros intestin, où elles fermenteront et seront elles aussi à l'origine de diarrhées. Signalons enfin que l'acidité gastrique, que nous avons évoquée en citant la présence d'acide chlorhydrique en grande quantité dans l'estomac du chien, est telle dans cette espèce qu'elle suffit à expliquer qu'un chien puisse consommer des aliments parfois avariés (cadavres de rats ou d'oiseaux, vieil os enterré) sans éprouver de problème.

• Les *minéraux* dans leur globalité ne posent pas de problème spécifique. Seul l'excès de matières grasses peut altérer leur digestion, mais ce phénomène est relativement simple à contrebalancer.

• Enfin, en ce qui concerne les *vitamines*, nous dirons simplement que les synthèses bactériennes dans la lumière intestinale ne peuvent assurer une autosupplémentation en vitamines B, contrairement à d'autres espèces.

De tout ceci, il résulte une première notion pratique, qui, si elle est courante en laboratoire, peut se révéler utile au propriétaire (c'est la notion de *digestibilité*, ou coefficient d'utilisation digestive apparente), se définit comme étant la proportion d'un aliment ou d'un nutriment "apparemment absorbé" dans le tube digestif, c'est-à-dire ne se retrouvant pas dans les fèces. Dans ce cas, le seul examen de la quantité de matières fécales émises chaque jour par le chien donnera une idée au propriétaire de la bonne, ou de la mauvaise, digestibilité de l'aliment; ce volume ne devrait pas dépasser celui des aliments consommés.

A QUOI SERVENT LES NUTRIMENTS?

La couverture du besoin énergétique

Parmi les nutriments évoqués, 3 d'entre eux sont susceptibles d'apporter au chien l'énergie dont il a besoin: lipides, glucides et protides.

L'évaluation quantitative des besoins (que nous évoquerons dans les chapitres particuliers) va de pair avec l'estimation des constituants alimentaires. A ce titre, rappelons tout d'abord que, chez le chien comme chez l'homme, l'unité en vigueur est la kilocalorie d'Energie Métabolisable (Kcal E.M.) qui se veut la plus représentative de la valorisation énergétique d'un aliment (figure 34). Pour obtenir cette valeur, on défalque de l'énergie brute (énergie dégagée par l'aliment quand on le fait brûler), l'énergie des fèces, des gaz produits (éructations, flatulences) et de l'urine, puisque cet ensemble est perdu par l'organisme. Pour tenir compte de ces aspects, le N.C.R. (National Research Council) propose de retenir les valeurs suivantes (figure 35):

1 gramme d'Extractif Non Azoté	= 3,52 Kcal E.M.
1 gramme de protides	= 3,52 Kcal E.M.
1 gramme de lipides	= 8,65 Kcal E.M.

Pourtant, il a également été possible d'évaluer le besoin énergétique du chien à l'entretien (c'est-à-dire au repos, à température neutre...), quantifié par le N.C.R. à 132 kilocalories d'Energie Métabolisable par kilo de poids métabolique ("poids vif" 0,75).

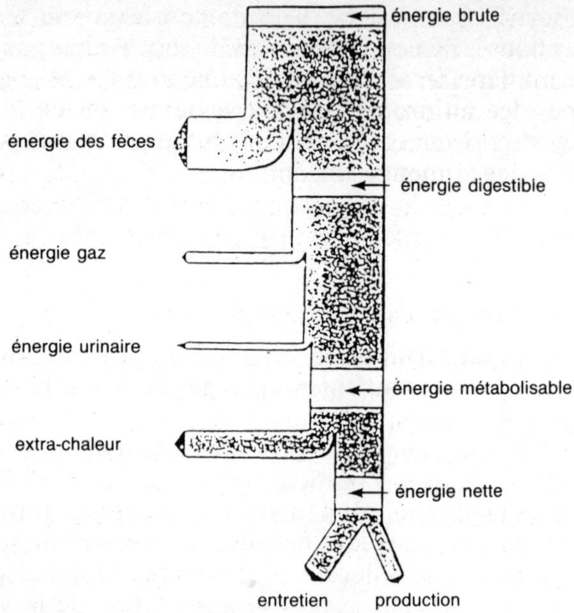

Figure 34: schéma de dégradation de l'énergie des aliments

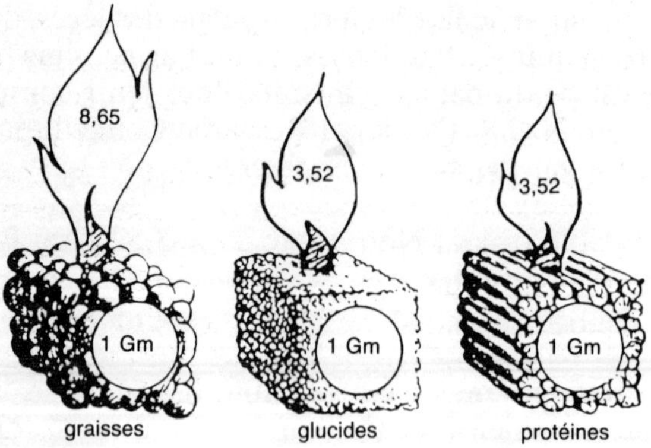

Figure 35: valeur énergétique des nutriments (en kilocalories d'Energie Métabolisable)

Ces chiffres sembleront sans doute barbares au lecteur. Qu'il se rassure, ils nous permettront simplement par la suite de mieux préciser les besoins du Husky dans différentes situations (gestation, lactation, croissance, effort...) et ne sont qu'une référence. La notion de "poids métabolique" peut également choquer; retenons que c'est la seule qui ait permis d'uniformiser le besoin quantitatif des différentes races (le poids vif varie selon la race de 1 à 100 kilos!).

Des protéines pour construire

Si elles possèdent une valeur énergétique, les protéines ont avant tout un rôle fondamental dans la construction de l'édifice complexe qu'est la machine canine. Elles permettent la synthèse des os, des muscles, des structures nerveuses... bref, de tout ce qui fait vivre un chien.
Nous avons évoqué les différences de valeur alimentaire qui existent au simple étage digestif entre une "bonne" protéine (viande rouge, poisson) et une "mauvaise" protéine (tendon). Il faut savoir que ces différences existent encore après absorption des protéines au niveau intestinal: une protéine très bien digérée (donc absorbée) n'est pas obligatoirement bien utilisée (métabolisée) par l'organisme. Ceci est lié au fait qu'il peut lui manquer certains composants (on parle d'acides aminés essentiels) sans lesquels le chien ne pourra synthétiser ses propres protéines; on parle ainsi de la "valeur biologique" d'une protéine et l'on peut illustrer cette notion en comparant les acides aminés à des pièces de tissu, bleues, blanches ou rouges: tant qu'il reste assez de tissu de chaque couleur, il est possible de faire des drapeaux français, mais si l'une des couleurs manque, la fabrication des drapeaux est interrompue (dans notre cas, si un acide aminé manque, la synthèse protéique stoppe et les autres acides aminés sont gaspillés).
Ces notions (figure 36) ne sont pas que théoriques, elles permettront au lecteur d'être plus critique à l'égard des aliments hautement protéiques, ou réputés tels: une forte teneur en

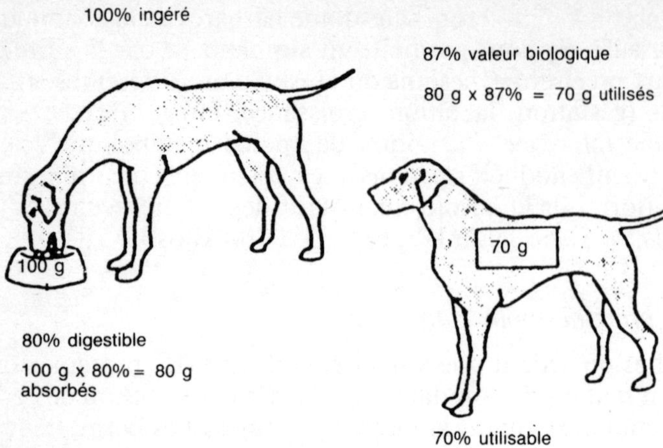

Figure 36: notions de digestibilité et de valeur biologique

protéines, si attractive soit-elle, ne signifie pas forcément grand-chose si elle ne va pas de pair avec une amélioration de la qualité de celles-ci.

Rappelons enfin que les normes alimentaires que nous évoquerons dans les chapitres spécifiques prendront également en compte l'équilibre qui doit exister entre énergie et azote (ou protéines). En effet, les protéines ayant une valeur énergétique non négligeable, toute carence en énergie de la ration amènera l'organisme à brûler ces protéines alimentaires en lieu et place de leur épargne à des fins d'édification (figures 37 et 38).

C'est là un exemple de notion *d'équilibre alimentaire*, essentielle en terme d'élaboration de rations.

Les minéraux: de nombreuses interrelations

Il est impossible de préciser dans un tel ouvrage l'ensemble des rôles joués par chaque élément minéral au sein de l'organisme; ceux-ci sont trop nombreux. De plus, chacun d'en-

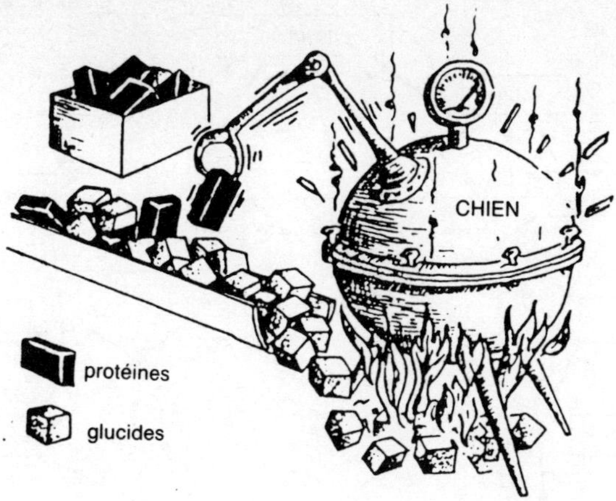

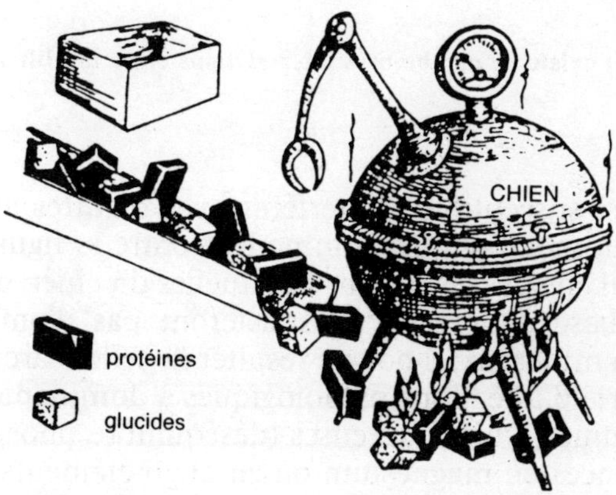

Figures 37 et 38: notion d'équilibre énergie-protéines (dessins d'après D. COLLINS; *The Collins to dog Nutrition*

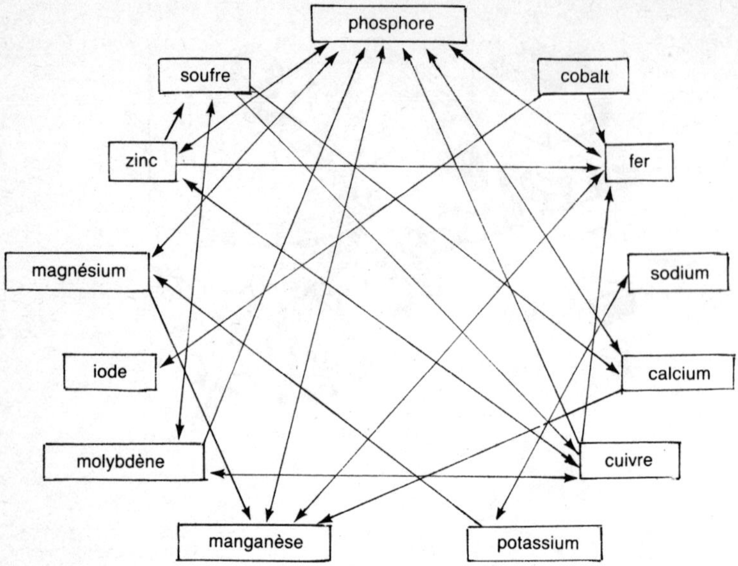

Figure 39: il existe de nombreuses interrelations entre les différents minéraux

tre eux est susceptible d'interférer avec d'autres au niveau digestif ou métabolique, comme le montre la figure 39.
Quoi qu'il en soit, les rations habituelles du chien et surtout celles à base de viande ne satisferont pas d'emblée son besoin en minéraux; il pourra résulter de telles carences toute une série d'affections pathologiques à dominantes osseuses, sanguines, voire nerveuses (déséquilibre phosphocalcique, carences en magnésium ou en oligo-éléments).
Plutôt que de nous lancer dans un catalogue fastidieux (cf. tableau 3), nous reviendrons lorsque cela sera nécessaire sur tel ou tel point important de la complémentation minérale des rations, en vue de prévenir l'émergence d'une maladie.

Tableau 3
RÔLES ET ACTIONS DES DIFFÉRENTS MACRO ET OLIGO-ÉLÉMENTS MINÉRAUX (IN: R. FERRANDO *Alimentation du chien; 1973)*

Nature de l'élément	*Rôles plastiques*	*Rôles divers dont dynamiques ou de catalyseurs*	*Principaux signes de la carence*	*Observations*
Calcium[1] (Ca)	Constitution du squelette	Sédatif nerveux. Actions sur le cœur et sur la perméabilité cellulaire	Dystrophie osseuse. Hyperexcitabilité	Les deux substances Ca et P ont des relations communes entre elles par le rapport Ca/P et avec diverses hormones et vitamines dont les vitamines du groupe D
Phosphore (P)	Constitution du squelette et des phospholipides et phosphoprotéines	Actions générales dans de très nombreuses réactions métaboliques	Dystrophies osseuses, stérilité, adynamie	
Sodium (Na) Potassium (K)	Constituants cellulaires du plasma et des liquides de l'organisme	Régulation de l'équilibre osmotique	Altération de la croissance. Adynamie. Altération de l'œil. La carence en K affecte le transport du glucose et E.C.G. ainsi que le myocarde	Liens avec le chlore. Ne pas exagérer l'apport de ces éléments chez le chien âgé et cardiaque. La viande apporte assez de sodium par elle-même
Magnésium[2] (Mg)	Constitution du squelette et des cellules. Action sur la dentine	Actions au niveau du système nerveux	Diminution de la croissance. Hyperexcitabilité	Liens avec P et surtout Na, Ca et K. Excès de Mg élève excrétion urinaire du calcium
Fer (Fe)	Constitution des hématies et de la myohémoglobine	Rôle dans le processus d'oxydation et au niveau d'enzymes digestives	Anémie	La carence diminuerait certaines activités enzymatiques de l'intestin
Cuivre (Cu)	Formation de l'hémoglobine des hématies	Rôle dans le processus d'oxydation et dans la pigmentation comme dans formation système nerveux. Formation de l'os (Baxter)	Anémie. Décoloration des poils	Il existe dans la prévention et la guérison de l'anémie des liens étroits entre le fer, le cuivre et le cobalt
Cobalt (Co)	Formation de l'hémoglobine des hématies	Rôle dans la multiplication des hématies et dans diverses réactions	Anémie	

Nature de l'élément	*Rôles plastiques*	*Rôles divers dont dynamiques ou de catalyseurs*	*Principaux signes de la carence*	*Observations*
Manganèse (Mn)	Fortes concentrations dans le foie, les muscles et le sang	Permettrait l'activité de diverses enzymes	Désordres génitaux et osseux	Pas ou peu de renseignements concernant le chien si ce n'est des variations de la teneur des tissus sous l'influence de la chaleur et du soleil
Iode (I)		Constituant de l'hormone thyroïdienne. Ne modifie pas la cholestérolémie du chien (Bush 1970)	Désordres divers dus au dysfonctionnement thyroïdien	La carence en iode peut survenir par suite d'un régime trop exclusivement carné
Zinc[2] (Zn)		Rôle dans diverses enzymes	Pas de description concernant le chien. On note toutefois le lien avec l'insuline, cela se manifeste par un pelage terne	Action favorable sur la peau et la cicatrisation

[1] Important chez le Husky de course (voir chapitre traitant du Husky de Sibérie chien de sport).
[2] Les carences en zinc sont fréquentes chez le Husky (voir chapitre traitant de la pathologie).

Les vitamines: ni trop, ni trop peu

Le déroulement normal des fonctions physiologiques de l'organisme nécessite l'apport régulier d'une quarantaine de constituants nutritifs différents, la majorité d'entre eux ayant déjà été évoqués. Parmi ceux-ci (et comme oligo-éléments), les vitamines constituent des substances actives vitales.
Si seulement l'une d'entre elles manque ou se trouve en quantité insuffisante, il apparaît des symptômes de carence pouvant entraîner des pathologies graves.
En tant que groupe, les vitamines se distinguent par les deux propriétés caractéristiques suivantes:

- le besoin journalier d'un chien en chacune des vitamines n'est que de quelques microgrammes à quelques milligrammes, l'excès pouvant se révéler tout aussi dangereux que la carence. Ainsi, les vitamines se différencient des macroéléments nutritifs dont les quantités nécessaires sont pour le moins 1000 fois supérieures du fait qu'elles produisent les substances propres à l'organisme;
- les vitamines sont des substances organiques; elles se différencient ainsi des oligo-éléments comme le fer, l'iode ou le zinc, qui sont pourtant aussi des substances actives essentielles.

On connaît actuellement 13 vitamines exerçant des effets différents (tableau 4), mais toutes aussi essentielles les unes que les autres (la vitamine C n'étant pas une vitamine chez le chien).

Enfin, bien qu'ils ne soient pas considérés comme des vitamines, nous citerons ici les acides gras essentiels (acides linoléique, linolénique, arachidonique), car ceux-ci sont indispensables à l'animal qui ne peut les synthétiser. On les trouve en grande quantité dans les huiles végétales; ils jouent un rôle primordial dans la production d'une fourrure de qualité ainsi que dans la synthèse des prostaglandines (médiateurs de l'inflammation ayant également de nombreux autres rôles dans l'organisme). La couverture du besoin sera simple et passera par la distribution journalière, en mélange à la ration, d'une cuillerée à soupe d'huile (tournesol, maïs, soja...).

Avec quoi nourrir son Husky de Sibérie?

Connaissant les bases nutritionnelles de l'alimentation du chien, la question se pose maintenant de savoir quels types d'aliments on peut utiliser. En fait, deux possibilités sont envisageables: l'utilisation d'aliments industriels (croquettes, saucisses, conserves) ou celle d'aliments ménagers (préparés par le propriétaire).

Tableau 4

RÔLES ET SOURCES ALIMENTAIRES DES PRINCIPALES VITAMINES CHEZ LE CHIEN

Vitamine	*Rôles*	*Principales sources*
Vitamine A (rétinol)	Vision, croissance, reproduction, résistance aux maladies	Huiles de foies de poissons, foie, graisses animales, œufs
Vitamine D (calciférol)	Equilibre du métabolisme phosphocalcique. Améliore l'absorption du calcium	Soleil (UV), huile de foies de poissons, œufs
Vitamine E (tocophérol)	Antioxydant; prévention de la pathologie musculaire (effort)	Lait, germes de céréales, œufs
Vitamine K	Production des facteurs de la coagulation	Poissons, foies, graines
Vitamine B_1 (thiamine)	Métabolisme énergétique (glucides). Bonne fonction nerveuse	Céréales, son, levure
Vitamine B_2 (riboflavine)	Métabolismes des acides aminés et des graisses	Céréales, lait, levure
Vitamine B_6 (pyridoxine)	Métabolismes des protéines, des graisses, des glucides, du fer	Céréales, lait, poisson, levure
Vitamine PP (acide nicotinique)	Intégrité des tissus (peau)	Céréales, levure, poisson, œufs
Acide folique	Métabolismes des protéines. Synthèse de l'hémoglobine	Levure, foie
Vitamine B_{12} (cyanocobalamine)	Métabolismes des protéines. Synthèse de l'hémoglobine	Fer, poisson, produits laitiers
Acide panthoténique	Intégrité des tissus (peau)	Foie, poisson, produits laitiers, riz
Vitamine H (biotine)	Intégrité de la peau, métabolisme des glucides, lipides, protides	Levure, ingrédients naturels
Vitamine B_4 (choline)	Métabolisme des graisses. Protection du foie	Ingrédients naturels

Les aliments ménagers

Nous avons vu que les grands “pôles” de l’alimentation du chien en général tournaient autour de la nécessité d’apporter des protéines, de l’énergie, du lest (cellulose) et un complexe minéraux-vitamines. Le tableau 5 précise ces sources dont les valeurs alimentaires figurent en annexe à la fin de l’ouvrage.

Les aliments du commerce

Les aliments pour chiens que l’on trouve dans le commerce se classent en trois catégories:

- aliments secs (croquettes, soupes à réhydrater): 5 à 10% d’eau;
- aliments semi-humides (saucisses, croquettes “molles”): 20 à 25% d’eau;
- aliments humides (conserves): 65 à 80% d’eau.

Ces aliments présentent à notre avis de nombreux avantages à condition, bien sûr, de prendre soin de bien lire les étiquettes:

- facilité d’emploi et de conservation;
- prix de revient moindre (en particulier au niveau des croquettes, si l’on raisonne sur la matière sèche qui seule est utile);
- distribution d’une nourriture équilibrée (au moins pour le chien à l’entretien); attention de ne pas confondre les termes “complet” et “complémentaire”.

Le propriétaire averti devra également porter un œil critique sur certains termes commerciaux qui, s’ils se réfèrent aux bases nutritionnelles évoquées, ne présentent que peu d’intérêt pratique (“visiblement équilibré” grâce à l’emploi de colorants, “avec des morceaux de viande” en fait constitués, à “tel ou tel arôme”...).

Ces aspects publicitaires ne visent que l’acheteur et ne sont nullement primordiaux pour le chien.

Tableau 5
PRINCIPALES SOURCES MÉNAGÈRES DE NUTRIMENTS

Nutriments recherchés	*Sources alimentaires*
Energie	– céréales (riz, pâtes, grains) bien cuites (surtout pour le Husky) – graisses animales (suif, saindoux) – huiles végétales, margarines, végétalines *à éviter:* pommes de terre, pain, graisses rances ou cuites, céréales crues...
Protéines	– viande (crue ou légèrement cuite) – poissons cuits – œufs cuits – lait (si le chien le supporte) – fromage *à éviter:* déchets trop riches en tendons ou aponévroses, œufs crus, poissons crus
Lest	– légumes verts (haricots verts, carottes, salade cuite) – son (en très petite quantité) *à éviter:* choux, oignons, navets...
Minéraux Vitamines	– farines d'os, carbonate de calcium – compléments minéraux du commerce – levure (vitamines, cf. tableau 4) – produits laitiers (calcium) *à éviter:* tout excès de complémentation (l'abondance de "zéros" derrière une concentration en vitamines est plus nuisible que bénéfique)

Tableau 6
AVANTAGES ET INCONVÉNIENTS DES DIFFÉRENTES FORMES D'ALIMENTATION COMMERCIALE

Type d'aliment	*Avantages*	*Inconvénients*
Sec	– conservation aisée (pas de réfrigérateur)	– teneur en matières grasses insuffisante pour le Husky

Type d'aliment	Avantages	Inconvénients
Sec	- pas d'altération après ouverture - plus nutritif à l'unité de poids - plus économique que les aliments riches en eau	- vitamines parfois détruites par le traitement thermique - nécessite un apport d'eau - altération si conservation à l'humidité
Semi-humide	- très appétissant - ingrédients très digestibles - emballage pratique en ration journalière	- nécessite souvent un réfrigérateur ou un congélateur - altération dès l'ouverture de l'emballage - altération si conservation à l'humidité - forme coûteuse de conservation - sources d'intolérance digestives chez certains chiens
Humide	- conservation aisée - emballage durable - très appétissant - ingrédients très digestibles	- forme coûteuse de conservation - l'eau présente (75%) revient cher - lourd à transporter et à stocker - temps de préparation très long - altération dès l'ouverture

COMMENT ALIMENTER VOTRE CHIEN: CAS DU HUSKY DE SIBÉRIE

ADULTE ET À L'ENTRETIEN

Il nous a semblé préférable de présenter ici les grandes règles qui président à l'élaboration et à la distribution de la ration journalière. Notre "référence" sera un Husky adulte, à l'entretien (c'est-à-dire non sportif, hors période de reproduction, croissance terminée), ce qui nous permettra par la suite d'adapter cette ration "de base" aux différentes périodes physiologiques que nous envisagerons.

L'abreuvement

L'abreuvement correct d'un chien est sans doute l'élément le plus important de son alimentation. Ne dit-on pas que l'on peut rester plusieurs semaines sans manger, mais pas plus de quelques jours sans boire?
A l'entretien, le Husky se différencie des autres races par le fait qu'il est un "petit buveur": un demi à trois quarts de litre d'eau par jour. Encore faut-il défalquer de cette quantité l'eau apportée par l'aliment...
Pratiquement, on laissera à disposition de l'animal une cuvette d'eau très propre en permanence, en prenant soin de la renouveler au moins une fois par jour.
Plusieurs cas nécessiteront une attention plus particulière:
- femelles allaitant (nous y reviendrons);
- températures très froides faisant rapidement geler l'eau (il faut alors la mettre à disposition tiède et la renouveler souvent ou la mettre sous abri);
- enfin, nous avons souvent rencontré des Huskies qui urinaient dans leur eau; dès lors, il semble difficile de stopper un tel comportement et l'éleveur devra veiller à placer l'écuelle sous un petit auvent très bas, de façon à ce que l'animal puisse boire, mais ne puisse souiller l'eau.

Signalons que l'état d'hydratation correcte d'un chien s'apprécie de façon simple en pratiquant un "pli de peau": la peau est pincée entre les doigts, et l'animal peut-être considéré déshydraté si le pli de peau persiste plus de 2 secondes (cas d'un chien souffrant de diarrhées et perdant ainsi beaucoup d'eau). Dans un tel cas, la consultation d'un vétérinaire s'impose d'urgence.

Besoins nutritifs

Lorsqu'il est à l'entretien, le Husky de Sibérie diffère finalement peu des autres races de chiens. On peut par conséquent se référer aux normes classiques édictées par le National Research Council (cf. tableau 7).

Tableau 7
BESOINS NUTRITIONNELS DU CHIEN *(NRC 1974)*

Composition de la ration par rapport à:		*Aliments*			
		M.S.	*Secs*	*Semi-humides*	*Humides*
en p. 100	Eau	0	10	25	75
	Matière sèche	100	90	75	25
g/kg	Matières protéiques	220	200	165	55
	Matières grasses	50	45	37,5	12,5
	Acide linoléique	10	9	7,5	2,5
	Calcium	11	10	8	3
	Phosphore	9	8	7	2,2
	Potassium	6	5	4,5	2
	Chlorure de sodium	11	10	8	3
	Magnésium	0,4	0,36	0,30	0,10
mg/kg	Fer	60	54	45,	15
	Cuivre	7,3	6,5	5,5	1,8
	Manganèse	5	4,5	3,8	1,2
	Zinc	50	45	38	12
	Iode	1,54	1,39	1,16	0,39
	Sélénium	0,11	0,10	0,08	0,03
UI/kg	Vitamine A (1 mg: 1667 UI)	5000	4500	3750	1250
	Vitamine D (1 mg: 40.000 UI)	500	450	375	125
	Vitamine E (1 mg: 1 UI)	50	45	37,5	12,5
mg/kg	Vitamine B_1 = Thiamine	1,0	0,90	0,75	0,25
	Vitamine B_2 = Riboflavine	2,2	2,0	1,6	0,5
	Vitamine B_6 = Pyridoxine	1,0	0,9	0,75	0,25
	Vitamine PP = Niacine	11,4	10,3	8,6	2,8
	Acide pantothénique	10,0	9,0	7,5	2,5
	Vitamine BC = Ac. foliques	0,18	0,16	0,14	0,04
	Vitamine B_{12} = Cyanocobalamines	0,022	0,020	0,017	0,006
	Choline	1200	1100	900	300
	Biotine	0,10	0,09	0,075	0,025
Kcal/kg	Energie Métabolisable	3800	3500	3000	1250
Kcal/g	E.M./MPb	17,3			
en g/ 1000 Kcal	MPb/E.M.	58			

Toutefois, nous avons pu constater sur de nombreux Huskies une nette intolérance digestive aux rations trop riches en E.N.A.[1] (amidon), ce qui nous amène dans la pratique à conseiller, au repos ou hors saison de course, la distribution d'aliments enrichis en protéines (30 à 32% par rapport à la matière sèche), ce qui amène corrélativement à diminuer la proportion d'E.N.A.. C'est pourquoi nous préconisons souvent l'utilisation de croquettes à la fois riches en protéines et enrichies en matières grasses si possible (Canina Protéine +, Royal Canin A.G.R., Flatazor puissance... par exemple). Ces aspects s'expliquent d'autant plus que le chien est la seule espèce animale qui peut vivre sans aucun apport glucidique (il peut en effet maintenir sa glycémie constante en transformant des acides aminés en glucose).
Le seul danger serait alors de tomber dans les régimes "tout viande", à proscrire impérativement, car très déséquilibrés sur le plan phosphocalcique (carence en calcium) donc à l'origine de graves problèmes osseux. Certains aliments semi-humides à base de carcasses de volailles, riches en protéines mais également riches en calcium, se révèlent également intéressants.

L'établissement de la ration

La connaissance du besoin nutritionnel et de la valeur alimentaire de l'aliment doit permettre au propriétaire de distribuer une ration raisonnée. L'utilisation d'aliments industriels complets évite cet écueil: il suffit alors à l'utilisateur de vérifier que l'aliment choisi corresponde bien aux objectifs (attention de ne pas confondre matière sèche et matière humide...). A titre d'exemple et en conformité avec ce qui fut déjà évoqué, voyons comment on peut calculer la concentration énergétique d'un aliment dont l'étiquette nous donne les caractéristiques analytiques.

[1] E.N.A.: Extractif Non Azoté.

Analyse (étiquette):

M.P.b.	(matières protéiques brutes)	= 6,5%	du produit brut
M.G.	(matières grasses)	= 4%	
M.M.	(matières minérales ou cendres)	= 2%	
Cell.	(cellulose)	= 1%	
Humidité		= 75%	

Cela signifie que sur 100 grammes de produit, 25 grammes sont constitués par:

- 6,5 g de matières protéiques;
- 4,0 g de matières grasses;
- 2,0 g de minéraux;
- 1,0 g de cellulose;
- 11,5 g d'E.N.A. (l'E.N.A. ne figure pas sur l'étiquette, car cet élément ne se dose pas, il se calcule en retranchant de la matière sèche l'ensemble des autres nutriments dosés).

Calcul de la valeur énergétique: (cf formule donnée plus haut)
valeur énergétique de 100 grammes d'aliment = 3,52 x 6,5 + 3,52 x 11,5 + 8,65 x 4 = 190,5 Kcal E.M.
soit 1.900 Kilocalories E.M./kilo d'aliment.
La connaissance du besoin énergétique journalier permet ensuite par simple règle de 3 d'en déduire la quantité à fournir à l'animal.
Il en va de même pour les rations ménagères, pour lesquelles, respectant ces principes, le Professeur Wolter (Ecole Vétérinaire d'Alfort) propose une règle simple aux fins d'obtenir l'équilibre recherché:

- viande: 4 parties;
- riz (avant cuisson): 3 parties;
- légumes verts: 2,4 parties;
- huile de maïs: 0,2 parties;
- levure sèche: 0,2 parties;
- complément minéral: 0,2 parties;

soit, pour un kilo d'aliment à 2.000 Kcal E.M. par kilo brut:
- 400 g de viande;
- 300 g de riz;
- 240 g de haricots verts;
- 20 g d'huile de maïs (1 cuillerée à soupe);
- 20 g de levure (1 cuillerée à soupe);
- 20 g de minéraux (1 cuillerée à soupe).

Pour notre part, nous aurions tendance, dans le cas du Husky à évoluer vers une ration de type "5-2-2-1", plutôt que vers cette ration "4-3-2-1".

Ces éléments étant précisés, il ne reste plus qu'à déterminer la quantité de ration à distribuer chaque jour. A ce sujet, à titre d'exemple, un chien de 20 kg consomme:
- 365 g de croquettes ou
- 425 grammes d'aliment semi-humide ou
- 1020 grammes d'aliment en boîte.

Dans le cas du Husky, le propriétaire sera surpris des faibles quantités consommées: le Husky de Sibérie est un petit mangeur et, en période de repos, les quantités évoquées ci-dessus sont pratiquement à diviser par 2.

Plus scientifiquement, si le besoin énergétique du chien "tout-venant" à l'entretien est de 132 Kcal E.M./kg poids métabolique, il tombe à 75-80 dans le cas du Husky.

Quoi qu'il en soit, le moyen le plus sûr d'adapter la quantité d'aliment à fournir à un Husky adulte est de contrôler son poids chaque semaine, et de maintenir celui-ci sensiblement constant.

Quelques aspects pratiques

Nous regrouperons dans ce court paragraphe quelques règles pratiques concernant le mode de distribution de l'aliment.

• Votre chien n'est pas une poubelle; ne lui faites pas profiter de vos restes de table...

• Il est toujours préférable de fractionner les repas (un le matin, un le soir) néanmoins, la plupart des utilisateurs préfèrent nourrir leurs chiens le soir. Dans ce cas, il conviendra de s'efforcer de respecter une heure fixe.

- Contrairement à l'homme, le chien ne recherche pas la diversité alimentaire. Vous devez donc toujours lui apporter la même nourriture.
- Ceci est d'autant plus important que, afin d'éviter des épisodes de diarrhées, le passage d'un aliment à un autre doit se faire progressivement (figure 40); cette transition alimentaire permet aux microbes du tube digestif et aux sécrétions enzymatiques de s'adapter à leur nouvelle fonction.

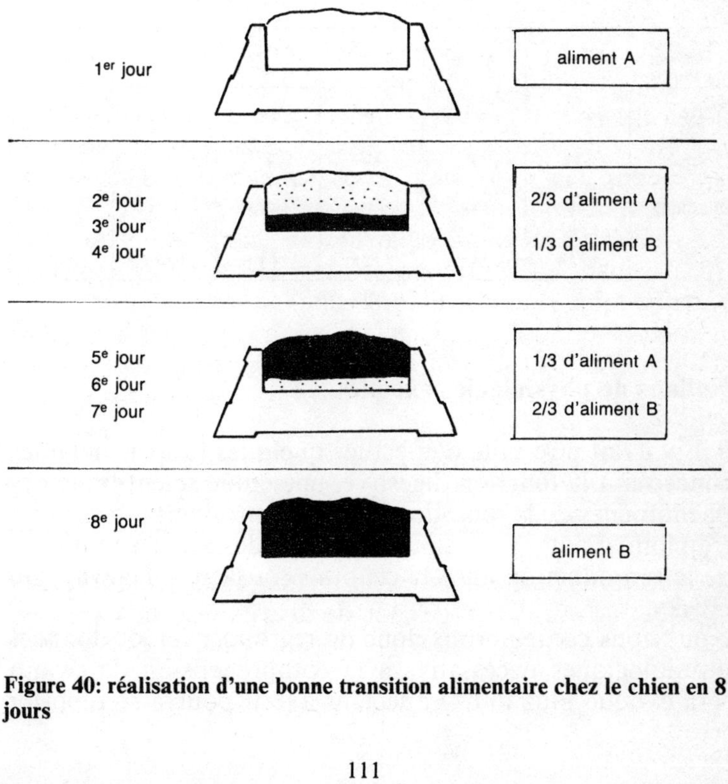

Figure 40: réalisation d'une bonne transition alimentaire chez le chien en 8 jours

• Le Husky buvant peu, l'utilisation de croquettes devra se faire en imbibant celles-ci d'eau avant de les distribuer (verser de l'eau dans la gamelle jusqu'à ce que les croquettes soient recouvertes). Cette précaution permettra également de prévenir des accidents de torsion d'estomac en évitant que les croquettes ne se mettent à gonfler après le repas dans l'estomac du chien.
• En élevage, les écuelles utilisées seront lavables, inoxydables, sans recoin (cf. tableau 8).

Tableau 8
AVANTAGES ET INCONVÉNIENTS DES DIFFÉRENTS MATÉRIAUX UTILISÉS À DES FINS ALIMENTAIRES CHEZ LE CHIEN

Matériau	*Prix*	*Usage*	*Longévité*	*Facilité d'emploi*	*Stockage*	*Poids*
Verre	+++	++++	+	++	+	+++
Terre	+++	+	++	+	++	+
Plastique	++	+++	+ à +++	++++	+++	++++
Métal	++++	+++	++++	++++	++++	+++

Notions de physiologie sexuelle

S'il pouvait être utile d'effectuer quelques rappels détaillés concernant la fonction digestive, une étude scientifique des phénomènes de la reproduction nous entraînerait beaucoup trop loin, d'autant que nous traiterons des aspects pratiques de la reproduction dans le chapitre consacré à l'élevage du Husky.
Nous nous contenterons donc de regrouper ici les données physiologiques nécessaires à la compréhension de ce qui sera évoqué plus loin. Le lecteur averti pourra se reporter

avec intérêt à l'ouvrage du Professeur Mialot consacré à la *Reproduction chez les carnivores domestiques* (Editions du Point Vétérinaire).

Cycle sexuel de la chienne

Le cycle sexuel de la chienne présente de nombreuses particularités. Sa durée est variable selon les individus pour une même race: en moyenne 6 mois, mais nous avons fréquemment rencontré des femelles Huskies ayant des cycles de 8 à 9 mois. La période entre chaque œstrus (plus communément appelé "période des chaleurs") est, quant à elle, constante pour un même animal.

Le moment de l'ovulation (qui correspond à la mise au mâle) est, lui aussi, variable au cours du cycle, mais survient généralement entre le 10e et le 12e jour de chaleurs qui durent de 15 à 21 jours. C'est durant cette seule période que la femelle acceptera le mâle et qu'il pourra y avoir fécondation.

Le tableau 9, emprunté au Professeur Mialot, regroupe et synthétise l'ensemble des événements perceptibles par le propriétaire concernant le cycle sexuel de la chienne.

Physiologie sexuelle du mâle

Chez le chien, la puberté (acquisition des capacités sexuelles) apparaît vers 8 à 10 mois (cf. tableau 10). Si un jeune chien pubère peut féconder une chienne, il n'en reste pas moins que la qualité de son sperme est encore médiocre (faible concentration en spermatozoïdes, nombreux spermatozoïdes anormaux). Il faut encore 3 à 5 mois pour que ces caractéristiques s'améliorent. Signalons également qu'il existe des variations dues au changement de saison dans la concentration en spermatozoïdes des éjaculations avec un maximum au printemps.

En revanche, la libido et les caractéristiques globales de l'éjaculation ne varient pas en cours de l'année.

Tableau 9

PRINCIPAUX ÉVÉNEMENTS DU CYCLE SEXUEL DE LA CHIENNE

(d'après le Professeur Mialot: *Production des carnivores domestiques* - Edition du Point Vétérinaire)

Modifications	*Phases (durée)*			
	Proœstrus (7-10 jours) ← *chaleurs*	*Œstrus (5-10 jours)* →	*Metœstrus (110-140 jours)*	*Anœstrus (longueur variable)*
Cliniques et comportementales	- vulve augmentée de volume - pertes vulvaires sanguines - attraction des mâles - refus de l'accouplement	- vulve œdémateuse - pertes vulvaires réduites - attraction des mâles - réflexe de posture et acceptation du mâle	- nidation, gestation - mise-base et lactation ou - pseudogestation	- pas de signe extérieur - période optimale pour les interventions de convenance
anatomiques *- des ovaires*	- croissance folliculaire rapide	- ovulation puis développement du corps jaune	- corps jaune secrétant puis régressant	- croissance folliculaire lente
- de l'utérus	- congestion - augmentation des glandes	- prolifération de l'endomètre	- nidation, gestation - phase secrétoire de l'endomètre, puis desquamation et restauration	- phase de repos
- de la muqueuse vaginale	- rouge, œdémateuse - présence de plis - sécrétions fluides	- rougeâtre, moins œdématiée - plis profonds et serrés - dessèchement de la surface	- rose - plis séparés, peu profonds - surface à reflets humides	- lisse (rose) - plis effacés - modérément humide

Tableau 10
PHYSIOLOGIE SEXUELLE DU CHIEN: DONNÉES UTILES

Age moyen de la puberté chez le mâle (mois)	7-10 mois
Age moyen de la puberté chez la femelle (mois)	6-12 mois
Saisons sexuelles	2 fois/an
Durée du cycle (jours)	150-300
Type de cycle	monœstrus
Type d'ovulation	spontanée
Moment de l'ovulation	1er-4e jour de l'œstrus (2 jours après le pic de LH)
Durée de la gestation (jours)	
– intervalle saillie-mise bas	57-72
– intervalle pic LH-mise bas	64-66
Durée de la pseudo-gestation (jours)	50-80
Nombre de petits par portée	1-22
Sex-ratio (% de mâle) à la naissance	51-56

Quelques normes physiologiques utiles

DURÉE DE VIE

La durée de la vie d'un chien est très variable car des facteurs nombreux et divers peuvent modifier cette longévité. Le chien est dit adulte dès sa puberté, bien que sa conformation définitive ne soit pas encore acquise (environ 14 mois chez le Husky).
Pour le Docteur Luquet, les principaux facteurs qui peuvent influencer la longévité sont l'hérédité, la consanguinité, le retard de développement, le mode de vie et d'alimentation, la fatigue produite par un travail trop intensif et l'usure pré-

maturée qui en résulte, les conditions de l'environnement et du milieu, les maladies etc.
Chez le Husky, la moyenne générale paraît être d'une bonne douzaine d'années, mais certains sujets que nous connaissons ont 14, voire 16 ans.

Normes biologiques

Durant les trois dernières années, nous avons accumulé des centaines de relevés, de données et de prélèvements sanguins qui nous ont permis de préciser des normes biologiques propres au Husky. Nous verrons qu'elles peuvent varier avec la saison et surtout avec l'état d'entraînement de l'animal. Les chiffres fournis ci-après concernent des animaux au repos, hors période de travail.

Température rectale normale

Normalement de 38°5 C, chez tous les chiens, elle est généralement plus faible chez le Husky (37°7 C à 38°). Elle peut atteindre 39°C chez le chiot et jusqu'à 41° C après une course. Lors de la gestation, la température baisse de 1° C, 24 heures avant la mise-bas.

Fréquence respiratoire

Le nombre de mouvements respiratoires par minute est de 35 à 40 hors saison de course.

Fréquence cardiaque

Correspond au nombre de battements cardiaques (ou pulsations) par minute: très important à connaître chez le Husky de sport, le pouls se prend à la face interne de la cuisse (artère fémorale, très facile à palper).
Elle est en moyenne de 100 chez le chien.

Paramètres sanguins

A titre d'information pour le lecteur averti, le tableau 11 fournit également les valeurs moyennes que nous avons obtenues pour un certain nombre de paramètres sanguins.

Tableau 11

VALEURS MOYENNES DE QUELQUES PARAMÈTRES BIOCHIMIQUES SANGUINS CHEZ LE HUSKY

Paramètre	*Valeur moyenne*
Glucose	1,35 ± 0,11 g/l
Lactates	4,7 ± 1,0 mmol/l
Cholestérol	1,46 ± 0,19 g/l
Triglycérides	0,99 ± 0,28 g/l
Protéines totales	63,8 ± 2,4 g/l
C.P.K.	39 ± 9 UI/l
L.D.H.	107 ± 37 UI/l
Calcium	107 ± 4 mg/l
Phosphore	43,7 ± 3,0 mg/l
Potassium	171 ± 9 mg/l
Magnésium	23,9 ± 1,1 mg/l
Cuivre	0,75 ± 0,12 mg/l
Zinc	0,88 ± 0,19 mg/l
Hématocrite	42,0 ± 3,1 p.100
Globules rouges	5,54 ± 0,34 10^6/mm^3
Globules blancs	14,1 ± 2,7 10^3/mm^3
Hémoglobine	15,2 ± 1,0 g/dl

En développant certains aspects de la physiologie du chien au sens large, nous espérons ne pas avoir trop rebuté le lecteur. En effet, l'esprit critique de ce dernier nous semble essentiel et la biologie est encore trop absente de la formation de la plupart d'entre nous. Nous souhaitons en tous cas que ce chapitre permette au propriétaire et à l'éleveur d'aborder les chapitres suivants en pleine connaissance de cause et que disparaissent de la conversation courante, des affirmations telles que:

- "la viande crue rend les chiens vicieux";
- "la viande crue donne des vers";
- "on ne devrait jamais donner de porc à un chien";
- "le chien a besoin d'une nourriture variée pour être en bonne santé";
- "les œufs crus donnent au chien une belle robe";
- "le chien est capable d'équilibrer lui-même sa nourriture";
- "si une nourriture pour chiens est vendue dans le commerce, c'est qu'elle est bonne";
- "les oignons préviennent le parasitisme digestif";
- "les chiens de race pure nécessitent une alimentation spéciale";
- "le chien n'est qu'un mangeur de viande".

L'élevage du Husky de Sibérie

L'élevage canin, tel que nous le connaissons en France, peut être abordé de deux manières différentes:

- en tant qu'élevage à part entière, donnant lieu à une production animale régie par de stricts critères technico-économiques de rentabilité;
- de façon plus modeste, en tant que responsabilité importante qu'un propriétaire ne doit prendre qu'en connaissance de cause.

C'est cette seconde pratique que nous retiendrons, en accord avec le Docteur Luquet lorsqu'il écrit que "l'élevage ne se justifie qu'à condition de produire des chiots de qualité au moins égale à celle des géniteurs et de mener ces chiots jusqu'à l'âge du sevrage, puis de les confier à titre gracieux ou onéreux à des maîtres capables eux-mêmes de s'en occuper correctement".

Une telle définition sous-entend dans un premier temps que les sujets choisis pour reproduire (géniteurs) soient de grande qualité et ne présentent pas de défaut (ce qui est parfois difficile étant donné que certaines anomalies génétiques ne se manifestent, dans quelques cas, que fort tardivement dans la vie du chien). Il en résulte la nécessité pour l'éleveur (même occasionnel) de pouvoir disposer de quelques notions de génétique et de sélection qui lui permettront d'effectuer le bon choix en matière de géniteur.

Une seconde partie nous amènera à détailler quelque peu les aspects pratiques de la fonction de reproduction, dans la

plupart des cas bien connus des éleveurs, mais qui nécessitent d'être bien appréhendés par le propriétaire qui, occasionnellement, "fera faire une portée à sa chienne".
Il en résulte la naissance de chiots pour lesquels nous envisagerons, dans un troisième volet, les notions indispensables de pédiatrie avant de clore cette partie en donnant au lecteur quelques informations sur le logement et la réglementation.

GENETIQUE ET SELECTION: CE QU'IL FAUT SAVOIR

Il n'existe actuellement aucun ouvrage de génétique canine en langue française, bien que ceux-ci abondent en langue anglaise; c'est pourquoi le lecteur averti pourra se référer à certains de ceux-ci, que nous avons tenu à regrouper en annexe.
Personne ne peut garantir le travail de la nature... Néanmoins, bien qu'appliquée au chien, elle soit encore à ses débuts, la science génétique peut permettre, au moins sur le papier, l'obtention de portées de chiots répondant à vos espérances.
La génétique est une science qui consiste à faire l'étude des phénomènes héréditaires; elle a ses origines dans les travaux d'un moine botaniste autrichien Gregor Mendel né le 22 juillet 1822 à Hyncice (actuelle Tchécoslovaquie) travaux menés sur différentes variétés de pois. Nous ne reviendrons pas sur ces travaux maintenant fort connus, nous retiendrons seulement que la génétique cherche à établir les lois de la transmission des caractères héréditaires et décrit les mécanismes et les structures cytologiques (chromosomes, gènes) responsables de cette transmission.

Les bases cellulaires de la génétique

Tout être vivant supérieur naît de la fusion (union) de deux gamètes (cellules reproductrices) dont l'un est dit "mâle" (*spermatozoïde*) et l'autre "femelle" (*ovule*). De cette union dans l'appareil génital de la femelle naît un *œuf*, cellule initiale qui, par divisions successives donnera vie à un organisme composé d'une infinité de cellules dont certaines auront évolué durant la gestation vers une spécialisation qui donnera naissance aux différents organes.

La *cellule* en elle-même est déjà quelque chose de fort complexe, disposant de petits organes de travail et d'une unité centrale (*le noyau*) dans laquelle est stockée toute l'information génétique. Cette dernière s'y trouve sous forme de chromosomes, en nombre constant pour une espèce donnée (78 chez le chien). Dans chaque cellule d'un individu, ces chromosomes se trouvent regroupés par paires similaires, à l'exception de deux d'entre eux qui sont les chromosomes sexuels. La femelle dispose ainsi de deux chromosomes sexuels identiques (XX), tandis que chez le mâle, ceux-ci sont différents (XY). C'est cette 39e paire de chromosomes qui détermine le sexe du chien.

Une exception de taille existe toutefois à cette règle: les cellules sexuelles (spermatozoïde et ovule). Dans ce cas, en effet, on ne trouve dans le noyau que 39 chromosomes, dont 38 sont appelés *autosomes*, le 39e étant le chromosome sexuel (X chez la femelle, X ou Y chez le mâle), encore appelé *hétérosome*. Quand le spermatozoïde féconde l'ovule, l'union de ces deux gamètes va donc donner naissance à une cellule à (76 + XX) ou (76 + XY) chromosomes, conditionnant ainsi le sexe du futur organisme.

Ceci étant établi, il convient maintenant de préciser quelques termes fréquemment employés en génétique. Ainsi, les chromosomes sont des porteurs et des transmetteurs d'informations qui se trouvent codées au niveau des *gènes*, lesquels sont à l'origine des caractères qu'ils expriment (on parle alors d'*allèles*).

Un caractère héréditaire est déterminé par une série d'allèles qui se trouve sur chacun des chromosomes de la même paire en un lieu précis dénommé "locus".

Dès lors, un certain nombre d'allèles à des locus différents sont susceptibles d'intervenir sur un même caractère. Dans le cas de la robe, par exemple, les locus concernés peuvent se regrouper en:

- locus déterminant la couleur de base de la robe: locus A (agouti), B (black), E (extension);
- locus affectant l'intensité de la pigmentation: locus C (coloration), D (dilution), G (grisonnement), M (merle);
- locus de panachure: locus S (self = uniforme), T (ticking = panachures).

A l'opposé, sur un locus donné peuvent siéger un certain nombre d'allèles, dits "*série allélique*", dont on commence à connaître de plus en plus de variétés. Conservant l'exemple de la couleur de la robe, il existe une série allélique au locus A dont on connaît les variétés suivantes (chaque allèle dominant le suivant):

- A^s extension de la couleur unie foncée
- A^w allèle sauvage agouti
- A^y allèle donnant le fauve charbonné
- A^t allèle donnant le noir et le feu.

Par définition, "quand deux allèles *identiques* occupent un lieu homologue sur deux chromosomes de la même paire, le caractère est dit *homozygote.* Quand deux allèles *différents* occupent un lieu homologue sur deux chromosomes de la même paire, le caractère est dit *hétérozygote*". Un chien homozygote pour un caractère ne pourra donc transmettre que celui-ci, tandis qu'un chien hétérozygote pourra transmettre deux expressions différentes d'un même caractère. Intervient donc ici la notion de *dominance:* des deux allèles différents chez l'hétérozygote, un seul s'exprime au niveau du chien (il est dit *dominant*) tandis que l'autre restera inapparent (il est dit *récessif*).

On comprend mieux, dès lors, que l'homozygote renforce les caractères et permet de détecter rapidement défauts et qualités d'un chien; cela permet de plus, de prévoir avec une quasi certitude les résultats des accouplements envisagés. C'est ainsi qu'on utilise fréquemment en élevage canin la *consanguinité* rapprochée (fille x père; fils x mère; frère x sœur), qui présente l'avantage de "mettre au grand jour" les caractères récessifs d'une lignée. A l'opposé, ce mode de sélection peut aussi amener à fixer des tares et à dévaluer la race: en croisement consanguin, l'éleveur se doit d'être intraitable sur le sort à réserver aux sujets d'une portée qui ne présentent pas les caractères qu'il recherche ou présentent des tares.

L'hétérozygotie, quant à elle, si elle comporte une grande part d'imprévu, est nécessaire pour éliminer des défauts et surtout introduire des qualités (on parle de la "vigueur" des hétérozygotes).

Enfin, du point de vue des définitions, il conviendra de ne pas confondre caractère *congénital* et caractère *héréditaire*:

- le caractère héréditaire découle du patrimoine génétique du chien;
- le caractère congénital, s'il s'observe dès la naissance, est lié à un accident s'étant déroulé pendant la gestation.

Qui dit sélection, dit choisir

Lors d'un récent séminaire de génétique qui s'est tenu à l'Ecole Nationale Vétérinaire d'Alfort, le Professeur Theret a dressé un tableau des relations "génétique-sélection" dont nous avons retenu les éléments qui suivent.

La sélection a deux buts essentiels dans le cadre de la notion de "race":

- conserver les grandes caractéristiques de la race;
- améliorer le niveau moyen de la race en recherchant une plus grande uniformité dans la population, en prenant comme modèles les sujets considérés comme les meilleurs à la lumière d'un standard plus ou moins parfaitement défini.

Dès lors, la sélection envisagée à la lumière de la génétique revêt des aspects multiples en fonction du ou des caractères que l'on cherche à sélectionner.

Le support héréditaire ne se laisse maîtriser, nous l'avons vu, que dans le cas de caractères donnant lieu à homozygotie. Mais ces caractères sont parfois difficiles à identifier et le plus souvent ils intéressent des cas pathologiques (maladie, malformation, défauts graves).

C'est pourquoi *le choix des reproducteurs* est essentiel: il s'adresse à des sujets qui correspondent au type d'animal recherché, en espérant qu'ils transmettront leurs caractères à leur descendance.

Il est donc nécessaire de connaître aussi bien leur valeur actuelle que leur valeur potentielle.

Par *valeur actuelle*, on entend l'appréciation de l'individu avec ses caractères ethniques (morphologie, qualité du pelage, robe, etc.), mais aussi ses qualités, ses aptitudes, voire ses performances: le tout constitue le *phénotype*.

La *valeur potentielle* correspond à la véritable valeur du chien comme reproducteur, c'est-à-dire à sa capacité à transmettre ce qu'il extériorise dans sa valeur actuelle: on parle ici de *génotype*.

Ainsi, en s'appuyant sur les notions de base de la génétique, l'appréciation d'un reproducteur se fera à trois niveaux qu'il convient de connaître:

- ses ascendants et les collatéraux (c'est-à-dire le maximum d'individus de sa famille);
- ses qualités propres (phénotype);
- ses descendants (qui permettent de mieux apprécier le génotype).

En effet, le potentiel génétique (*génome*) de l'individu est le résultat de la loterie mendelienne qui a joué dans les générations qui le précèdent; on ne peut dès lors connaître ce génome qu'en appréciant la valeur actuelle de *tous* ses descendants.

L'objectif principal de l'éleveur est d'avoir de beaux parents, mais aussi des produits exempts de défauts, de tares ou d'affections héréditaires. Il faut donc insister sur l'attitude que doivent avoir les éleveurs, quand, dans une portée, apparaît un "défaut" sur un ou plusieurs chiots de la portée:

- on ne peut reprocher à un éleveur d'avoir produit des chiots défectueux du moment qu'il n'avait pas connaissance du défaut dans la lignée parentale;
- un éleveur ne doit pas essayer de dissimuler ce défaut, mais doit en parler avec les autres éleveurs afin de permettre une meilleure compréhension des modes de transmission génétique et l'élimination rapide de ce défaut pour en prévenir la dissémination.

Pour les chiens particulièrement remarquables par leur phénotype et que l'on voudrait largement utiliser, on a donc intérêt à effectuer des tests de croisement qui, malheureusement, peuvent demander des sacrifices au niveau des chiots, mais constituent la seule façon de détecter les reproducteurs suspectés d'être hétérozygotes pour un défaut grave.

Les critères de sélection

Le choix du type morphologique étant fait, le standard du Husky de Sibérie a permis, dans son évolution, d'affiner, d'orienter, mais de tenir compte également pour la sélection des aptitudes des individus (ou pour d'autres races de la couleur de leur robe).

Critères relatifs au type morphologique

Nous ne reviendrons pas sur ces aspects qui équivaudraient en fait à détailler de nouveau le standard du Husky. La notion de standard mérite peut-être en elle-même d'être commentée. En effet, si les standards n'ont pas cessé de se préciser, ils en arrivent aujourd'hui (plus encore dans le cas d'autres races) à n'être véritablement compris que par les vrais connaisseurs de la race: le corps est en effet divisé en une multitude de régions, dont l'étude dans le détail fait quelquefois oublier l'harmonie générale de l'animal. Par ailleurs, si dans l'esprit des anciens, le critère morphologique avait une signification fonctionnelle (valable ou erronée), il n'en est plus de même aujourd'hui où la "beauté" l'emporte, globalement, largement sur le travail et certains critères de sélection morphologiques, qui pourraient accentuer une malformation éventuelle, deviennent discutables.

Critères relatifs à l'aptitude au travail

Actuellement, on ne dispose pratiquement pas d'études fiables de génétique quantitative chez le chien. A fortiori, en matière de performances sportives, ne trouvons-nous rien, quelle que soit la race du chien, puisque le sujet est passé sous silence dans tous les ouvrages de génétique canine anglo-saxons. C'est pourquoi le Professeur Denis, dans une conférence prononcée à la Première Journée de Médecine Sportive Canine que nous avions organisée en juin 1985, précisait qu'il pouvait être intéressant de se référer aux travaux conduits chez le cheval. Signalons que la sélection est dite *directe* lorsqu'elle prend en considération une mesure de la performance en elle-même et *indirecte* lorsqu'elle porte sur un caractère en relation avec la performance.
Concernant les critères de sélection directe, le Professeur Denis décrit la difficulté de les valoriser lors d'épreuves d'endurance, comme c'est le cas pour le Husky de Sibérie. En effet, la course d'endurance se révèle beaucoup plus longue et beaucoup plus complexe que l'épreuve de sprint quant aux facteurs susceptibles de l'influencer (il est probable que l'héritabilité du temps chronométré soit assez faible). Sans doute même peut-on estimer qu'en l'état actuel, aucun critère de sélection directe n'est réellement intéressant. Cela ne veut pas dire que, sur une longue période, faire se reproduire préférentiellement les animaux obtenant les meilleurs résultats ne soit pas susceptible d'effet: les éleveurs de chiens de traîneau américains n'ont jamais procédé autrement et dis-

posent pourtant d'attelages habituellement performants. On peut également signaler comme critère de sélection directe des aspects comportementaux et psychologiques tels qu'obéissance, docilité, non agressivité...
En revanche, les critères de sélection indirecte peuvent se substituer efficacement aux critères directs; ils sont relatifs à la morphologie et aux allures d'une part, à la physiologie d'autre part.
Ainsi, la recherche de caractères morphologiques corrélés avec les aptitudes a, de tout temps, retenu l'attention des généticiens et ce, dans toutes les espèces. Il en ressort, selon le Professeur Denis, peu de choses:
- la course s'accompagne, chez le chien, d'une évolution vers un type sublongiligne ou longiligne;
- certains traits morphologiques, parce qu'associés au type général, sont parfois en relation avec la fonction (ouverture de certains angles articulaires chez le Husky...).

Mais, dans l'ensemble, il apparaît que ces relations sont faibles et la morphologie sert beaucoup plus à définir un modèle général à partir duquel on s'efforce d'améliorer la fonction, que de sélectionner celle-ci à proprement parler.
Les aspects physiologiques et métaboliques sont par contre l'objet de nombreux travaux (voir le chapitre concernant le sport).
Toujours en accord avec le Professeur Denis, on peut se demander si certains de ces "témoins de l'effort" ne mériteraient pas d'être analysés en termes génétiques. Sélectionner alors sur ceux qui se transmettent le mieux pourrait produire des effets plus rapides que de prendre en compte le temps de course lui-même qui ne peut être hérité.

Les modes de sélection

La sélection comporte, d'une manière très générale, deux volets: le choix des reproducteurs, mais aussi leur utilisation.

Outre les aspects généraux évoqués précédemment et touchant en fait au respect du standard, il est possible de s'intéresser à certains défauts qui font qu'on ne doit pas hésiter à rayer de la liste des reproducteurs tout sujet chez qui on a fait la preuve de la présence d'un gène récessif défavorable dans son génome.
Il en va ainsi:
- de certaines anomalies dentaires, dans la lutte contre laquelle il conviendra:
  a) "de se montrer intransigeant dans tous les cas pour les dents dont la fonction est évidente (incisives, canines, carnassières, tubéreuses),
  b) de tenir compte de la fréquence des anomalies numériques dans la race pour les précarnassières (si la fréquence est élevée, une certaine tolérance sera sage)" (d'après la Commission Zootechnique de la Société Centrale Canine);
- de certains cas de nanisme signalés en fait pour d'autres races de chiens nordiques (chien d'ours de Carélie, Alaskan, Malamute);
- du prognathisme qui désigne toute modification de l'affrontement des deux mâchoires, sans se préoccuper en pratique du fait qu'il y ait allongement ou raccourcissement de telle ou telle par rapport à l'autre;
- de la dysplasie de la hanche, ou dysplasie coxo-fémorale, dont le risque est considéré comme élevé pour toutes les races moyennes (20 à 40 kg) et qui intègre des influences génétiques et environnementales (figure 41);
- des torsions d'estomac, cette anomalie semblant dépendre d'une certaine composante héréditaire qui n'a pas été précisée;
- de la monorchidie (un seul testicule en position sans le scrotum) qui constitue un point de non-confirmation dont le respect est essentiel; à ce sujet, on conçoit que des propriétaires ou des éleveurs estiment que les arguments

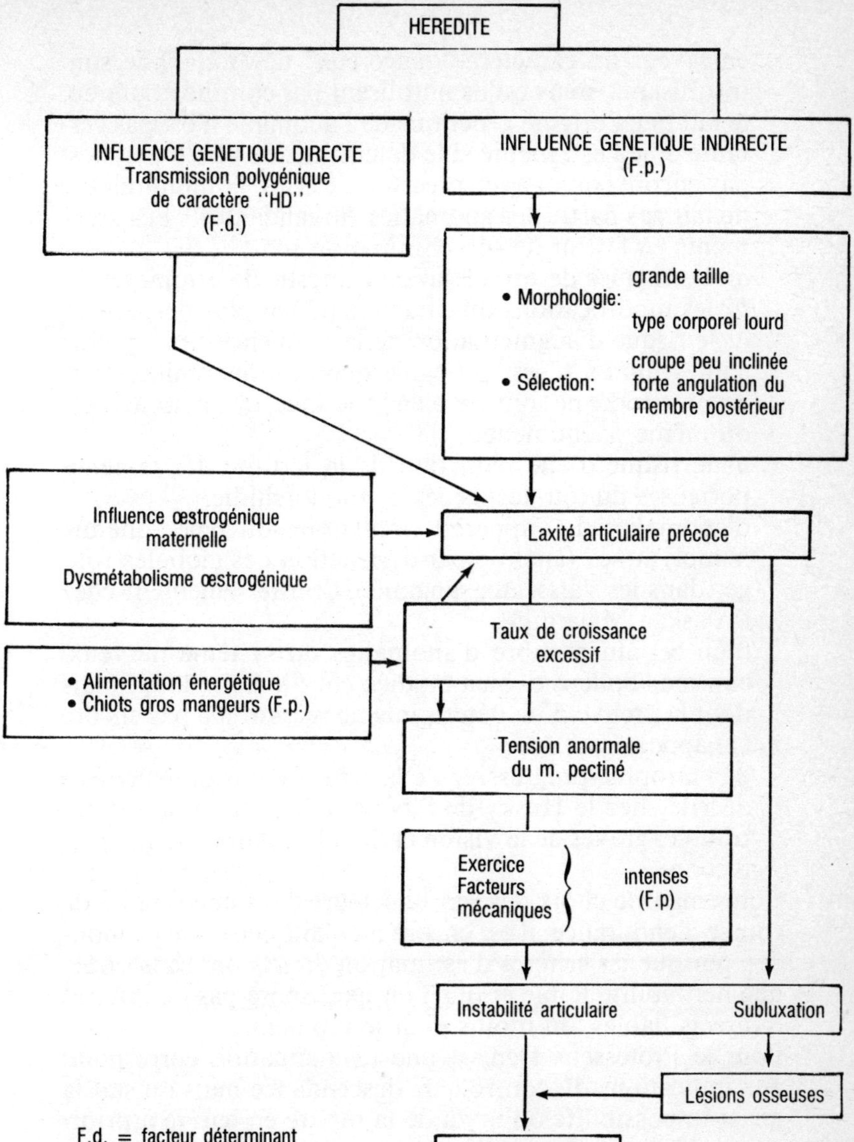

Figure 41: aspects génétiques et environnementaux de la dysplasie de la hanche (DENIS, 1984)

en faveur du caractère "dangereux" de l'anomalie sont insuffisants, mais qu'ils n'utilisent pas comme argument le fait que l'origine génétique de l'anomalie n'est pas certaine! Elle l'est, même si le déterminisme génétique n'est pas encore connu avec précision. Certes, la monorchidie ne fait pas partie des anomalies "invalidantes". Les arguments en faveur de son élimination sont:
a) les risques de tumorisation du testicule ectopique,
b) les modifications du caractère (chien plus nerveux),
c) le risque d'augmentation de la fréquence des cryptorchides totaux (il est probable que la monorchidie et la cryptorchidie ne sont, au plan génétique, que deux aspects du même phénomène,
d) le risque d'une réduction de la fertilité des femelles porteuses du (ou des) gènes de monorchidie;
- d'anomalies de l'appareil circulatoire du type "anémie hémolytique" (anémie par destruction des globules rouges dans les vaisseaux sanguins), décrite seulement chez l'Alaskan Malamute;
- d'un certain nombre d'anomalies du système nerveux, comme l'épilepsie, bien étudiée chez le Spitz loup, mais dont la preuve d'un déterminisme récessif n'a pas encore été apportée;
- de l'atrophie progressive de la rétine, occasionnellement décrite chez le Husky de Sibérie, qui peut entraîner des troubles graves de la vision et dont l'origine génétique est reconnue.

Concernant le choix des reproducteurs dans une finalité de course d'endurance, il est encore bien difficile de se prononcer, puisque les critères d'estimation directs ont sans doute une héritabilité faible et que l'on ne dispose pas de critères indirects fiables, du moins pour le moment.

Pour le Professeur Denis, "une telle situation correspond aux indications du contrôle de descendance mais on sait la quasi-impossibilité qu'il y a de la mettre en œuvre a priori chez le chien: il ne peut l'être qu'a posteriori, lorsqu'un étalon a suffisamment procréé, avec plusieurs lices (femelles reproductrices) non apparentées, de sujets ayant été eux-mêmes observés en course. Il est alors possible d'utiliser l'étalon assez largement pour la reproduction s'il s'avère améliorateur mais l'ampleur de cette pratique sera nécessairement limitée; par ailleurs, il est bien rare que les descendants en vie des étalons jugés détériorateurs soient effectivement retirés de la reproduction".

On retombe ainsi sur un schéma de sélection qui n'a rien d'original et se révèle utilisé par de nombreux éleveurs dotés d'un "sens de l'élevage" poussé. Celui-ci tiendra alors compte:

- de l'ascendance (mais un animal d'ascendance médiocre peut très bien faire un champion et réciproquement);
- de certains caractères de sélection indirects;
- de la descendance, si l'éleveur a pu la contrôler (pour être efficace, un contrôle de descendance doit porter sur un échantillon de produits choisis au *hasard*, ce qui est rarement réalisé en épreuve de sélection d'élevage).

Utilisation des reproducteurs

Du moment où ils sont choisis, les reproducteurs doivent être appariés. Deux méthodes générales sont applicables:

- *l'homogamie*, accouplement des meilleurs mâles avec les meilleures femelles;
- *l'hétérogamie*, accouplement d'individus complémentaires (méthode qui permet de corriger les défauts d'une lignée dont on attend beaucoup).

La *consanguinité*, enfin, peut-être utilisée, y compris pour des Huskies de course, puisqu'il apparaît peu probable qu'elle déprime l'aptitude à la course. Là encore, deux modalités sont possibles:

- pratique du *line-breeding* avec, de temps à autre, recours à une autre lignée et, lorsque les sujets sont particulièrement intéressants, à une consanguinité étroite;
- tentative de production de "*champions*" en accouplant des animaux performants, issus de lignées consanguines

différentes, voire d'un chien consanguin performant avec un autre chien performant mais non consanguin.

La consanguinité peut donc constituer un auxiliaire à la sélection mais n'en sera pas la base.

LA REPRODUCTION: ASPECTS PRATIQUES

Nous avons déjà évoqué sommairement les données anatomiques et physiologiques qui régissent l'ensemble des phénomènes de la reproduction chez le chien. Dans ce chapitre, nous souhaitons apporter au lecteur des données pratiques relatives aux différentes phases successives de la fonction de reproduction (accouplement, fécondation, gestation, mise-bas), ainsi que l'ensemble des soins à accorder à la femelle gestante ou en lactation (hygiène, surveillance, alimentation).

L'accouplement ou saillie

Encore appelé coït, l'accouplement "consiste en l'intromission du pénis du chien en érection dans les voies génitales de la chienne, suivie de l'éjaculation du sperme dans ces mêmes voies".

AGE DE LA PREMIÈRE SAILLIE

Nous avons vu que le mâle a la possibilité de se reproduire dès l'âge de 8-9 mois, alors que son instinct sexuel se manifeste plus tôt (dès 6 mois pour certains sujets), mais nous conseillerons toujours d'attendre l'âge adulte (développement complet de l'animal) avant de mettre un étalon à la reproduction (au minimum 18 mois).

La chienne, quant à elle, présente ses premières chaleurs, entre 6 à 10 mois, mais celles-ci sont fréquemment silencieuses (sans manifestation extérieure), bien que la femelle

soit fécondable. Il faut savoir qu'une gestation à cet âge peut se révéler catastrophique, car elle va compromettre le déroulement normal de la croissance de la chienne. Plus encore que pour le mâle, on ne peut que conseiller d'attendre l'âge adulte avant la mise à la reproduction: au pire les 3e chaleurs (entre 1 an et demi et 2 ans).
Une telle sagesse permettra à la chienne de terminer sa croissance et évitera certaines surprises (une jeune chienne a souvent une portée peu nombreuse et composée de gros chiots, ce qui augmente les risques lors de la mise-bas). Dans le même ordre d'idée, *on s'abstiendra de mettre à la reproduction* une chienne fatiguée, malade ou en convalescence.

La saillie en elle-même

Chez la chienne et le chien, l'accouplement est long en raison du développement important des tissus érectils qui restent enclavés dans le vagin. Après une éjaculation dans le vagin, le mâle se retourne et les deux partenaires restent accolés 15 à 30 minutes en directions inverses. La séparation forcée du mâle et de la femelle à ce stade peut provoquer des lésions des organes génitaux et devra donc être évitée.
Après la saillie, tout exercice violent sera interdit à la chienne qui sera d'ailleurs mise à l'abri de toute nouvelle saillie indésirable. A ce sujet, rappelons ici la *fausse théorie de l'imprégnation:* “on a appelé imprégnation le fait pour une chienne fécondée par un chien d'une autre race que la sienne de ne donner ensuite que des produits imprégnés de cette mésalliance”.
Si l'imprégnation fait partie des théories “farfelues”, il n'en va pas de même de la “superfétation”, qui veut qu'une chienne puisse être fécondée au cours de la même période de chaleurs par deux mâles différents avec la possibilité de donner naissance simultanément à des chiots croisés et de race pure.
Conformément à ce que nous avions évoqué dans le chapitre “Physiologie”, le moment optimum pour la saillie se situe de

1 à 4 jours après le début de l'œstrus, c'est-à-dire entre le 10ᵉ et le 15ᵉ jour après le début des pertes vulvaires. C'est là une différence notoire avec les primates: on ne saurait en rien comparer sur ce plan les chaleurs de la chienne avec les phénomènes de menstruation (règles)...

Le mâle doit-il être aidé?

Chez le Husky l'accouplement est en général spontané et la meilleure solution consiste à laisser les deux animaux en liberté dans un enclos (tout en pratiquant une surveillance discrète), sans les déranger (toute présence humaine est susceptible de troubler l'un ou l'autre des partenaires). En règle générale, si la chienne accepte le mâle, elle l'aide par son attitude et en déviant latéralement la queue. De fait, il ne semble donc pas utile d'aider en quoi que se soit l'étalon, comme cela est parfois nécessaire en petites races; le seul problème qui peut se poser est celui de l'agressivité de la chienne. Dans ce cas, il faut considérer que le moment n'est guère propice (trop tôt ou trop tard) et l'on ne peut que conseiller de laisser les deux animaux (proches mais pas ensemble) pendant 2 ou 3 jours. Il sera également possible de tenter de calmer la femelle en usant de psychologie... ou d'une muselière.
Globalement, la non-obtention du résultat recherché interdira à l'éleveur de laisser trop longtemps ensemble les deux animaux: il préférera les séparer au bout d'une heure d'essais infructueux, quitte à les remettre en présence le lendemain et le surlendemain.
Une dernière précaution pourra consister, chez la femelle Husky, à couper les poils de la région périvulvaire lorsque ceux-ci sont trop longs et donc susceptibles d'entraver la saillie ou de blesser le pénis du mâle.

La saillie doit-elle être renouvelée?

Afin d'augmenter les chances de gestation (étant donné l'éta-

lement dans le temps de la ponte ovulaire), de nombreux éleveurs et propriétaires font appel à une “saillie appuyée” (c’est-à-dire 2 ou 3 accouplements successifs).
C’est là, bien évidemment, une méthode de sécurité quant aux chances de gestation et à l’obtention de portées plus nombreuses. A l’opposé, de nombreux praticiens vétérinaires font état de problèmes à la mise-bas chez les chiennes ayant subi des saillies renouvelées à 48 heures d’intervalle: tout se passe comme si la chienne accouchait des chiots contenus dans une corne utérine, puis, après un temps allant de 1 à 4 heures, de ceux contenus dans la seconde corne. La discussion reste donc ouverte.

L’insémination artificielle

L’infécondité dans l’espèce canine résulte fréquemment des difficultés et parfois de l’impossibilité absolue de saillir. Ceci s’observe lors de deux circonstances:

- refus de l’accouplement par l’un des partenaires (on parle parfois de libido);
- impossibilité du coït alors que la libido est normale.
  Pour le Professeur Mialot, le refus d’accouplement s’observe lors d’hyposexualisme (appareil génital réduit) ou lorsque le développement et le fonctionnement de l’appareil génital semble normal; dans ce dernier cas, deux origines sont possibles;

a) une origine “psychologique”, que l’on retrouve parfois chez les Huskies vivant isolés; les jeux, que l’on peut assimiler à des parades amoureuses, n’existent plus, l’image du partenaire disparaît et le rapport de domination du mâle nécessaire à l’accouplement est quelquefois absent;

b) une origine “lésionnelle”, dans laquelle la mémorisation des douleurs associées à l’acte sexuel et provoquées par des lésions siégeant sur l’appareil génital entraîne un refus de l’accouplement.

Lorsque le comportement sexuel est normal, le coït est parfois rendu impossible par des causes telles que maladresse des deux partenaires (rare chez le Husky), douleur provoquée par l'intromission pénienne, mais surtout douleurs provoquées par l'appareil locomoteur (problèmes articulaires ou musculaires que l'on retrouve chez un chien de course).

Face à de tels problèmes, l'insémination artificielle devient une méthode de choix pour suppléer ce refus d'accouplement. Cette technique, développée en France par le Professeur Théret est couramment pratiquée dans son laboratoire de l'Ecole Nationale Vétérinaire d'Alfort.

Après avoir prélevé le sperme et l'avoir examiné (si cela n'a pas été fait auparavant), celui-ci est placé par insémination dans les voies génitales de la femelle (en période d'œstrus, bien entendu); le Professeur Mialot conseille de pratiquer au moins deux inséminations à 48 heures d'intervalle, la première étant décidée grâce à la mise en œuvre de frottis vaginaux chez la chienne. L'emploi de sperme congelé, s'il est susceptible de se développer, n'est pas encore couramment utilisé en France; il nécessite, de plus, un contrôle rigoureux, car on conçoit aisément son danger, si le mâle en cause est porteur d'une anomalie transmise génétiquement et peut la transmettre à une descendance très nombreuse.

Age maximum de mise à la reproduction

Il est difficile de préciser un "âge" au - delà duquel il convient de s'abstenir de toute gestation ou de toute saillie; tout dépend, en effet, dans les deux sexes, de la condition physique des sujets concernés.

Chez le mâle, certains clubs de race interdisent toute saillie après l'âge de 8 ans, bien que celui-ci conserve un pouvoir fécondant tout à fait correct jusqu'à 10-11 ans.

L'âge de 7 à 8 ans est par contre une limite à ne pas dépasser chez la femelle, tant pour des raisons de fécondité que pour éviter de fatiguer un animal qui commence à vieillir (cf. tableau 12).

Tableau 12
CORRESPONDANCE DES ÂGES ENTRE HUSKY DE SIBÉRIE ET HOMME
(À TITRE INDICATIF)

Husky de Sibérie	*Homme*
6 mois	10 ans
1 an	15 ans
2 ans	24 ans
3 ans	28 ans
4 ans	32 ans
5 ans	36 ans
6 ans	40 ans
7 ans	44 ans
8 ans	48 ans
9 ans	52 ans
10 ans	56 ans
15 ans	76 ans
21 ans	100 ans

La fécondation

La fécondation est une période de la phase de reproduction qui passe totalement inaperçue; elle correspond à l'union d'un spermatozoïde et d'un ovule afin de donner naissance à la cellule initiale (œuf) du futur organisme du chiot. Signalons que, chez le chien, la survie des gamètes est très longue (plusieurs jours pour les spermatozoïdes).
L'œuf obtenu va ensuite se diviser pour ne se fixer à la muqueuse utérine qu'au bout d'une quinzaine de jours; cette phase se nomme *nidation* et n'est en effet possible qu'après une période d'imprégnation hormonale (progestérone) préalable.

La gestation

C'est la phase de développement du ou des fœtus dans la ou les cornes utérines de la chienne. La gestation a, chez la chienne, une longueur apparente très variable: (53 à 72 jours), la durée moyenne la plus fréquente étant de 62 à 66 jours.

ASPECTS PHYSIOLOGIQUES DE LA GESTATION

La gestation correspond en fait à la mise en œuvre d'une structure biologique fort complexe, qui allie:
- le développement du fœtus lui-même (figure 42);
- le développement des annexes fœtales.

Sans trop entrer dans le détail, rappelons qu'à la nidation (implantation des œufs dans la muqueuse de l'utérus) fait suite le développement du placenta et de ses annexes. Le *placenta* est en fait la zone de contact par laquelle se font les échanges fœto-maternels. Les annexes fœtales comprennent *l'amnios* et *l'allantoïde*, qui font que le fœtus baigne en fait dans une cavité remplie d'un liquide dont la composition se rapproche de celle de l'eau de mer. Le placenta assure une triple fonction:
- il nourrit le fœtus par le biais des réserves de la mère (fonction métabolique);
- il produit des hormones nécessaires au déroulement de la gestation (fonction endocrine);
- il défend le fœtus, de manière plus ou moins efficace, contre les toxines ou les agents microbiens en provenance de la mère (on parle de barrière placentaire). A l'opposé, cette barrière va laisser passer de nombreux médicaments, mais surtout des larves de parasites, ce qui explique que certaines thérapeutiques soient proscrites chez la chienne gestante et que les chiots nouveau-nés soient porteurs de parasites dès la naissance.

LE DIAGNOSTIC DE LA GESTATION

Lorsque l'on fait saillir une chienne, il est toujours intéressant de pouvoir confirmer ou infirmer son état de gestante. Le diagnostic de gestation peut faire appel à des méthodes praticables par l'éleveur ou par le seul vétérinaire. Bien que l'on conçoive l'impatience d'un éleveur de savoir si sa chienne est "pleine", il faut savoir que l'approche en est parfois difficile, surtout dans les premières semaines.

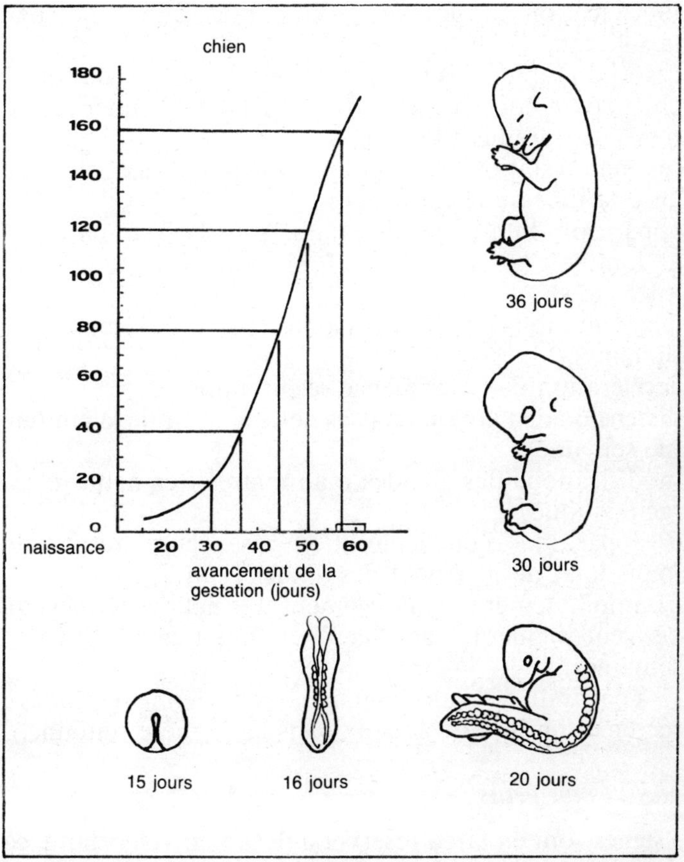

Figure 42: le développement fœtal chez le chien (J.P. Mialot; *Reproduction des carnivores domestiques;* Le Point Vétérinaire, éd.)

Signes maternels

Lors de la gestation, on observe généralement des modifications de comportement de la chienne:
- augmentation de l'appétit, évolution des goûts alimentaires;
- modification du caractère (animal plus calme, cherchant la solitude);
- cessation rapide des manifestations de chaleur dès que la chienne est effectivement fécondée (rester prudent car ce n'est que rarement le cas).

A ces manifestations comportementales sont associées des manifestations morphologiques:
- apparition d'un dépôt de graisse sous la peau en région abdominale (plus marqué si la chienne porte pour la première fois);
- augmentation de poids (très nette à partir de la cinquième semaine);
- accélération de la fréquence respiratoire;
- distension de l'abdomen (très nette à partir de la cinquième semaine);
- modifications des glandes mammaires très nettes et caractéristiques:
  a) apparition d'une coloration rose claire autour des mamelons, allongement des tétines (1 mois),
  b) amollissement et allongement très net des tétines, qui peuvent pigmenter en "bleu" et sont très tuméfiées (6 semaines),
  c) à partir du 50ᵉ jour, les mamelles deviennent grosses et sécrètent un liquide aqueux dans la dernière semaine.

Signes liés au fœtus

Ces signes sont en fait à réserver à l'examen vétérinaire, car faisant appel à l'auscultation (on entend les bruits du cœur du fœtus dès 15 jours avant la naissance) et à la palpation de l'abdomen (qui permet de diagnostiquer la grossesse dès la 3ᵉ-4ᵉ semaine).

Autres méthodes possibles

D'autres méthodes permettent de confirmer avec certitude une gestation, mais passent par la consultation d'un vétérinaire. Il s'agit:

- de l'examen radiologique (dès le 30e jour); celui-ci peut parfois permettre de préciser le nombre de chiots présents;
- de l'utilisation des ultrasons:
  a) effet Doppler (après 1 mois de gestation),
  b) échographie (méthode qui permet le diagnostic le plus précoce avec le minimum de risques d'erreur – dès la fin de la 3e semaine);
- de méthodes peu utilisées mais relativement fiables (frottis vaginaux, dosages hormonaux, examens hématologiques ou biochimiques).

De toute façon, il faut bien avouer que la mise en évidence précoce d'une non-gestation ne sert qu'à peu de choses, puisqu'il faudra attendre 6 mois pour voir survenir les chaleurs suivantes. A l'opposé, il peut être utile de confirmer la maternité, afin de pouvoir surveiller la chienne et la préparer efficacement à la mise-bas.

HYGIÈNE ET ENTRETIEN DE LA CHIENNE GRAVIDE

La gestation est pour la chienne, comme pour toutes les espèces animales, une période difficile, surtout en période terminale. C'est pourquoi les aspects hygiéniques au sens large peuvent revêtir une importance capitale.

Ainsi, la pratique d'un exercice quotidien modéré est vivement conseillée, en évitant bien sûr les jeux trop violents, les sauts et surtout les compétitions de traîneau (en particulier durant le dernier mois de gestation): ne nous est-il pas arrivé de rencontrer en course une chienne se trouvant à une semaine de la mise-bas?

Sur un tout autre plan, il sera conseillé de pratiquer une vermifugation de la mère vers la 3e semaine afin d'éviter les migrations transplacentaires de larves parasitaires.

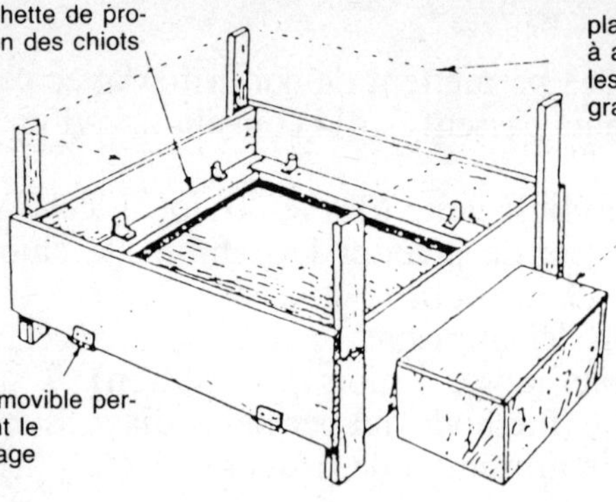

Figure 43: exemple de "nid de mise-bas"

Enfin, les conditions d'hygiène et d'entretien devront être particulièrement soignées durant la dernière semaine de gestation. La femelle sera placée dans un local que l'on a destiné à la mise-bas, endroit tranquille, chauffé si possible, à l'abri de l'humidité et des courants d'air. La mise à disposition d'un "nid de mise-bas" est conseillée en élevage (figure 43); il s'agit d'une caisse aménagée, longue d'1,2 à 1,5 mètre et large d'environ 1 mètre, comportant les caractéristiques suivantes:

- marche d'accès extérieure;
- parois lisses et pas trop hautes (une trentaine de centimètres);
- présence de planches horizontales accolées aux parois internes en partie basse (afin de prévenir tout écrasement intempestif des chiots);
- fond garni d'une vieille couverture ou de papiers journaux (à changer quand la mise-bas est terminée).

Signalons enfin qu'il se révélera utile chez le Husky de pratiquer une tonte du pourtour de la région génitale et des mamelles avant la mise-bas.

L'alimentation de la chienne gestante sera décrite plus loin.

La mise-bas

Trois aspects peuvent être envisagés afin de bien cerner le déroulement de la mise-bas: ses signes annonciateurs, son déroulement et ce que peut faire l'éleveur durant celle-ci...

LES SIGNES ANNONCIATEURS DE LA MISE-BAS

Parmi ces signes, encore appelés *prodromes*, nous retiendrons les plus significatifs et les plus facilement observables par le propriétaire.
• *L'établissement de la lactation* ne donne en fait pas de renseignements précis. Nous avons vu que les mamelles augmentent de volume durant la seconde moitié de la gestation pour atteindre un développement complet une semaine avant la mise-bas. La lactation en elle-même s'établit dans les tous derniers jours, voire 24 heures avant la mise-bas pour la chienne n'ayant jamais porté auparavant.
• *La tuméfaction et le relâchement de la vulve* s'observent dans les jours qui précèdent la mise-bas et sont plus discrets chez les primipares (première portée).
• *L'écoulement de la glaire cervicale* est le signe le plus tardif; il correspond à des pertes de liquides incolores immédiatement avant le début du travail.
• *La chute de température rectale*, enfin, est sans doute le signe le plus intéressant à connaître pour le propriétaire; celle-ci, de l'ordre de 1°C est transitoire et la température rectale retrouve habituellement en 15 à 20 heures au minimum sa valeur normale. On observera ainsi, dans les 24 heures qui précèdent la mise-bas, cette baisse de température, en effectuant le relevé de cette dernière deux fois par jour.

LE DÉROULEMENT DE LA MISE-BAS

Le premier stade de la mise-bas correspond à son temps préparatoire et dure de 2 à 36 heures (chiennes primipares).

La chienne est inquiète, agitée, recherche un endroit calme où elle fait "son nid"; elle ne mange plus, respire très rapidement et peut vomir. Tout "stress" à ce stade est susceptibles de retarder la mise-bas. A ce moment, aucun effort d'expulsion des chiots n'est visible, mais il est possible d'observer un net relâchement du bassin (les flancs de la chienne se creusent, les pointes des hanches sont saillantes et l'animal paraît amaigri).
Dans un second stade, le volume de la vulve augmente et un liquide glaireux s'écoule du vagin. L'expulsion active des chiots commence, pour durer généralement moins de 12 heures, mais pouvant atteindre 24 à 36 heures chez les primipares. S'arc-boutant pour aider aux contractions utérines et abdominales, la chienne donne naissance au premier chiot et cette première expulsion est bien souvent la plus longue. L'intervalle moyen entre deux naissances varie de 10 à 60 minutes. Signalons que la couleur verte des écoulements vaginaux est tout à fait physiologique.
Les chiots expulsés, dont le nombre varie de 2 à 8 chez le Husky sont encore entourés des enveloppes fœtales lesquelles sont déchirées par la mère qui lèche immédiatement le nouveau-né et sectionne le cordon ombilical. Le chiot gémit et tête rapidement. En moyenne, une mise-bas complète dure de 2 à 8 heures.

LE PROPRIÉTAIRE DOIT-IL INTERVENIR DURANT LA MISE-BAS?

En tout état de cause, il est toujours préférable de laisser faire la nature. Néanmoins, tout propriétaire ou éleveur se doit d'être particulièrement attentif au bon déroulement de la mise-bas, afin de pouvoir aider la chienne ou les chiots nouveau-nés en cas de problème. On pourra ainsi:

- réconforter la mère en lui tenant compagnie, en l'aidant avec une grande douceur à expulser les chiots; le propriétaire se sera désinfecté les mains, et pourra procéder à de légères tractions du chiot lors de chaque poussée de la chienne;

- retirer à la main les enveloppes qui pourraient emprisonner la tête du chiot (ne parle-t-on pas de chiots "coiffés"?), en ne tirant pas sur le cordon que la femelle sectionnera elle-même;
- pratiquer la réanimation d'un chiot inerte en le frottant vigoureusement dans un linge très propre, en enlevant de sa gueule toutes les sécrétions qui peuvent s'y trouver et en lui plaçant la tête en bas. On pourra même lui frotter légèrement la nuque avec un torchon imbibé d'eau froide;
- pourvoir au remplacement de la mère lorsque celle-ci a omis de sectionner le cordon ombilical (le couper à 2 cm du ventre du chiot *après* l'avoir ligaturé);
- enfin, vérifier que le processus de mise-bas est bien terminé en palpant les flancs de la chienne afin de s'assurer qu'elle ne porte plus de chiots. Nous adoptons ici la description du Docteur Luquet: "Cette palpation doit s'effectuer sur une chienne debout, l'opérateur étant placé en arrière de la chienne, pouces réunis sur la ligne médiane de l'abdomen, les autres doigts de la main explorant, en se rapprochant, la cavité abdominale".

Mais le plus important est sans doute de savoir faire appel à temps au vétérinaire si quelque chose d'anormal se produit:

- absence de contractions pendant un long laps de temps (au-delà d'une heure);
- épuisement visible de la mère (on pourra lui faire absorber un "remontant", comme par exemple un mélange de miel, de jaunes d'œufs et de lait en poudre, en attendant le vétérinaire).

Il faut savoir que, lorsqu'elle est décidée en temps voulu par le vétérinaire, la césarienne devient une intervention somme toute banale.

Les suites de la mise-bas

Une prise journalière de la température rectale de la mère

permettra de s'assurer que les suites de la mise-bas sont normales. L'existence de pertes verdâtres ou sanguinolentes est normale durant une dizaine de jours; à l'opposé, l'apparition d'écoulement purulents, à odeur anormale, nécessite la consultation *immédiate* d'un vétérinaire. L'infection de l'utérus, liée à la non-expulsion d'un fœtus mort ou d'un morceau d'enveloppe peut en effet se révéler très grave.
Au plan comportemental, la chienne change de caractère dès la fin de la parturition (mise-bas) et se complaît dans le rôle d'une mère affective et jalouse. Elle peut rester un ou deux jours sans manger, puisqu'elle vient de manger les enveloppes fœtales de ses chiots, ce qui ne va pas souvent sans déclencher des diarrhées noirâtres plus spectaculaires que graves. La chienne qui vient de mettre bas débute aussitôt sa lactation; laissez-la boire.
En accord avec de nombreux confrères, nous pensons qu'il est préférable de laisser à la mère tous ses chiots, quitte à aider celle-ci en pratiquant un allaitement artificiel complémentaire, comme nous le verrons plus loin.

La lactation de la chienne

L'allaitement des chiots débute dès la naissance, par la production d'un lait un peu particulier appelé *colostrum.* Ce dernier revêt un rôle essentiel de par sa richesse en immunoglobulines, anticorps maternels qui vont protéger le chiot durant les premières semaines de sa vie.
La véritable sécrétion lactée ne s'installe qu'au bout de plusieurs jours et va se prolonger jusqu'au sevrage (6 à 8 semaines). La quantité de lait produite par une chienne Husky sur l'ensemble de sa lactation est énorme (environ 100 kilos en 2 mois) et l'on comprend mieux dès lors que le principal problème réside dans la fourniture à la mère d'une nourriture équilibrée en quantité suffisante (voir plus loin). Mis à part cet aspect alimentaire, le propriétaire devra veiller à quelques précautions:

- couper les extrémités des ongles des chiots si ceux-ci sont trop pointus et blessent la mère (surtout ceux des pattes avant);
- veiller à ce que le nombre de mamelles soit suffisant par rapport au nombre de chiots (sinon procéder à un allaitement artificiel);
- contrôler, par pesées quotidiennes, que tous les chiots profitent de manière égale; en effet, les mamelles abdominales ont une production laitière plus importante et les chiots les plus forts auront tendance à les accaparer;
- surveiller l'état des mamelles afin de prévenir tout accident.

L'alimentation de la chienne en période de reproduction

Alors que les besoins alimentaires supplémentaires du mâle reproducteur sont considérés comme négligeables, il n'en va pas de même pour ceux de la femelle, dont nous avons vu qu'elle avait à assurer œstrus, gestation et surtout allaitement. La figure 44 schématise l'ensemble des éléments que nous allons détailler ci-après.

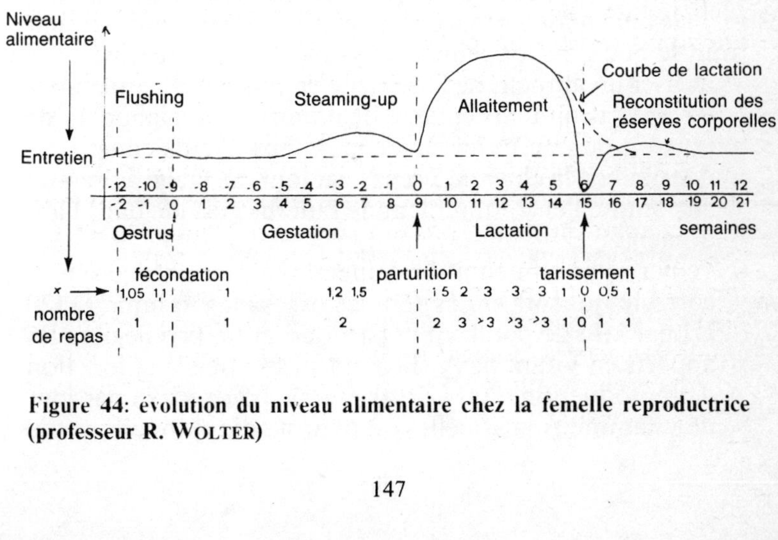

Figure 44: évolution du niveau alimentaire chez la femelle reproductrice (professeur R. Wolter)

Alimentation en période de chaleurs

L'intérêt d'une suralimentation en période œstrale dépend de l'état de la chienne. Pour une chienne "juste en état", la ration sera augmentée de 5 à 10% (on parle de "flushing") afin de stimuler la prolificité. Pour une chienne trop grasse, la ration sera maintenue telle quelle, car on arriverait au résultat inverse (chute du taux d'ovulation).

Alimentation pendant la gestation

Durant la gestation, la ration doit permettre le bon développement des fœtus sans favoriser l'engraissement de la chienne (ce qui pourrait amener une mise-bas difficile).
Pendant le premier mois de gestation, il apparaît inutile d'augmenter la ration de la femelle; on veillera simplement à ce que les protéines apportées, tout en restant dans un équilibre nutritionnel tel que nous l'avons évoqué pour le chien à l'entretien, soient de bonne qualité (muscles, poisson, œuf entier cuit...). A l'opposé, au cours du second mois de gestation (qui correspond à la période de croissance maximale des fœtus), les apports alimentaires vont devoir être rehaussés progressivement pour atteindre une fois et demi la ration d'entretien dans les 15 jours précédant la mise-bas. Là encore, l'éleveur pourra respecter quelques conseils qui permettront le bon développement physiologique des fœtus:

- utiliser un aliment de base riche en protéines, voire ajouter à la ration une centaine de grammes de viande ou de poisson ou une trentaine de grammes d'œufs cuits;
- distribuer à la chienne 2 repas par jour, de façon à prendre en compte l'encombrement de l'utérus gravide dans l'abdomen;
- veiller à une alimentation minérale et vitaminique la plus correcte qui soit; on évitera les excès en vitamine D (20 UI par kilo de poids vif et par jour) et on privilégiera les apports en vitamine A et en zinc, essentiels à la fonction de reproduction (200 UI par kilo de poids vif et par jour de vitamine A auxquelles on pourra adjoindre une petite

cuillerée à café d'une solution de sulfate de zinc à saturation durant les 10 derniers jours de la gestation);

- ajouter également à la ration journalière une cuillerée à café de levure de bière sèche (source d'acides aminés essentiels et de vitamines B).

Alimentation pendant la lactation

Nous avons précisé que la production laitière pouvait se révéler quantitativement très importante: elle peut atteindre jusqu'à 8% du poids de la chienne par jour au pic de la lactation! Outre cet aspect quantitatif, le lait de chienne se caractérise par une grande richesse en matière nutritive (cf. tableau 13); il est beaucoup plus riche et plus énergétique que le lait de vache. Il en résulte pour la femelle une fuite importante de nutriments par la mamelle durant la lactation, fuite qu'il va falloir compenser par l'alimentation sous peine d'épuiser la chienne très rapidement.

Précisons d'emblée, que le fait de fournir du lait à la chienne ne joue en rien sur sa production laitière: il ne s'agit pas là d'un simple système de vases communiquants! En effet, l'organisme doit synthétiser lui-même les composants du lait et ne se contente en rien de les assimiler directement.

Globalement, il faudra fournir à la chienne une alimentation à volonté (c'est-à-dire jusqu'à quatre fois sa ration normale au pic de la lactation), répartie en 4 repas journaliers ou bien laissée à disposition en permanence. Sur le plan pratique, nous conseillons:

- d'élever la concentration énergétique de la ration en augmentant sensiblement la proportion de matières grasses (50 grammes de saindoux par jour, par exemple), mais aussi de glucides (miel, riz très cuit);
- de veiller là encore à la quantité des protéines en augmentant leur apport global comme nous l'avons évoqué pour la gestation. L'utilisation de viande ou de poisson aura en plus l'avantage de rendre la ration plus appétissante (consommation volontaire liée au goût);

- d'être très scrupuleux sur les apports en calcium et en phosphore, puisque la chienne peut-être amenée à en exporter respectivement 5 grammes et 3,5 grammes par jour au pic de la lactation.

Tableau 13
COMPARAISON DES COMPOSITIONS DE LAITS DE VACHE ET DE CHIENNE (R. FERRANDO: *Alimentation du chien* - ED. VIGOT)

	Lait de vache		*Lait de chienne*	
	en g/kg	*en % de la matière sèche*	*en g/kg*	*en % de la matière sèche*
Energie brute (Kcal)	(750)		(1200)	
Eau	865		760	
Matière sèche	135	100	240	100
Protéine	35	26	90	38
Lipides	40	30	100	42
Lactose	50	37	30	12
Calcium	1,2	0,9	2,3	0,9
Phosphore	0,9	0,7	1,6	0,7

LE TARISSEMENT DE LA CHIENNE

La lactation de la chienne diminue d'elle même à partir de la 6e semaine; il est donc inutile, si le sevrage des chiots a été bien conduit (voir plus loin) de prolonger celle-ci indéfiniment. On peut alors provoquer chez la chienne, dès lors que les chiots ne tètent plus que "pour s'amuser", un tarissement de la lactation, ce qui aura pour effet d'éviter son épuisement.

Pour ce faire, nous conseillerons le moment venu une diète totale d'une journée (l'abreuvement étant lui-même réduit), puis le retour à la ration normale d'entretien en 2 ou 3 jours. Le stress alimentaire ainsi imposé suffit à stopper la lactation.

LE CHIOT HUSKY DE SIBÉRIE

Le bon déroulement de la croissance passe chez le chiot par une maîtrise satisfaisante de l'ensemble des conditions zootechniques, alimentaires, sanitaires et psychologiques, lesquelles sont étroitement liées. Signalons que, par chiot, nous entendons tout Husky de Sibérie n'ayant pas atteint l'âge adulte, c'est-à-dire 14 à 16 mois; cela devrait signifier que sa croissance est terminée... Si c'est théoriquement le cas, il faut bien avouer que le Husky peut parfois se marginaliser par rapport à d'autres races et nous avons souvent rencontré des Huskies continuant de "grandir" jusqu'à l'âge de 2 ans ou 2 ans et demi.

Le chiot avant sevrage: le problème de l'allaitement artificiel

L'aliment naturel du chiot nouveau-né est le lait maternel, tel que nous venons de l'envisager. Il n'en reste pas moins que la mère ne peut parfois faire face "à la demande" (production insuffisante, portée trop nombreuse) ou que l'on a parfois à élever des chiots orphelins.

Quoi qu'il en soit, l'éleveur, même s'il est appelé à alimenter les chiots avec un lait artificiel, devra permettre à ceux-ci de téter la mère durant les premiers jours de leur vie. Ceci permettra aux jeunes d'acquérir une première protection contre des maladies infectieuses en stockant les immunoglobulines contenues dans le colostrum.

L'allaitement artificiel doit répondre à trois impératifs:

- le respect de la physiologie digestive du chiot, adaptée au lait de chienne;
- le fait (cf. tableau 13) que, qui dit lait, ne dit pas forcément lait de chienne; la composition du lait varie considérablement d'une espèce à l'autre;
- le froid est un ennemi mortel pour le nouveau-né et il ne faut pas oublier de remplacer la chaleur maternelle.

LES LAITS DE REMPLACEMENT

Le problème du lait de remplacement devient de moins en moins ardu, dans la mesure où de nombreuses firmes pharmaceutiques proposent maintenant des poudres de lait maternisé pour chiens qui se révèlent des plus efficaces. C'est pourquoi, sans nous étendre plus, nous avons regroupé au tableau 14 une formule type et quelques "recettes de cuisine" qui toutes semblent avoir fait leurs preuves.

Tableau 14
EXEMPLES DE MATERNISATION DE LAIT DE VACHE DESTINÉ À DES CHIOTS

Composants	*Formule de Pons (1949)*	*Formule de Franceschini (1950)*	*Formule de Bjorck (1957)*	*Formule de Jonquères (61)*	*Formule de Gaines (77)*
Lait de vache entier	100 g (condensé non sucré)	600 g	800 g	50 g	1 verre
Crème (12% M.G.)	—	—	200 g	—	1 verre
Oeufs entiers	5	10	—	1	—
Jaunes d'œufs	—	—	1	—	1
Poudre d'os	—	20 g	6 g	4 g	—

MODALITÉS PRATIQUES D'ALLAITEMENT ARTIFICIEL

Matériels d'allaitement

Là encore, deux modalités sont possibles:
- l'achat d'un matériel spécifique (figure 45);
- le "bricolage", à partir de biberons pour bébés, de bouteilles vides, et de tétines pour lapins, puis le chiot grandissant, pour agneaux ou chevreaux.

Quoi qu'il en soit, tous les ustensiles servant à l'allaitement

artificiel devront être maintenus dans un parfait état de propreté: rien de tel pour un microbe qu'un peu de poudre de lait restant collé sur la paroi du biberon ou du récipient de mélange!
Les tétines du commerce étant généralement vierges, celles-ci seront percées au moyen d'une aiguille chauffée. Le diamètre du trou ainsi pratiqué doit être tel, qu'une fois la tétine placée sur l'un des orifices et le biberon retourné, le lait puisse naturellement couler par cette petite ouverture. Le diamètre du trou à pratiquer est parfois difficile à évaluer, cependant il ne devra être:

- ni trop petit (car le lait venant trop lentement, le chiot s'épuise vite et abandonne la tétée);
- ni trop grand (car le lait s'écoulant trop rapidement, le chiot s'étouffe et refuse également la tétée).

Administration des repas

La première opération consiste à habituer le chiot au biberon; pour ce faire, il faut le prendre debout dans la main, son dos placé contre la paume, en essayant de maintenir la tête entre le pouce et l'index. Avec l'extrémité de ces deux doigts, on force l'ouverture de la bouche par pression sur les commissures labiales et on introduit la tétine. Même à ce moment, le chiot n'a pas forcément un réflexe de succion: il faut alors de l'autre main appuyer légèrement sur la tétine pour faire couler un peu de lait du biberon. Ainsi “amorcée”, la tétée se poursuit normalement. Au bout de quelques jours, elle ne pose plus aucun problème “technique”.
Le rythme des repas est parfois difficile à cerner: les chiots ont naturellement tendance à se nourrir peu à la fois et souvent (ils tètent la mère plus de 20 fois par jour...). De nombreux protocoles préconisent 12 tétées par 24 heures durant les deux premières semaines. Nous pensons, suite aux travaux effectués au Laboratoire de Nutrition de l'Ecole Nationale Vétérinaire d'Alfort avec Sylvie Campanac et Catherine Bannery, qu'il est possible sans problème de diminuer ce

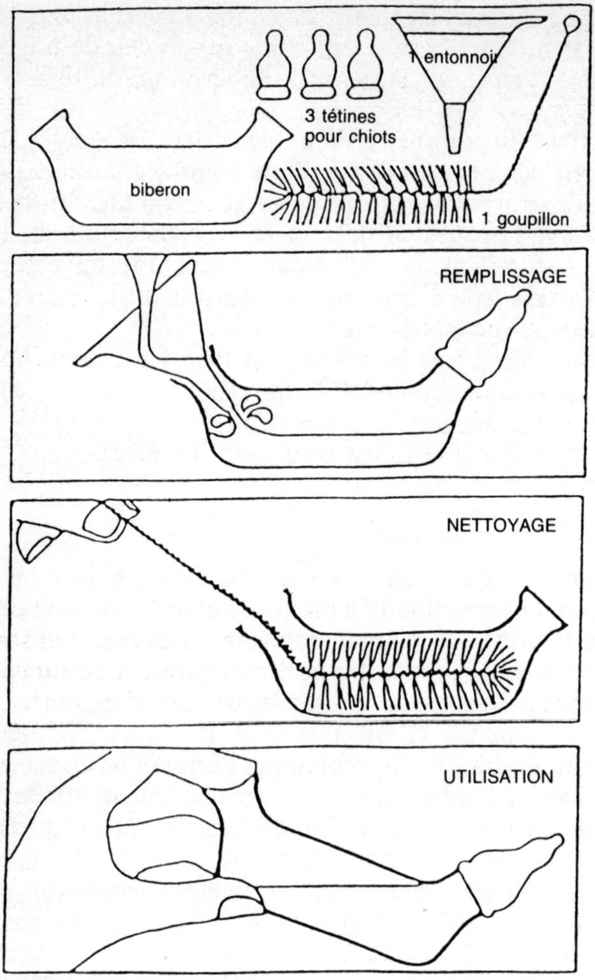

Figure 45: exemple de matériel d'allaitement pour chiots

Peser les chiots est essentiel

rythme selon un mode 7.6.5.4.3., voire 4.4.4.3. (7 tétées par jour la 1ère semaine, 6 la seconde, etc.). Les chiots absorbent ainsi beaucoup plus de lait par tétée (jusqu'à 70 ml en première semaine), mais ne semblent pas s'en porter plus mal...
Sur le plan pratique, le mélange distribué ainsi aux chiots devra être très homogène et se situera à une température d'environ 35°C. Il sera utile de peser les chiots régulièrement.

Les soins aux nourrissons

A la naissance, les chiots sont encore relativement peu avancés dans leur développement physiologique: ils n'ouvrent les yeux que vers l'âge de 7 à 10 jours et restent à peu près sourds pendant 13 jours. En règle générale, le nouveau-né boit et dort. Ce n'est que vers le 8e jour qu'il est capable de ramper, vers le 10-13e jour de se lever et il ne marche pour explorer son environnement que vers la 2e ou 3e semaine. Le succès dans l'élevage de chiots orphelins dépend tout autant de leur entretien que de leur alimentation.

La chaleur

La chaleur est essentielle. Dans les premiers jours de leur vie, les chiots sont totalement *poïkilothermes*, c'est-à-dire dépourvus de régulation thermique et donc dépendants de la température du milieu ambiant.
A cet égard, les nouveau-nés sont donc extrêmement sensibles à la température extérieure dont l'optimum se situera entre 30 et 33°C pendant la première semaine et vers 27°C en seconde semaine. Cette température descendra ensuite de 1 à 2°C par semaine pour se fixer aux environs de 21°C (zone de neutralité thermique du chiot). Le refroidissement des nouveau-nés est somme toute la cause la plus fréquente de leur mortalité, par le "syndrome cardio-respiratoire hypothermique", qui frappe parfois jusqu'à un tiers des orphelins d'une même portée.
Il sera donc impératif d'assurer un bon isolement thermique de la caisse dans laquelle se trouveront les chiots et nous préconisons l'utilisation d'un chauffage d'appoint (lampe de 100 watts ou à rayons infrarouges placée à une distance telle que la température au niveau des chiots est celle recherchée. La solution idéale, mais onéreuse, consiste en corbeilles à résistance incorporée produisant de la chaleur par contact (ce qui évitera le stress lumineux lié à la lampe).

Hygiène corporelle

Ne disposant d'aucun soin maternel, les chiots doivent être réveillés avant les repas en les frictionnant avec un linge plié, ou tout simplement en les caressant avec la main (propre bien sûr). Il est à ce propos, très enthousiasmant de constater qu'après une semaine de ce traitement, alors que les chiots sont encore sourds et aveugles, le simple fait de poser la

main au-dessus ou à côté des chiots endormis suffit non seulement à les réveiller, mais entraîne un véritable “branle-bas de combat” dans la nichée: les chiots rampent jusqu'à la main, s'y accrochent, y grimpent en jappant et cherchent à téter.
Sur un autre plan, il est également important après le repas de masser délicatement le périnée avec un coton imbibé d'eau tiède, d'huile ou de lait de toilette, afin de déclencher les réflexes de miction et défécation. Cette opération devra se faire dans un lieu éloigné des zones de couchage et d'alimentation, mais en évitant de brusques changements de température entre les différents endroits. Ces soins peuvent cesser dès le quinzième jour.

Cas de l'allaitement collectif

Allaiter des chiots orphelins demande du temps, beaucoup de temps. Ainsi, pour une portée de 4 chiots, il faudra compter 30 minutes par tétée, soit plus de 3 heures par jour la première semaine.
Des essais menés par Sylvie Campanac ont montré qu'il était possible de diminuer ce temps de travail en pratiquant un allaitement collectif. Dans ce cas, chaque chiot dispose d'un biberon, maintenu debout contre la paroi d'une caisse en bois à l'aide de deux baguettes parallèles qui jouent le rôle de rails. Ce système est très facilement réalisable à l'aide de biberons coudés (Mixol nd) et ne demande que peu de temps à réaliser. De cette manière, on pourra faire téter jusqu'à 6 chiots simultanément, il faudra cependant les surveiller attentivement: s'ils laissent échapper la tétine, ils ont parfois du mal à la retrouver ou décident ex-abrupto d'aller goûter le lait d'un frère...

Le sevrage: période critique dans la vie du chiot

Le sevrage peut devenir chez le chiot une période très critique s'il est mal conduit. Schématiquement, il se réalise en 2 temps:

- préparation au sevrage;
- sevrage proprement dit.

La préparation au sevrage

Nous avons vu que la production laitière de la chienne plafonne dès la 3e semaine, pour décroître 15 jours plus tard, alors même que les besoins nutritifs des chiots ne cessent d'augmenter. Il en résulte donc une dissociation entre besoins et apports aux dépens des chiots; il sera très rapidement nécessaire que l'éleveur fournisse à ces derniers une nourriture complémentaire.

Cette complémentation consiste à proposer d'abord un aliment liquide, composé de lait maternisé auquel on ajoute peu à peu du jus de viande, du foie ou de la viande hachée, des œufs cuits écrasés, voire des "petits pots" pour bébés. Dès que les chiots la consomme en quantité importante, on substitue progressivement à ce mélange l'aliment complet qui sera distribué durant toute la période de croissance. On peut procéder de même et plus simplement en utilisant d'emblée un aliment complet humide qui est mélangé au début à de la poudre de lait; dans ce cas, on attirera avec délicatesse les chiots vers cette nourriture en leur faisant tout d'abord "goûter" à l'aide du doigt ou en leur approchant le museau.

Le sevrage proprement dit

Dans les conditions normales, il est ainsi possible d'alimenter les chiots dès la cinquième semaine avec des rations normales.

En allaitement naturel, on assure ainsi un rythme de 4 petits repas journaliers, présentés aux chiots en écuelles individuelles (afin d'éviter que les plus "goulus" ne consomment la part des autres).

En allaitement artificiel, on inversera le déroulement des repas durant la semaine de sevrage; on proposera d'abord aux chiots une écuelle de nourriture complète et seulement en fin de repas celle contenant le lait. Entre les repas, une quantité croissante de nourriture sera laissée à disposition, ainsi que du lait de plus en plus dilué pour passer à la fin de la semaine à de l'eau pure.

La socialisation du chiot: les tests de Campbell

Le développement comportemental du chiot subit son évolution la plus rapide et la plus profonde dans la période qui va de la naissance à l'âge de 7 semaines. On considère habituellement trois périodes dites néo-natale (0 à 14 jours), de transition (14 à 21 jours) et de socialisation (21 jours à 7 semaines) durant lesquelles sont observés successivement le comportement alimentaire, le comportement éliminatoire, le comportement locomoteur, le comportement social et les aptitudes sensorielles.
Ces phases sont importantes à observer pour l'éleveur car leur mauvaise compréhension peut conduire pour le chiot:
- à une absence totale de socialisation;
- à un "syndrome catatonique" de l'isolé de chenil, dans le cas par exemple d'un chiot tenu isolé de l'homme durant la tranche d'âge de 4 à 7 semaines, et qui se révèle par la suite très craintif.

Il faut savoir que ces deux situations sont des motifs légaux d'annulation de la vente du chiot. Enfin, les chiots orphelins souffrent souvent de troubles de la socialisation liés en fait à leur totale incompréhension du langage canin (ils ne connaissent que l'homme).
C'est pour mieux cerner ces problèmes que William Campbell, psychologue américain spécialisé dans l'étude du comportement canin et des rapports chien-maître, a mis au point une série de tests appelés couramment "Tests de Campbell".

CONDITIONS DE RÉALISATION DES TESTS

• Les chiots doivent être testés au cours de leur septième semaine, ni à six, ni à huit semaines.
• L'examinateur doit être seul. Il est indifférent que ce soit une personne connue ou inconnue du chiot.
• Le lieu des tests doit être isolé, calme, sans sujets de jeu, ou susceptibles de distraire le chiot. L'endroit sera éventuellement nettoyé entre le passage de chaque chiot.
• Les tests doivent être pratiqués une seule fois sur le chiot, sans préparation, avec douceur, mais d'une façon neutre, sans encouragement ni louange.

On voit donc que ces tests doivent être mis en œuvre au cours de la 7e semaine, ce qui pourra amener l'acheteur à prendre contact avec l'éleveur avant une date prévue de remise du chiot afin de les effectuer. Il peut également sembler saugrenu de s'imposer une telle pratique; sachez que l'acquisition d'un chien, a fortiori d'un chien de course, ne doit pas être un "coup de tête" et il est à notre avis très justifié de tenter de mettre de son côté toute chance de satisfaction... pour les 12 ou 14 années à venir.

DESCRIPTION DES TESTS DE CAMPBELL (1975)

• Age du chiot: obligatoirement pendant la 7e semaine.
• L'examinateur amène le chiot, lui-même seul dans une zone calme, isolée, inconnue, et dépourvue de sujets de jeu. Il sera manipulé doucement sans parole vive ni flatteuse. Ne pas tenir compte du fait que le chiot puisse uriner ou déféquer.
• Nettoyer le local entre deux chiots.

Attraction sociale

Dès l'entrée, coucher doucement le chiot au centre de la zone, s'éloigner du chiot de quelques mètres en sens opposé à la porte par où on est entré, s'agenouiller et attirer le chiot en tapotant les mains. Observer si le chiot vient vers vous, la queue haute ou basse, ou s'il ne bouge pas. Ceci donne une idée de son sens social, de sa confiance, de son indépendance. Donner une note et passer aussitôt à la phase 2.

Aptitude à suivre le maître

Partir près du chiot et marcher normalement. Selon que le chiot vous suit ou non aisément, il montrera une aptitude à suivre ou non. S'il ne suit pas du tout: indépendance. S'assurer qu'il vous a bien vu démarrer.

Contrainte

Aplatir le chiot et le rouler gentiment sur le dos, le tenir ainsi d'une main par le sternum pendant 30 secondes. Ses réactions de défense ou d'acceptation traduisent sa tendance à accepter une domination physique.

Dominance sociale

Aplatir le chiot et appuyer sur le haut du crâne en détournant la tête vers le cou et le dos. Selon qu'il accepte ou non, cela traduit son degré de dépendance sociale. Un chiot très dominant essaiera de sauter de côté ou même de mordre et de gronder.
Le chiot indépendant se contente de s'écarter. Insister jusqu'à ce que le comportement soit net.

Position élevée = test dignité

Soulever le chiot par le ventre, les deux mains entrelacées, paumes vers vous. Le tenir ainsi 30 secondes. Le chiot n'a plus aucun contrôle, il est à la merci de l'examinateur. Ses réactions indiquent s'il accepte ou non votre dominance. Le reposer doucement à terre. Le ramener ensuite près de la mère.

RÉSULTATS

Voir les résultats sur le tableau 15; une fois la grille remplie, le résultat est analysé par Campbell comme suit:

- *2 A ou plus, avec des B par ailleurs*

Réagissent agressivement et peuvent mordre si on les manipule sèchement.
A déconseiller là où il y a des bébés ou des personnes âgées.
A placer dans un foyer calme et doux où ils feront de remarquables chiens de défense.
A éduquer avec gentillesse et patience.

- *3 B ou plus*

Tendance à la domination loyale, à la compétition.
Forte aptitude au dressage, aux concours de travail.
A déconseiller s'il y a de jeunes enfants.

- *3 C ou plus*

Très adaptables. Parfaits pour les enfants et les vieillards.

- *2 D ou plus avec un E ou plus*

Chiots hypersoumis ayant un gros besoin de compliments, d'élevage affectueux pour avoir confiance et se livrer pleinement en environnement humain. Normalement doux avec les enfants, ils ne mordent que s'ils sont maltraités ou seulement pour se défendre.

- *2 D ou plus, avec E en section dominance sociale*

Difficiles à socialiser sans dressage à technique spéciale. S'il y a des A ou des B en plus, ils peuvent attaquer par peur, stress, et notamment si on les punit.
S'il y a en plus C ou D, ils deviendront timides ou peureux au plus léger traumatisme.
Réagissent mal aux enfants.

- *Mélange de notes A et E (bonnes et mauvaises)*

Recommencer le test ailleurs.
Si même réponse, le chiot est un cas particulier à comportement non prévisible.
En moyenne, le chiot Husky de Sibérie se situe majoritairement en catégorie B ou C.

Tableau 15

TABLE DE LECTURE DU TEST DE CAMPBELL

ENTOURER D'UN CERCLE LE NUMÉRO DU CHIOT
ET POUR CHACUN LE TYPE DE RÉPONSE OBTENU AU TEST

Notes (A. B. C. D. E.) *Numéro du chiot dans la portée*	I	II	III	IV	V
Test d'attraction sociale:					
A) Vient facilement, queue haute en sautillant et en mordillant les mains	A	A	A	A	A
B) Vient aisément, queue haute, en piaffant vers les mains	B	B	B	B	B
C) Vient aisément mais queue basse	C	C	C	C	C
D) Vient en hésitant	D	D	D	D	D
E) Ne vient pas du tout	E	E	E	E	E
Test d'aptitude à la suite:					
A) Suit facilement, queue haute, en essayant de mordiller les pieds	A	A	A	A	A
B) Suit facilement, queue haute et vient au pied	B	B	B	B	B
C) Suit facilement, queue basse	C	C	C	C	C
D) Vient en hésitant, queue basse	D	D	D	D	D
E) Ne suit pas ou à distance	E	E	E	E	E
Test de contrainte (30 secondes):					
A) Lutte vigoureusement, se débat et mord	A	A	A	A	A
B) Lutte vigoureusement, se débat mais ne mord pas	B	B	B	B	B
C) Bouge pour lécher les mains	C	C	C	C	C
D) Ne bouge pas, subit la pression de la main	D	D	D	D	D
Test de dominance sociale (30 secondes):					
A) Bondit, piaffe, ou griffe, mord ou gronde	A	A	A	A	A
B) Bondit, piaffe	B	B	B	B	B
C) Bouge pour lécher les mains	C	C	C	C	C
D) Se retourne pour lécher les mains	D	D	D	D	D
E) Ne bronche pas	E	E	E	E	E
Position élevée (30 secondes) *(ou test de dignité):*					
A) Se débat beaucoup, mord et gronde	A	A	A	A	A
B) Se débat beaucoup	B	B	B	B	B
C) Se débat puis arrête et lèche	C	C	C	C	C
D) Ne bronche pas	D	D	D	D	D

Inscrire le total des A, B, C, D, E

La croissance du chiot Husky

Chez le chiot quelle que soit sa race, la croissance est en fait le reflet direct de sa bonne alimentation. C'est pourquoi l'évaluation quantitative des besoins alimentaires stricts de croissance doit aller de pair avec une bonne connaissance de cette dernière, par le biais de courbes de croissance représentatives de la race. Pour être précis, un tel travail devrait également allier une bonne estimation de l'efficacité des constituants alimentaires en tenant compte de leur digestibilité et de leur valeur énergétique (voir le chapitre sur les bases de l'alimentation).

Les règles zootechniques de la croissance

Les besoins alimentaires du chiot sont liés à l'entretien et à la vitesse de croissance. Il est nécessaire de préciser celle-ci afin de bien connaître ses règles zootechniques:
- la vitesse de croissance et le poids à l'âge adulte;
- la précocité traduite par la durée totale de croissance.

Dans un travail que nous avions réalisé avec le Professeur R. Wolter: (*L'alimentation du chiot en croissance*; R. Wolter, D. Grandjean, Rosita Mateo: *Pratique médicale et chirurgicale de l'animal de compagnie*; 1984; 18; (3); pp. 10-19), nous avions montré que, chez le jeune chiot, le gain moyen quotidien (G.M.Q. ou poids pris chaque jour) s'accroît après la naissance pour atteindre un plateau de durée variable, puis s'atténue au fur et à mesure que l'animal approche de sa maturité. Mathématiquement, l'évolution de cette vitesse de croissance correspond à la dérivée de la fonction sigmoïde représentée par la courbe de croissance et est schématisée à la Fig. 46.

Il en ressort que les individus de petites races, qui allient faible vitesse de croissance et grande précocité, sont à la naissance relativement lourds et proches du point d'inflexion de leur courbe de croissance de telle sorte que leur gain de poids, déjà restreint en valeur absolue, est rapide-

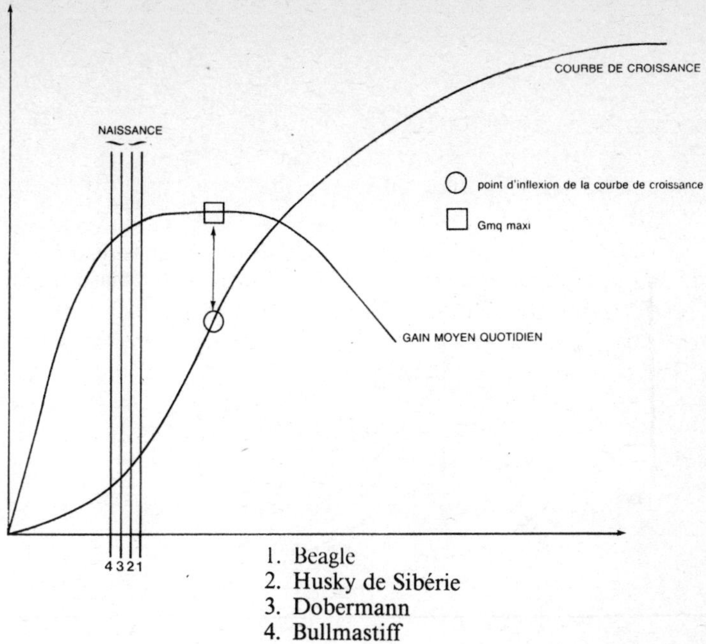

Figure 46: aspects schématiques de la croissance chez le chien: notion de précocité

ment déclinant; aussi, leurs besoins nutritifs seront alors très aisément satisfaisants, d'autant plus que l'allaitement libéral, pour des portées souvent peu nombreuses, couvre largement la période des exigences maximales.

A l'inverse, les races de grand format associent toutes les prédispositions à des sous-alimentations plus ou moins sévères pendant le jeune âge: poids de naissance relativement faible, facultés de croissance fortes et prolongées (précocité inférieure), allaitement proportionnellement plus restreint et plus court, et se terminant avant la phase de développement maximal.

Ainsi, comme le montre la Fig. 47 qui prend pour exemple quatre races types, les besoins de post-sevrage sont très inégaux et requièrent un rationnement spécialement bien adapté chez les races de grande taille.

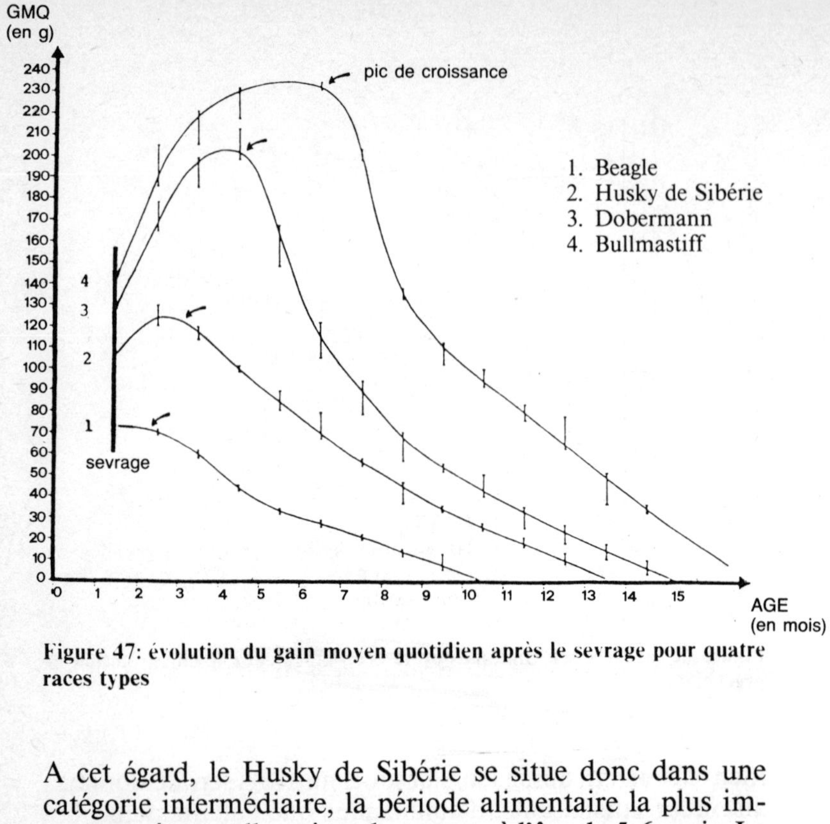

Figure 47: évolution du gain moyen quotidien après le sevrage pour quatre races types

A cet égard, le Husky de Sibérie se situe donc dans une catégorie intermédiaire, la période alimentaire la plus importante étant celle qui va du sevrage à l'âge de 5-6 mois. La croissance théorique prendra fin vers le 14e-15e mois, mais rappelons à ce niveau qu'il existe des lignées de Huskies progressant encore (en taille plus qu'en poids) jusqu'à l'âge de 2 ans.

La figure 48 schématise la courbe de croissance type de la race Husky de Sibérie, et le propriétaire s'imposera de peser régulièrement le chiot afin de constater qu'il suit bien une croissance correcte.

Toute anomalie ou déformation par rapport à une courbe de croissance régulière indique un trouble de la croissance, alors même qu'aucun symptôme ne l'a encore révélé, ce qui permet avec l'assistance du vétérinaire, d'y remédier aussi-

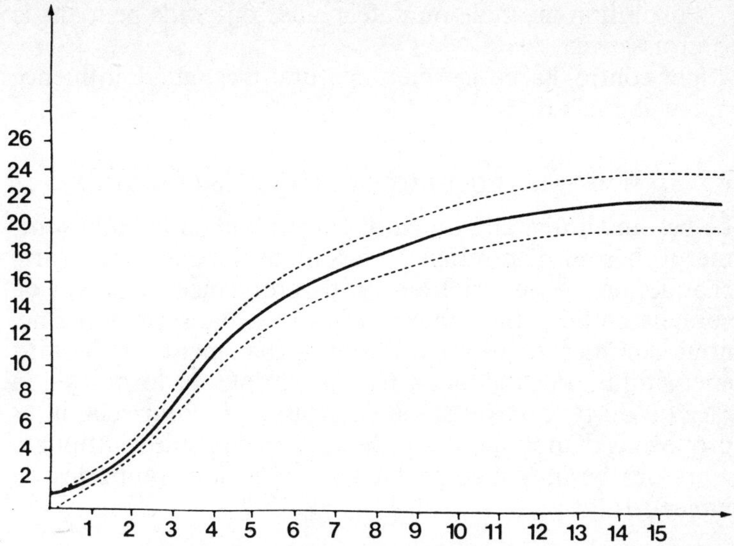

Figure 48: courbe de croissance type de la race Husky de Sibérie

tôt. Ceci montre l'intérêt pour un éleveur d'établir pour chaque chiot une courbe de croissance.

Notre confrère Heront a d'ailleurs effectué une série d'études fort complètes sur la croissance des races lupoïdes, desquelles il ressort que:

- "chez un sujet en bonne santé, l'accroissement doit être régulier de la naissance à l'âge adulte;
- le poids est presque toujours en rapport constant avec la taille;
- l'accroissement pondéral est le plus sujet à des variations plus ou moins grandes, notamment en raison de la présence de troubles pathologiques et souvent à cause de la composition de la ration alimentaire. Aussi, il est indispensable d'utiliser la balance fréquemment et à des intervalles réguliers pour obtenir des indications exactes sur

l'évolution normale ou défectueuse du poids pendant la croissance;
- par contre, l'accroissement statural n'est guère influencé par la maladie".

RATIONNEMENT PRATIQUE DU CHIOT HUSKY EN CROISSANCE

Le besoin alimentaire du chiot correspond en fait à la somme du besoin d'entretien d'un animal dont le poids varie chaque jour et du strict besoin de croissance. A défaut de connaissances actuellement suffisantes dans ce domaine, nous sommes réduits à estimer globalement les besoins énergétiques des chiots en tenant compte du format de la race ou du type, et du stade de croissance. Pour cela, nous proposons d'appliquer les différents coefficients multiplicateurs des besoins d'entretien tels qu'ils sont rapportés au tableau 16.

Le repas des chiots

Tableau 16

COEFFICIENTS MULTIPLICATEURS DU BESOIN ÉNERGÉTIQUE D'ENTRETIEN CHEZ LE CHIOT

Pourcentage du poids vif adulte	0 à 40	40 à 50	50 à 70	70 à 80	80 à 100
Coefficient multiplicateur du besoin d'entretien	2	1,75	1,50	1,35	1,2

Mais la croissance harmonieuse du jeune passe également par un bon développement des tissus osseux et musculaires. Pour cela, il convient de respecter:

- un bon apport protéique (25 à 35% par rapport à la matière sèche);
- un bon apport en calcium et phosphore (respectivement 1,1 à 3% et 0,9 à 1,5% par rapport à la matière sèche, avec un rapport Ca/p compris entre 1,2 et 2,0).

Partant de ces principes et de ceux évoqués dans le chapitre sur les bases de l'alimentation, le tableau 17 propose l'analyse d'une ration ménagère type, tandis que les tableaux 18, 19 et 20 proposent des plans d'alimentation allant jusqu'à l'âge adulte. Ceux-ci ont été obtenus par ordinateur grâce au logicien informatique *Dog Alim* que nous avons créé avec Rosita Grandjean et B.M. Paragon (laboratoire de nutrition; Ecole Nationale Vétérinaire d'Alfort).

Tableau 17

EXEMPLE DE CONSTITUTION D'UNE RATION MÉNAGÈRE DE CROISSANCE

Aliments	*Quantité*	*Matières Sèches*	*Matières Grasses*	*Matières Azotes Total*	*E.N.A.*	*Cal.*
Bœuf maigre	300 g	34	13,7	18,8	0.5	186
Haricots verts	300 g	9,7	.24	2,39	5,09	28,4
Riz cuit	400 g	29	. 1	2,5	26,5	102
Farine d'os	20 g	96	. 3	.4	0	0

Caractéristiques de votre ration		
	en % Poids Brut	*en % Matières Sèches*
Matière sèche	26.1	100

	en % Poids Brut	*en % Matières Sèches*
Matières Grasses	4.14	15.8
Protéines	7.22	27.6
Cellulose	.370	1.41
E.N.A.	12.0	46.1
Matières Minérales	1.36	5.21
Calcium	.476	1.82
Phosphore	.294	1.12
Energie	103	395

Caractéristiques recherchées en % de Matières Sèches	
Mini *Maxi*	*Commentaires*
5 < 15.8 < 15 -->	Taux correct Matières Grasses
25 < 27.6 < 35 -->	Taux correct Matières Azotées Total
5 < 46.1 < 80 -->	Correct en E.N.A.
1.1 < 1.82 < 3 -->	Taux correct Calcium
.9 < 1.12 < 1.5 -->	Taux correct Phosphore

Tableaux 18 et 19

PLANS DE RATIONNEMENT POUR CHIOTS HUSKIES DE SIBÉRIE EN CROISSANCE UTILISANT LA RATION MÉNAGÈRE DU TABLEAU 17, UN ALIMENT COMPLET HUMIDE (CONSERVE) OU UN ALIMENT COMPLET SEC (CROQUETTES)

Taiga - chiot Husky de Sibérie en croissance

Age en mois	*Poids en kg*	*Besoin énergétique Kcal E.M[1].*	*Ration Ménagère (103 Kcal E.M. % brut)*	*Aliment humide (120 Kcal E.M. % brut)*	*Aliment sec (320 Kcal E.M. % brut)*
3	9	1371	1320	1140	420
4	11.6	1454	1400	1210	450
5	13.6	1406	1360	1170	430
6	15.3	1533	1480	1270	470
7	16.7	1474	1420	1220	460
8	17.9	1553	1500	1290	480
9	19.0	1442	1390	1200	450
10	19.9	1497	1450	1240	460
11	20.8	1545	1490	1280	480
12	21.6	1589	1540	1320	490
13	22.3	1629	1570	1350	500

Age en mois	Poids en kg	Besoin énergétique Kcal E.M[1].	Ration Ménagère (103 Kcal E.M. % brut)	Aliment humide (120 Kcal E.M. % brut)	Aliment sec (320 Kcal E.M. % brut)
14	23.0	1666	1610	1380	520
15	23.6	1416	1370	1180	440

Snow - chiot Husky de Sibérie en croissance

Age en mois	Poids en kg	Besoin énergétique Kcal E.M.	Ration Ménagère (103 Kcal E.M. % brut)	Aliment humide (120 Kcal E.M. % brut)	Aliment sec (320 Kcal E.M. % brut)
3	8	1255	1210	1040	390
4	10.2	1323	1280	1100	410
5	12.0	1276	1230	1060	390
6	13.4	1389	1340	1150	430
7	14.6	1333	1290	1110	410
8	15.6	1404	1360	1170	430
9	16.6	1303	1260	1080	400
10	17.4	1351	1300	1120	420
11	18.1	1394	1350	1160	430
12	18.8	1433	1380	1190	440
13	19.4	1469	1420	1220	450
14	20.0	1502	1450	1250	460
15	20.6	1276	1230	1060	390

Kcal E.M. = kilo calorie d'Energie Métabolisable

Tableau 20
RATION DE CROISSANCE DE LA RACE HUSKY DE SIBÉRIE

Ration journalière en grammes d'aliment					
Age en mois	Poids en Kg	Ménagère (semi-humide)	Cany & Caty (semi-humide)	Royal Canin Agr (sec)	Canina Prot.+ (sec)
		En Kcal d'E. M./Kg			
		1780	1470	3210	3380
2	6	568	688	315	299
3	10	729	833	404	384
4	12	717	868	397	377

		Ration journalière en grammes d'aliment			
Age en mois	*Poids en Kg*	*Ménagère (semi-humide)*	*Cany & Caty (semi-humide)*	*Royal Canin Agr (sec)*	*Canina Prot.+ (sec)*
		En Kcal d'E. M./Kg			
		1780	*1470*	*3210*	*3380*
5	14	805	974	446	423
6	16	800	969	444	421
7	17	338	1014	464	441
8	18	777	941	431	409
9	19	809	980	449	426
10	20	841	1019	466	443
11	20.5	857	1038	475	451
12	21	872	1057	484	459
13	21.5	888	1075	492	467
14	22	753	912	417	396
15	22	753	912	417	396

De ces études peut-être trop détaillées, il ressort que la ration de croissance met en évidence trois périodes alimentaires dans la vie de l'animal sevré:

- *la première* de ces phases est ascensionnelle et voit la ration augmenter. C'est la phase de croissance maximale, qui va de 2 à 5 mois;
- *la seconde* période est schématiquement "en plateau": un apport journalier constant, supérieur au besoin d'entretien de l'adulte, doit assurer une croissance optimale (du 5e au 14e mois environ);
- *la troisième* phase, quant à elle, correspond aux besoins d'entretien du chien adulte, inférieurs à ceux de la période de croissance.

Le tableau 21 reprend et simplifie les plans de rationnement proposés, selon que le propriétaire utilise l'une ou l'autre des cinq rations types.

Les données obtenues étant le résultat de moyennes, l'éleveur ou le propriétaire devront parfois modifier quelque peu ces plans de rationnement en les adaptant au respect de la courbe de croissance du chiot.

COMPOSITION DE LA RATION MÉNAGÈRE "SEMI-HUMIDE"

- Viande de bœuf .... 400 g
  soit environ 485 ml
- Flocons de céréales .... 300 g
  soit environ 365 ml
- Légumes verts .... 240 g
  soit environ 300 ml
  soit environ 1150 ml
- Huile .... 20 g
  soit environ 1 cuillerée à soupe
- C.M.V. .... 20 g
  soit environ 1 cuillerée à soupe
- Levure sèche .... 20 g
  soit environ 1 cuillerée à soupe

Tableau 21

RATIONS JOURNALIÈRES DE CROISSANCE DE LA RACE HUSKY DE SIBÉRIE

		Ration journalière en grammes d'aliments				
	Age en mois	*Secs 3200 kcal E.M./kg*	*Semi-humides 2800 kcal E.M./kg*	*Humides 1100 kcal E.M./kg*	*Ménagère humide 1230 kcal E.M./kg*	*Ménagère semi-hum. 2000 kcal E.M./kg*
Croissance Maximale	2 3 4	300 450 490	340 500 560	860 1300 1420	770 1150 1270	470 700 780
Croissance Stabilisée	5 6 7 8 9 10 11 12 13	≃ 530	≃ 600	≃ 1550	≃ 1400	≃ 850
Adulte	14 15	≃ 480	≃ 540	≃ 1380	≃ 1230	≃ 760

Une complémentation minérale est-elle nécessaire?

Les facultés de développement du squelette des jeunes carnivores sont très élevées au cours des premiers mois de la vie et surtout après le sevrage qui intervient, nous l'avons vu, relativement tôt chez l'espèce canine. Le besoin phosphocalcique du chiot se situe approximativement à 0,25 grammes de calcium et 0,20 grammes de phosphore par kilo de poids vif (soit l'équivalent d'un gramme de phosphate bicalcique par kilo de poids vif). En phase de croissance ascensionnelle, il peut doubler pour ces deux minéraux...
Dès lors, si les rations industrielles semblent couvrir correctement les besoins phosphocalciques de l'animal, les rations ménagères habituelles n'y satisfont pas d'emblée. Il faut dès lors avoir recours à des compléments minéraux bien adaptés.

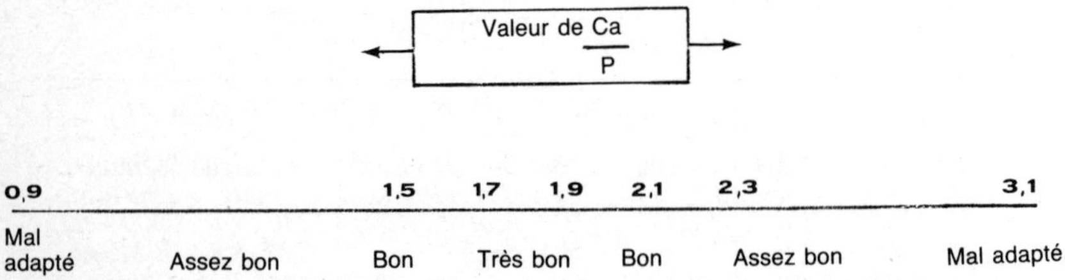

Figure 49: critère de classement des échantillons en tant que compléments phospho-calciques d'une ration ménagère type

Partant des données évoquées précédemment, nous proposons (figure 49) un critère de classement des différents compléments disponibles dans le commerce à ajouter à une ration ménagère classique. Le propriétaire peut dès lors lui-même juger de la valeur du complément qu'il utilise en calculant simplement le rapport Ca/p d'après les données fournies par l'étiquette. Mais, une seconde remarque concerne les posologies préconisées par les fabricants: en effet, la plupart sont imprécises, ou même quasi inexistantes:

- “pour petits chiens”, “pour chiens moyens”, “pour gros chiens”;
- “par animal et par jour”;
- “par animal selon la taille et le besoin”.

Compte tenu de ce qui a été évoqué, il faudra alors effectuer une règle de 3 afin, partant des apports réalisés par la ration (cf. tableau 17), d’en déduire les quantités de compléments à apporter.

Ce qu’il faut savoir sur les troubles osseux chez le chiot

Les troubles osseux d’origine nutritionnelle chez le chiot sont nombreux, fréquents et souvent bien connus; il s’agit de l’“ostéoporose”, du “rachitisme”, de l’“ostéofibrose”, pour les principaux d’entre eux. Ils mettent en cause des erreurs alimentaires fort variées.

En effet, si le chiot naît avec un tissu osseux relativement peu développé par rapport à d’autres espèces, les facultés de développement du squelette sont très élevées au cours des premiers mois.

L’ostéoporose correspond à une insuffisance globale au niveau de la matrice protéique de l’os qui rend celui-ci poreux et est source de fractures dites “en bois sec”. Elle résulte en fait d’une insuffisance en protéines de la ration, et sera évitée en respectant les règles édictées précédemment (25 à 30% de protéines, ramenées à la matière sèche de la ration).

Mais la bonne minéralisation de cette trame protéique impose également:

- d’apporter suffisamment de calcium et de phoshore;
- d’avoir au niveau de la ration un rapport phosphocalcique Ca/p;
- d’assurer une couverture suffisante, mais non excessive, en vitamine D.

Le non respect de ces règles sera, pour le chiot, cause d’une maladie appelée *ostéofibrose*, beaucoup plus répandue qu’on ne le pense et qui se manifeste par des troubles variés: anxiété, baisse de l’appétit, diarrhée, déformation du squelette avec douleurs osseuses (notamment à la pression), gonflement du carpe, laxité des ligaments et des tendons, boiteries diverses... Il s'agit dans ce cas d'une déminéralisation de l'os qui peut devenir si mince et si fragile qu'il va être l'objet de fractures spontanées (les Anglo-Saxons parlent de *paper bones disease*, ou maladie des os en papier).

L'ostéofibrose a plusieurs causes:

- insuffisance en apport minéraux, si les règles d'alimentation données au paragraphe précédent ne sont pas respectées;
- excès de protéines dans la ration (cas des chiots recevant uniquement de la viande, on parle alors de "Syndrome tout viande");
- excès de vitamine D (plus de 100 UI par kilo de poids vif).

Rappelons encore, concernant ce dernier point, que le mieux est souvent l'ennemi du bien: trop de compléments minéraux du commerce, à notre avis, se veulent attractifs en "multipliant les zéros" en ce qui concerne les apports vitaminiques.

L'éleveur ou le propriétaire devra être attentif et ne pas privilégier systématiquement "ceux qui apportent le plus de vitamines". Au total, nous retiendrons que la prévention de ces troubles impose un bon respect de l'équilibre global de la ration. Il faudra veiller à fournir un complément minéral vitaminé bien pourvu en calcium, en oligo-éléments et en vitamine A (environ 200 UI par kilo de poids vif), mais non excessif en vitamine D (environ 20 UI par kilo de poids vif).

LA REGLEMENTATION EN ELEVAGE CANIN

L'élevage des animaux de compagnie, et plus particulièrement du chien, est soumis à une double réglementation, dont nous avons tenu à reproduire les textes aux pages suivantes.

Législation française

L'arrêté ministériel du 25 octobre 1982, paru au *Journal Officiel* de la République Française du 10 novembre 1982 (partie NC, page 9984), définit les critères relatifs à l'élevage, la garde et la détention des animaux:

"Le ministre d'Etat, ministre de l'Intérieur et de la Décentralisation, le ministre de l'Agriculture et le ministre de l'Environnement,

Vu le code rural et notamment son article 276;

Vu le code des communes;

Vu le décret n° 78 1085 du 2 novembre 1978 portant publication de la Convention Européenne sur la protection des animaux dans les élevages;

Vu le décret n° 80-791 du 1er octobre 1980 pris pour l'application de l'article 276 du code rural,

Arrêtent:

Art. 1er. Les animaux des espèces bovine, ovine, caprine, porcine, les équidés, les volailles et autres animaux de basse-cour ainsi que les animaux de compagnie tels que les chiens et les chats et ceux qui leur sont assimilés doivent être maintenus en bon état de santé et d'entretien grâce à une nourriture, un abreuvement, des soins et des interventions appropriés.

Art. 2. Les soins et interventions nécessités par l'état des animaux élevés, gardés ou détenus par l'homme doivent être réalisés à l'aide de moyens appropriés éliminant toute souffrance évitable aux animaux, conformément aux dispositions prévues en annexe I au présent arrêté.

Art. 3. Lorsque les circonstances imposent de provoquer la mort d'un animal, cette dernière doit être pratiquée par un procédé assurant une mort rapide et éliminant toute souffrance évitable.

Art. 4. Sur les lieux où sont exposés ou vendus des animaux, les aménagements et conditions de fonctionnement doivent être conformes aux dispositions prévues en annexe II au présent arrêté.

Art. 5. Le directeur de la qualité et le directeur de l'aménagement au ministère de l'Agriculture, le directeur des collectivités locales et le directeur de la réglementation et du contentieux au ministère de l'Intérieur et de la Décentralisation, le directeur de la protection de la nature au ministère de l'Environnement, les préfets et les maires sont chargés, chacun en ce qui le concerne, de l'application du présent arrêté, qui sera publié au *Journal Officiel* de la République Française".

Le chapitre II de l'annexe I précise les aspects plus spécifiques à l'élevage canin:

3. Les propriétaires, gardiens ou détenteurs de tous chiens et chats, animaux de compagnie et assimilés doivent mettre à la disposition de ceux-ci une nourriture suffisamment équilibrée et abondante pour les maintenir en bon état de santé. Une réserve d'eau fraîche fréquemment renouvelée et protégée du gel en hiver doit être constamment tenue à leur disposition dans un récipient maintenu propre.
4. *a)* il est interdit d'enfermer les animaux de compagnie et assimilés dans des conditions incompatibles avec leurs nécessités physiologiques et notamment dans un local sans aération ou sans lumière ou insuffisamment chauffé;
   b) un espace suffisant et un abri contre les intempéries doivent leur être réservés en toutes circonstances, notamment pour les chiens laissés sur le balcon des appartements.
5. *a)* pour les chiens de chenils, l'enclos doit être approprié à la taille de l'animal, mais en aucun cas cet enclos ne doit avoir une surface inférieure à 5 mètres carrés par chien et sa clôture ne devra pas avoir une hauteur inférieure à 2 mètres. Il doit comporter une zone ombragée;
   b) les niches, les enclos et les surfaces d'ébats doivent toujours être maintenus en bon état de propreté;
   c) le sol doit être en matériau dur, et, s'il est imperméa-

ble, muni de pentes appropriées pour l'écoulement des liquides. L'évacuation des excréments doit être effectuée quotidiennement. Les locaux doivent être désinfectés et désinsectisés convenablement.

6. Les chiens de garde et d'une manière générale tous les animaux de compagnie et assimilés que leur maître tiennent à l'attache ou enferment dans un enclos doivent pouvoir accéder en permanence à une niche ou abri destiné à les protéger des intempéries. L'attache est interdite pour les animaux n'ayant pas atteint leur taille adulte.

7. *a)* la niche (ou abri) doit être étanche, protégée des vents et, en été, de la chaleur. La niche doit être sur pieds, en bois ou tout autre matériau isolant, garnie d'une litière en hiver et orientée au sud. En hiver et par intempéries, toutes dispositions doivent être prises afin que les animaux n'aient pas à souffrir de l'humidité et de la température, notamment pendant les périodes de gel ou de chaleur excessive;
b) les niches doivent être suffisamment aérées. Les surfaces d'ébats des animaux doivent être suffisamment éclairées;
c) la niche doit être tenue constamment en parfait état d'entretien et de propreté;
d) la niche et le sol doivent être désinsectisés et désinfectés convenablement. Les excréments doivent être enlevés tous les jours;
e) devant la niche, posée sur la terre ferme, il est exigé une surface minimale de 2 mètres carrés en matériau dur et imperméable ou en caillebotis pour éviter que l'animal, lorsqu'il se tient hors de sa niche, ne piétine dans la boue;
f) cette surface doit être pourvue d'une pente suffisante pour l'évacuation des urines et des eaux pluviales. Les caillebotis doivent être tels qu'ils ne puissent blesser l'animal, notamment les extrémités des pattes.

8. *a)* pour les chiens de garde et, d'une manière générale tous les animaux de compagnie et assimilés que leurs

propriétaires tiennent à l'attache, le collier et la chaîne doivent être proportionnés à la taille et à la force de l'animal, ne pas avoir un poids excessif et ne pas entraver ses mouvements;
b) les animaux ne peuvent être mis à l'attache qu'à l'aide d'une chaîne assurant la sécurité de l'attache pour les visiteurs et coulissant sur un câble horizontal, ou à défaut, fixée à tout autre point d'attache selon un dispositif tel qu'il empêche l'enroulement, la torsion anormale et, par conséquent, l'immobilisation de l'animal. En aucun cas, le collier ne doit être constitué par la chaîne elle-même ni par un collier de force ou étrangleur;
c) la longueur de la chaîne ne peut être inférieure à 2,5 mètres pour les chaînes coulissantes et à 3 mètres pour les chaînes insérées à tout autre dispositif d'attache prévu ci-dessus;
d) la hauteur du câble porteur de la chaîne coulissante doit toujours permettre à l'animal d'évoluer librement et de pouvoir se coucher.

9. Aucun animal ne doit être enfermé dans les coffres de voitures sans qu'un système approprié n'assure une aération efficace, aussi bien à l'arrêt qu'en marche; les gaz d'échappement, en particulier, ne doivent pas risquer d'intoxiquer l'animal.
10. *a)* lorsqu'un animal demeure à l'intérieur d'un véhicule en stationnement prolongé, toutes dispositions doivent être prises pour que l'animal ait assez d'air pur pour ne pas être incommodé;
b) par temps de chaleur ou de soleil, le véhicule doit être immobilisé dans un endroit ombragé".

Règlement international d'élevage de la Fédération Cynologique Internationale

Lors de son Assemblée Générale de juin 1979, la F.C.I. a précisé son règlement international d'élevage, lequel n'appelle à notre avis, aucun commentaire:

Préambule

1. Les droits et obligations réciproques des propriétaires ou des possesseurs d'étalons et de lices sont déterminés par le Droit National et les Règlements pris par les Associations d'Elevage et par les Associations Cynologiques Nationales, ainsi que par des conventions particulières. Dans le cas où de telles dispositions n'existeraient pas, c'est le Règlement International d'Elevage de la F.C.I. qui est applicable.
   Il est recommandé, de façon pressante, aux éleveurs, propriétaires ou possesseurs d'étalon, de déterminer, par écrit, les conditions dans lesquelles se fera la saillie, afin de créer une situation claire en ce qui concerne les obligations financières. Le Règlement d'Elevage de la F.C.I. doit être applicable pour tous les cas qui ne sont pas réglés par le Droit ou les Règlements d'Elevage Nationaux.

Transport et frais d'entretien de la lice

2. Il est recommandé aux propriétaires de lices d'amener la chienne à saillir auprès du mâle, soit personnellement, soit par une tierce personne. Dans le cas où une chienne demeurerait plusieurs jours chez le possesseur de l'étalon, tous les frais en résultant tels que: alimentation, hébergement, soins vétérinaires éventuellement, ainsi que les dommages que la chienne viendrait à provoquer à l'installation d'élevage ou à l'habitation du possesseur de l'étalon, sont à charge du propriétaire de la chienne. Le transport de retour de la chienne s'effectue aux frais de son propriétaire.

Responsabilité

3. En conformité avec les dispositions légales ayant cours dans différents pays, est responsable des dommages pouvant être causés par l'animal, la personne qui au moment du dommage, assure l'hébergement et les soins de l'animal.
   Dans le cas où la chienne demeure un ou plusieurs jours

sous la surveillance du possesseur de l'étalon, ce dernier est considéré, de par la loi, comme la personne assumant la garde de l'animal, et de ce fait, est responsable des dommages que la chienne pourrait occasionner à des tierces personnes.
Le possesseur (personne assumant la garde) de l'étalon, doit tenir compte de ce qui précède, lors de la conclusion d'un contrat d'assurance personnel en Responsabilité Civile.

Décès de la chienne

4. Dans le cas où la chienne viendrait à décéder pendant son séjour chez le possesseur de l'étalon, ce dernier s'oblige, à ses frais, à faire constater le décès et sa cause par un médecin vétérinaire. Il informe, de la manière la plus rapide possible, le propriétaire de la chienne, du décès et de sa cause.
   Dans le cas où le propriétaire désirerait voir la chienne décédée, il ne peut s'y refuser.
   Dans le cas où le décès serait occasionné par la faute du possesseur de l'étalon, ce dernier est tenu à présentation de dommages et intérêts envers le propriétaire de la chienne.
   Dans le cas où aucune faute ne peut lui être reprochée, il appartient au propriétaire de la chienne de rembourser au possesseur de l'étalon tous les frais en corrélation avec le décès de la chienne.

Choix de l'étalon

5. Le possesseur de l'étalon s'oblige à ne faire saillir la lice que par l'étalon prévu, à l'exclusion de tout autre.
   Dans le cas où l'étalon ne procéderait pas à la saillie, la lice ne peut être mise en rapport avec un autre étalon qu'avec l'accord du propriétaire.
   De toute façon, il est interdit de laisser saillir une lice par deux ou plusieurs étalons pendant ses mêmes chaleurs.

Saillie erronée

6. Dans le cas où il y aurait accidentellement, mais non intentionnellement, une saillie par un étalon autre que celui convenu, le possesseur de l'étalon qui a pris la lice sous sa garde est obligé de rembourser au propriétaire de la lice tous les frais occasionnés par cette saillie erronée. Après une saillie non intentionnelle par un étalon autre que celui prévu, il est interdit de procéder à une nouvelle saillie avec l'étalon qui avait été prévu à cet effet. Le propriétaire de l'étalon ne peut en aucun cas, pour une telle saillie, prétendre imposer des obligations financières à l'encontre du propriétaire de la lice.

Attestation de saillie

7. Le propriétaire de l'étalon certifie, par la rédaction d'une attestation, de l'exécution correcte de la saillie. Il confirme, en apposant sa signature sur le document, qu'il a été témoin oculaire de la saillie.
   Pour le cas où les services tenant le Livre des Origines d'un pays où la portée doit être enregistrée prévoient certains formulaires spéciaux, il appartient au propriétaire de la lice de se les procurer, de les remplir correctement et de les présenter à la signature du possesseur de l'étalon.
   Cette attestation de saillie doit contenir obligatoirement les renseignements suivants:
   a) nom et numéro d'inscription au Livre des Origines de l'étalon;
   b) nom et numéro d'inscription au Livre des Origines de la lice;
   c) nom et adresse du possesseur de l'étalon;
   d) nom et adresse du propriétaire de la lice au moment de la saillie, éventuellement, la date d'acquisition de la lice;
   e) lieu et date de la saillie;
   f) signature du possesseur de l'étalon et du propriétaire de la chienne;

g) dans le cas où les services tenant le Livre des Origines exigent pour l'inscription des chiots, une photocopie certifiée conforme ou extrait certifié conforme du pedigree, il appartient au possesseur de l'étalon de remettre à titre gratuit ces documents, à la disposition du propriétaire de la lice.

Dédommagement pour la saillie

8. Il est recommandé au possesseur de l'étalon, de ne signer l'attestation de saillie qu'après paiement du prix préalablement fixé pour la saillie. Une rétention de la lice en tant que gage n'est toutefois pas permise.
9. Si l'étalon dont il a été convenu ne procède pas à la saillie, pour quelque raison que ce soit ou parce que la lice ne se laisse pas saillir, faisant que la saillie n'a pas été effectivement exécutée, le possesseur de l'étalon n'en garde pas moins le droit aux dédommagements prévus à l'article 2, mais ne peut prétendre au prix convenu pour la saillie.
10. Pour ce qui concerne la descendance de l'étalon, le possesseur de l'étalon n'a pas droit, vis-à-vis du propriétaire de la lice, à des dédommagements autres que ceux prévus pour la saillie.
Il n'a aucun droit de se faire remettre un chiot, sauf si le propriétaire de l'étalon désire en garder un pour son propre élevage, sous condition de ne pas le vendre.
Lorsque les parties se sont mises d'accord pour la remise d'un chiot en tant qu'indemnité pour la saillie, cet accord doit alors être formulé par écrit et avant la saillie. Dans un tel accord, les points suivants doivent absolument être précisés et respectés:
a) le moment du choix du chiot par le propriétaire de l'étalon;
b) le moment de la remise du chiot au possesseur de l'étalon;
c) le moment à partir duquel le droit au choix par le possesseur de l'étalon est irrévocablement prescrit;

d) le moment à partir duquel le droit de prise est irrévocablement prescrit;
e) le règlement des frais de transport;
f) les accords spéciaux pour le cas où la lice ne met bas que des chiots morts-nés ou qu'un seul chiot vivant, ou pour le cas où le chiot choisi viendrait à décéder avant la remise.

La lice demeure vide

11. Après une saillie exécutée correctement, on considère que l'étalon a satisfait à ses obligations, et que les conditions pour avoir droit au dédommagement convenu sont remplies.
Elles ne constituent pas une garantie quant au fait que la lice soit pleine. Il est laissé à l'appréciation du propriétaire de l'étalon, lorsque la lice demeure vide, soit d'accorder à une prochaine chaleur de cette dernière une nouvelle saillie à titre gratuit, soit de rembourser une partie de l'indemnité obtenue pour la saillie, dans le contrat de saillie.
Le droit convenu à une saillie s'éteint toutefois, en principe, au décès de l'étalon ou lors du changement de possesseur de ce dernier ou avec le décès de la lice.

Insémination artificielle

12. En cas d'insémination artificielle de la lice, le Docteur-Vétérinaire qui a recueilli le sperme de l'étalon doit certifier, à l'aide d'une attestation à remettre au service tenant le Livre des Origines où les chiots doivent être enregistrés, que le sperme émane bien de l'étalon dont il a été convenu. Par ailleurs, les attestations prévues à l'article 7 (*a à g*) doivent être mises à la disposition du propriétaire de la lice par le possesseur de l'étalon, et à titre gratuit.
Tous les frais encourus pour recueillir le sperme sont à la charge du propriétaire de la lice. Les frais relatifs à l'insémination sont également à la charge du propriétaire de

la lice. Le Docteur-Vétérinaire qui procède à l'insémination de la lice doit confirmer auprès des Services tenant le Livre des Origines, que la lice a bien été inséminée à l'aide du sperme provenant de l'étalon prévu pour la saillie. Dans cette attestation, il convient de faire figurer également, le lieu et la date de l'insémination, le nom et le numéro d'inscription au Livre des Origines de la lice, ainsi que le nom et l'adresse du propriétaire de la lice.
Le propriétaire de l'étalon fournissant le sperme doit délivrer au propriétaire de la lice, en plus de l'attestation fournie par le Docteur-Vétérinaire, une attestation officielle de saillie.

Cession du droit d'élevage

13. On considère, de manière générale, que le propriétaire de la lice, au moment de la saillie, est l'éleveur de toute la portée.
Le droit à l'utilisation de la portée d'une lice ou d'un étalon peut toutefois être transféré, par un accord contractuel, à une tierce personne.
Un tel transfert doit, dans tous les cas, être attesté par écrit, avant la saillie projetée. Une telle cession du droit d'élevage constatée par écrit doit être déclarée à temps au service compétent du Livre des Origines, et éventuellement, à l'association d'élevage compétente pour cette race. Elle doit être jointe à la déclaration de la portée.
Il convient de décrire très exactement dans la cession du droit d'élevage les droits et obligations des deux parties contractantes.
La tierce personne, qui prend temporairement le droit d'élevage d'une lice, est considérée comme le propriétaire de celle-ci, au sens du présent règlement, pour une période allant de la saillie, jusqu'au moment du sevrage.

Inscription des chiots au Livre des Origines

14. Sauf dispositions contraires, on considère que le nouveau propriétaire, lors d'une vente d'une chienne pleine,

est automatiquement l'éleveur de la portée à venir. Les chiots sont inscrits au Livre des Origines du pays dans lequel le propriétaire de la lice a sa résidence habituelle, et portent son Affixe.

15. Les chiots sont inscrits, en principe, au Livre des Origines du pays où le propriétaire de la lice a sa résidence habituelle.
En cas de contestation, il doit obligatoirement produire une attestation de l'autorité tenant le registre des domiciles (résidences habituelles).
Des exceptions sont tolérées pour les éleveurs de chiens de race vivant dans un pays ne tenant aucun Livre d'Elevage reconnu par la F.C.I.
Il est laissé à l'appréciation de ce dernier, de procéder à l'inscription des chiots dans un Livre d'Elevage reconnu.

Les règlements d'élevage des pays membres

16. Les Règlements d'Elevage des Pays Membres ne peuvent contenir de dispositions qui seraient en contradiction avec le présent Règlement d'Elevage de la F.C.I.

Dispositions finales

17. Ce règlement remplace la "Coutume Internationale d'Elevage de Monaco" de l'année 1934.
En cas de divergence d'interprétation, le texte allemand est déterminant.
Adopté à l'Assemblée Générale de la F.C.I. des 11 et 12 juin 1979 à Berne (Suisse).

LE LOGEMENT DU HUSKY DE SIBERIE

Si le problème du logement est le plus fréquemment bien pressenti par les éleveurs, il reste souvent un problème résolu sans réflexion et au hasard des circonstances par le propriétaire. Et ne pas se pencher avec attention sur le logement

du Husky de Sibérie peut parfois entraîner des conséquences catastrophiques, ce chien étant avant tout un fugueur, un amateur de grands espaces, supportant mal les endroits trop confinés. De plus, le propriétaire doit d'emblée se poser la question de la façon dont il envisage l'avenir: le chien doit-il demeurer éternellement solitaire, ou bien son maître risque-t-il de succomber au virus de la course et par là-même sera-t-il amené à acquérir un ou plusieurs autres Huskies?
Quelle que soit la réponse, il nous semble préférable d'envisager d'emblée la seconde éventualité: prévoir, en fonction de l'espace disponible, un logement susceptible d'évoluer et d'abriter d'autres chiens... ou leur progéniture!
Et comme l'écrit notre confrère le Docteur Luquet: "Ce n'est pas vouloir transformer tout propriétaire en éleveur amateur que de tenir compte d'éventualités toujours possibles"!

Les chenils: aspects réglementaires

Outre les textes présentés au chapitre précédent, il nous a semblé utile de présenter avant toute donnée pratique un résumé des prestations réglementaires concernant "les chenils". Pour ce faire, nous empruntons au Docteur Annie Burais (Direction Départementale des Services Vétérinaires de la Drôme) une présentation très didactique publiée dans la revue *Vos Chiens* (Numéro 4 du mois d'avril 1985):

1. *Prescriptions générales "Installations classées"*
   C'est-à-dire applicables à toute installation renfermant de 10 à 50 chiens.
   • Implantation à plus de 100 m de tout immeuble habité ou occupé par des tiers ou d'un camping.
   • Murs et cloisons doivent être revêtus de matériaux imperméables, durs, résistants aux chocs et à surface lisse, sur toute la hauteur susceptible d'être souillée; cette hauteur ne devant pas être inférieure à 2 mètres; sur le reste

de leur étendue, ainsi que les plafonds, ils seront enduits de maçonnerie et blanchis à la chaux deux fois par an ou revêtus d'une peinture vernissée de teinte claire.
• Sol garni d'un revêtement imperméable continu; avec pente suffisante pour assurer un écoulement facile des liquides vers un orifice pourvu d'un siphon raccordé à l'égout public ou à un ouvrage d'épuration.
• Eclairage et ventilation correcte des locaux. Le voisinage ne doit pas être incommodé par les odeurs.
• Niches en matériaux durs résistants aux chocs, faciles à nettoyer et désinfecter.
• Eau potable sous pression.
• En cas de cuisine: en maçonnerie pleine, murs enduits de ciment lisse. Sol imperméable; hotte d'évacuation des buées; réfrigérateur ou chambre froide.
• Les chiens doivent être rentrés chaque nuit dans les niches ou enclos réservés. Ils ne doivent pas voir directement la voie publique.
• Dispositif pour éviter la fuite des chiens.

2. *Aménagement des établissements de vente et transit*
• Niches et cages doivent avoir des dimensions convenables, pour permettre aux animaux de se déplacer facilement et de se coucher et les préserver contre les intempéries et grands écarts climatiques.
• Pour les établissements où les animaux séjournent plus de 24 heures:
- volume d'air d'au moins 10 m^3 par chien de grande taille, 2 m^3 par petit chien ou chat;
- chauffage par appareils agréés;
- en hiver, température ambiante maintenue à 15° C au moins; condensation évitée par ventilation convenable.

3. *Prescriptions communes aux deux réglementations*
• Tous les locaux et installations fixes ou mobiles où sont situés les animaux et notamment les niches et cages doivent être lavés et désodorisés chaque jour.

- Locaux et installations doivent être désinfectés et désinsectisés au moins une fois par mois et obligatoirement dès qu'ils sont libérés des animaux.
- Les litières des animaux doivent être renouvelées tous les jours; les excréments enlevés chaque jour.
- Tous les autres locaux et installations fixes ou mobiles et tous les locaux où sont préparés la nourriture et l'abreuvement des animaux ainsi que les matériels utilisés doivent être maintenus en parfait état d'entretien et de propreté. Désinfection au moins une fois par an.
- Dispositifs pour s'opposer à la propagation des bruits.
- Prendre toutes dispositions pour lutter contre mouches et rongeurs nuisibles.

4. *Commentaires*

La distance par rapport aux habitations voisines est un point très important à considérer avant d'implanter un chenil, car dans le domaine des chiens, la plupart des problèmes de voisinage ont pour cause le bruit provoqué par les aboiements. Cette distance de 100 mètres est une distance minimale et toute personne qui veut créer un chenil d'élevage ou pension ou autres a intérêt à l'installer le plus loin possible de toute habitation, excepté peut-être dans les zones déjà bruyantes (proximité d'autoroute, voie de chemin de fer, zone industrielle...).

En ce qui concerne la dimension des cages ou enclos, il faut savoir que, conformément à un arrêté relatif à la protection de tous les animaux domestiques, pour les chiens de chenils l'enclos doit être approprié à la taille de l'animal mais qu'en aucun cas cet enclos ne doit avoir une surface inférieure à 5 m^2 par chien et sa clôture une hauteur inférieure à 2 mètres.

Les prescriptions relatives à l'hygiène et à l'entretien sont essentielles et, en dehors même de toute obligation réglementaire, sont indispensables à la bonne marche d'un chenil.

L'hygiène n'est pas seulement un bon état de propreté mais l'ensemble des éléments qui assurent les bonnes conditions de vie de l'animal: température ambiante, hygrométrie, espace vital, qualité des matériaux, isolation des parois par exemple. Ainsi, il faut éviter les grands écarts de température à l'intérieur des locaux, les courants d'air, l'hygrométrie moyenne ne devrait pas dépasser 75%; à ce propos, il faut éviter les nettoyages à grande eau mais préférer soit l'eau sous forte pression, soit le jet de vapeur ou l'aspirateur. La désinfection après nettoyage est indispensable, utilisez toujours des produits de bonne qualité.
Mais répandre des désinfectants sans avoir au préalable fait un nettoyage correct n'a aucune efficacité. La disposition des locaux, le choix des matériaux et matériels interviennent également en permettant de faciliter le nettoyage et l'entretien et donc le travail de l'éleveur, ce qui n'est pas à négliger.

En conclusion, on peut souligner que les prescriptions réglementaires, qui peuvent paraître à certains comme contraignantes ou excessives, ont pour but d'une part de ne pas entraîner de nuisances pour le voisinage et d'autre part de tenir les animaux dans de bonnes conditions hygiéniques et sanitaires, ce qui est primordial pour les animaux eux-mêmes mais aussi pour l'éleveur puisque le bon état d'entretien et d'hygiène des animaux et des locaux est un des éléments essentiels dans la réussite d'un chenil, d'élevage ou de pension surtout".

Réalisation pratique des chenils

Envisageons maintenant la réalisation pratique du chenil, sachant que tous les degrés de rusticité ou de luxe sont ensuite possibles et que celui-ci devra allier sécurité, facilité d'entretien et confort.

La courette

Par rapport à ce qui a pu être évoqué précédemment, la première notion importante à développer est celle de la *surface* mise à la disposition du ou des chiens. En effet, un logement trop petit va constituer pour le Husky (comme pour de nombreuses autres races) une agression psychique permanente qui ne fera qu'exacerber son tempérament fugueur ou craintif. Si l'on s'en réfère à des travaux californiens (Drs Andersen et Hart) et à leurs applications au chenil militaire du 132ᵉ Groupement Cynologique de l'Armée de Terre (à Suippes dans la Marne), la surface minimale par enclos s'exprime par la relation:

$$\text{surface en m}^2 = \frac{\text{hauteur au garrot en cm}}{2,5} \times 3$$

soit pour un Husky de 58 cm au garrot: $\frac{58}{2,5} \times 3 = 70 \text{ m}^2$ (10 m sur 7 m)

Si l'on a la possibilité de sortir les chiens régulièrement (en dehors des phases strictes d'entraînement) sur une aire plus grande, il est tout à fait possible de loger plusieurs d'entre eux dans un tel enclos. Il faudra alors simplement prendre en compte les données psychologiques (le chien par trop dominant sera maintenu dans un enclos individuel).

Concernant les courettes, plusieurs autres éléments sont importants à considérer:

1. Le *sol* sera de préférence une aire bétonnée (au moins pour partie), de façon à faciliter le nettoyage quotidien; mais ce béton devra être "roulé" lorsque la dalle est coulée de façon à éviter la présence de micro-aspérités provoquant à la longue des traumatismes des coussinets. Certains éleveurs disposent de courettes en graviers, voire en herbe, mais ce n'est pas l'idéal car:
   - le nettoyage et la désinfection sont fort difficiles;
   - il peut facilement se constituer de véritables "nids" microbiens et parasitaires (il suffit pour s'en convaincre de gratter la couche superficielle de graviers).

La couleur rousse de la robe n'est pas rare

Husky robe pinto

2. Si l'on procède à un nettoyage quotidien des excréments, il convient de prévoir chaque année un *stock de gravier* de remplacement.
3. Les *parois* devront être suffisamment hautes (le Husky saute très haut, surtout s'il part du toit de la niche), et très solides (il nous est souvent arrivé de constater la fugue de Huskies ayant véritablement dévoré un grillage trop peu résistant). Concernant le grillage, celui-ci, outre sa solidité, sera enfoui profondément (ou noyé dans la maçonnerie), le Husky étant également un remarquable "terrassier"... Dans le cas de chiens trop "sauteurs", le grillage viendra en retour vers l'intérieur de la courette, sur une hauteur de 25 à 50 cm de dévers.
4. Une *haie* de troènes ou d'autres arbustes entourant le chenil protégera celui-ci du vent et il est toujours possible d'envisager la construction d'un toit, solution qui semble idéale, même si celui-ci ne recouvre qu'une partie de la courette. La conception de la courette devra prévoir, en cas d'élevage, une séparation entre la maternité et le chenil de maintenance.
5. Enfin, la *désinfection* du chenil après nettoyage est une opération importante et il faudra y penser lors de la conception du chenil (aires en pente, écoulements...).
   Le tableau 22 récapitulatif des principaux désinfectants aidera à choisir le produit le plus adapté.

Les niches

La niche est le véritable "chez lui" du chien; elle doit offrir un volume clos au maximum, si possible isotherme (conservation de la chaleur de l'animal en hiver; échauffement moindre en été). A ce sujet, le bois constitue sans aucun doute le matériel de choix et dès lors toutes les utilisations semblent possibles. De vieux barils constituent pour le Husky d'excellentes niches, néanmoins on pourra leur préférer des niches à toit plat et amovible (plat car le Husky aime dormir dessus, amovible car il est ainsi plus facile de

Tableau 22

Tableau récapitulatif des principaux désinfectants (d'après le Dr. Cloche)

	Soude	*Chlores*	*Iodophores*	*Formol*	*Phénoliques*		*Ammoniums quaternaires*
					naturels	*de synthèse*	
Utilisation en solution dans des eaux dures	Non	±	Oui		±	Oui	Quelques-uns
Propriétés mouillantes	Non	Non	Oui	Non	Oui	Oui	Oui
Propriétés détergentes	Oui	Non	Oui	Non	Oui	Oui	Oui
Corrosion des métaux	Oui	Oui	Non	Non	Non	Non	Non
Attaque du caoutchouc	Oui	Non	Non	Non	Oui	Non	Non
Toxicité pour l'homme et l'animal	Oui	Oui	Non	Oui	±	Faible	Non
Spectre d'activité	Assez large	Large	Très large	Très large	Très large	Large	Etroit
Efficacité en présence de matières organiques	Faible	Non	Non	Non	Oui	Oui	Oui si associé

les nettoyer de temps à autre). Les toits en pente présentent certes des avantages sur le plan de l'évacuation des eaux de ruissellement, mais comme nous avons précisé que la courette elle-même devait être en pente douce...
Les dimensions de la niche devront permettre au chien de s'y coucher commodément; on peut préconiser une longueur de 0,90 m; une largeur de 0,60 m; une hauteur de 0,65 m.
Le fond de la niche sera surélevé par rapport au sol, de façon à éviter l'humidité, à assurer une isolation thermique supplémentaire et à pouvoir nettoyer en dessous (5 cm semblent suffisants).
On évitera de placer les niches contre le grillage, de manière à éviter qu'elles ne servent de tremplin pour une escapade éventuelle.
Certains chiens peuvent apprécier une litière, laquelle sera dans ce cas renouvelée aussi souvent que nécessaire; signalons à ce titre que les fougères sèches possèdent des propriétés antiparasitaires.

Un toit de niche plat est idéal

Il nous faut enfin évoquer un dernier problème d'hygiène fréquemment rencontré en chenil en période estivale, qui consiste en la pullulation des mouches; après avoir testé de nombreux antiparasitaires de sophistication variée, il faut bien reconnaître que le bon vieux "papier tue-mouches" se révèle encore être le plus efficace.

Le plein-air intégral

Comparativement à d'autres races, le Husky de Sibérie présente ceci de particulier qu'il est sans doute parmi les chiens les plus résistants au froid. C'est pourquoi il est toujours possible d'envisager comme logement la solution la plus usitée en Alaska et au Canada: le "stake-out" permanent. Dans ce cas, chaque chien dispose d'une niche individuelle sommaire et est rattaché à un piquet par une chaîne. Cette dernière ne dépassera pas 3 mètres de long, ce qui permettra toutefois au chien de se mouvoir dans un espace suffisamment grand. La seule précaution consiste à placer sur le piquet un "chapeau" (morceau de pneu), afin de prévenir tout accident consécutif à un saut. La chaîne pourra être fixée à un anneau scellé dans le sol ou accroché à la niche. Un dernier système est également parfois utilisé et offre au chien une possibilité d'exercice accrue: le trolley; dans ce cas, le chien dispose d'une niche et sa chaîne est reliée à un câble tendu à une hauteur proche de 2 mètres (pour certains, cette méthode serait source d'agressivité; nous n'en avons jamais été le témoin).
En conclusion, nous voyons que l'élevage du Husky de Sibérie présente finalement assez peu de particularités comparativement à d'autres races. Celles qui nous intéressent plus particulièrement touchent en fait à la finalité sportive de ce chien; c'est pourquoi l'éleveur sera parfaitement attentif au bon déroulement de la croissance, mais sera également amené à se pencher sur des aspects d'éducation et d'entraînement envisagés dans le prochain chapitre.

Pulka et traîneau, le Husky de Sibérie: chien de sport

Quoi de plus beau qu'un attelage de Huskies de Sibérie sur une piste enneigée?
Quoi de plus enthousiasmant que l'effort partagé par le chien et l'homme en course de pulka?
Traditionnel dans de nombreuses contrées, l'attelage de chiens est d'abord tombé en désuétude avec l'avènement des moyens de transport mécaniques. Il revit aujourd'hui dans le monde entier grâce aux randonnées et aux compétitions, et est devenu un des sports les plus agréables qui soient, combinant le respect de l'écologie, la vitesse, et l'énergie sportive... Il est pour l'enfant la meilleure approche possible à une certaine éthique de vie, alliant nature, compagnie animale et sport. Cette évocation, bien que sans doute trop "technique" par certains aspects, se veut un modeste hommage à tous les propriétaires de chiens nordiques (Huskies en particulier) qui ont permis l'évolution du sport et ont rendu ces animaux à leur seule et unique vocation.

ORIGINES ET HISTORIQUE DU SPORT DE TRAINEAU

L'histoire du sport de traîneau nous impose de quitter le strict domaine du Husky de Sibérie, puisque nous avons vu que la race en elle-même peut être considérée comme fort jeune.

Les premières traces de traîneaux à chiens remontent à environ 4 millénaires (tribus nomades du Nord du lac Baïkal en Sibérie). Rappelons que pendant des siècles, l'art de conduire des traîneaux attelés à des chiens fut porté à un haut niveau chez certains peuples sibériens (Chukchis, Samoyèdes), qui utilisaient d'ailleurs leurs chiens comme compagnons, gardes, chiens domestiques, chasseurs, bergers et chiens de traîneau...
A l'origine, le chien de traîneau était donc essentiellement un chasseur et celui qui survivait dans le climat rigoureux de Sibérie était fort, pourvu d'une épaisse fourrure et ressemblait à un loup. C'était l'ancêtre, nous l'avons déjà évoqué, des races dites "nordiques" d'aujourd'hui.
Non seulement leur pelage était épais, mais ils développèrent un sous-poil dense afin d'assurer une meilleure protection contre le vent et le froid. Leurs oreilles étaient courtes, pour minimiser les déperditions de chaleur et remplies de poils soyeux et isolants. Leurs coussinets plantaires étaient durs, pour leur permettre d'endurer des kilomètres de poursuite sur un terrain gelé et irrégulier.
Hommes et chiens, étroitement dépendants l'un de l'autre, ont probablement migré ensemble, à travers le détroit de Béring pris par les glaces, vers l'Amérique du Nord. Dans ce qui constitue maintenant l'Alaska, d'innombrables générations de descendants des premiers peuples sibériens ont dépendu de leurs chiens pour le transport.
Signalons à ce niveau une seconde origine possible du mot "Husky": connu au travers des régions arctiques les plus à l'Ouest sous l'appellation Husky, le chien de traîneau originel, aurait également tiré son nom moderne d'un mot d'argot indien algonquin dérivant du terme "esquimau", qui signifie "mangeur de viande crue".

Utilisation originelle des chiens de traîneaux

Un aperçu de l'utilisation de ces chiens depuis des temps

reculés peut vous être fourni par un travail mené par notre confrère Christophe Gau en 1984 auprès de la Faculté Vétérinaire de Copenhague et concernant cette fois-ci le Groenland.

Un moyen de transport

Dans un récit historique de 1763, *Description et histoire naturelle du Groenland*, H. Egede (missionnaire et évêque du Groenland) écrivait: “Les habitants du Nord s'en servent au lieu de chevaux pour tirer sur la glace leurs traîneaux chargés de leurs chiens marins et les conduire à leurs habitations. On attelle 4, 6 quelquefois 8 à 10 chiens devant un traîneau qui peut être chargé de 5 à 6 chiens marins et du Groenlandais lui-même. Ils tirent une telle charge plus vite que ne le feraient nos chevaux et ils font, dans cet état, sur la glace, jusqu'à 15 miles d'Allemagne dans un jour d'hiver...” Les chiens sont ainsi utilisés comme moyen de transport été comme hiver.

L'hiver

Les premiers à leur faire tirer de lourdes charges furent les Chukchis, en Sibérie. Souffrant de disette chronique, ceux-ci durent inventer un nouveau moyen de transport, non seulement suffisant pour permettre un accès aux sources de nourriture sujettes à caution, mais aussi supérieur à ceux des autres peuples arctiques compétitifs. Les Chukchis développèrent donc le chien de traîneau en tant que moyen de transport rapide et fiable pour de longs voyages sur une surface irrégulière.
De même, à travers la partie septentrionale de l'Amérique du Nord, au Groenland et au Labrador, les déplacements se font aussi, durant la plus grande partie de l'année, sur neige et glace; ainsi, le traîneau à chiens fut rapidement considéré comme la méthode idéale de déplacement dans ces régions.

Au Groenland, de nos jours encore, la simple visite d'amis ou de parents se fait parfois en traîneau à chiens.

L'été

En été, les peuples migrateurs sibériens utilisaient leurs chiens comme des animaux de bât; les denrées se trouvaient alors placées dans deux petits sacs attachés ensemble, un de chaque côté du chien (figure 50).
Certains sacs étaient d'ailleurs énormes et lors d'une marche, un chien pouvait transporter, pendant une journée entière, un fardeau de trente à quarante kilos!

DES CHASSEURS HORS PAIRS

Les chiens nordiques sont d'instinct des chiens efficaces en matière de chasse quel que soit le gibier:
- l'élan: les "Tungus" de Sibérie dressaient leurs chiens à aboyer lorsqu'ils voyaient un élan;
- le caribou: dans ce cas, les chiens poursuivaient les ani-

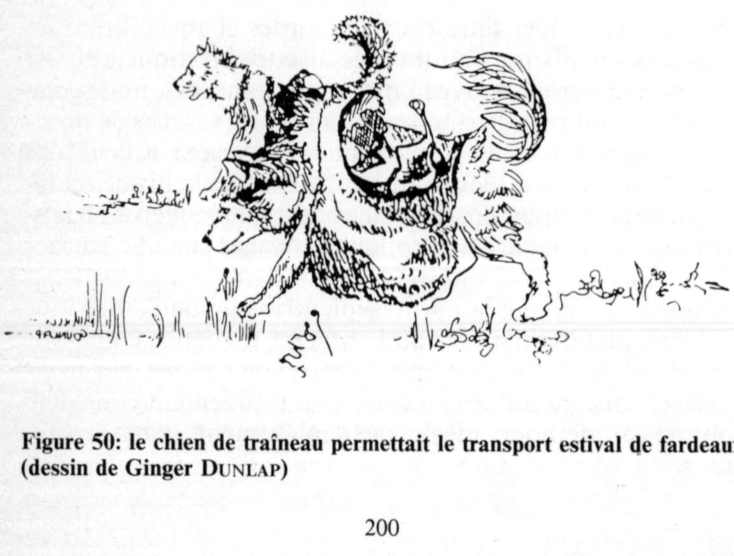

Figure 50: le chien de traîneau permettait le transport estival de fardeaux (dessin de Ginger DUNLAP)

maux blessés de manière telle que ceux-ci tournent en cercle et finissent par revenir à leur point de départ;

- l'ours: les chiens étaient utilisés pour repérer les animaux, encore que les Alaskans restent "prudents dans ce domaine", tous les chiens n'étant pas intéressés par l'ours (en fait, beaucoup sont peureux et se contentent de regarder les autres agir);
- le phoque: les indigènes côtiers de la Sibérie préhistorique furent probablement les premiers à utiliser leurs chiens pour trouver des phoques sous la glace océanique. La technique utilisée a d'ailleurs été décrite par Holtved à propos des esquimaux de "King William Land" (arctique canadien): "Chaque Esquimau marche avec des chiens entraînés, au bout de longues laisses, sur la glace couverte de neige. Lorsque les chiens commencent à tourner autour d'un endroit précis avec excitation, ils sont tirés en arrière et maintenus à distance, sous le vent. Le chasseur confirme alors à l'aide d'un harpon l'existence du trou et dès lors, hommes et chiens attendent patiemment le retour du phoque afin de le tuer..."

Un véritable "chauffage central"

Une dernière "valorisation" des chiens de traîneaux en région arctique mérite enfin d'être signalée; il s'agit de leur utilisation comme moyen de chauffage. En effet, leur fourrure et la chaleur qu'ils dégagent furent longtemps utilisées pour lutter contre le froid dans les igloos. Ainsi, et encore de nos jours, certains peuples mesurent-ils encore le froid par le nombre de chiens nécessaires à les tenir au chaud:

- "one dog night" en automne (nuit à un chien);
- "three dogs night" en hiver (nuit à trois chiens).

Depuis des centaines d'années, les chiens de traîneaux ont apporté la plus forte contribution qui soit à la survie des indigènes des régions arctiques. L'augmentation de mobilité liée à l'utilisation de chiens tractant des traîneaux autorisèrent ces tribus à étendre leurs territoires de chasse. Certains des anciens sibériens étaient des éleveurs de rennes compétents et des attelages de rennes furent également utilisés pour tirer des traîneaux. Cependant, ce fut le chien, plus adaptable à des conditions hostiles et variées qui se révéla comme étant le meilleur en la matière.

Les expéditions polaires

Il n'est pas envisageable, dans cet ouvrage, de dresser un quelconque tableau exhaustif de l'utilisation du chien de traîneau en expédition polaire, ce d'autant plus que le Husky de Sibérie ne fut en fait que rarement impliqué. Nous renvoyons le lecteur intéressé au célèbre et remarquable livre de Paul-Emile Victor, *Chiens de Traîneaux, Compagnons du risque*.

La liste des explorateurs qui doivent réussite et survie à leurs chiens, depuis le XVIIIe siècle, serait en effet par trop longue à détailler: Roald Amundsen, Richard Byrd, Peter Freuchen, Adolphus Greely, Fridtjof Nansen, Robert Peary, Knud Rasmussen, Ernest Shackleton, Otto Sverdrup, et bien sûr Paul-Emile Victor...

Dans tous les cas, les comparaisons effectuées entre le chien et tout autre mode de transport se sont révélées favorables à la traction animale (cf. tableau 23). La meilleure preuve en est sans doute l'armée danoise, dont les patrouilles côtières du Groenland disposent encore de nombreux attelages de chiens.

Et en 1938, un sergent de la police du Yukon écrira: "Les moyens de transport modernes ont pénétré ces dernières années les régions nordiques; avions et tracteurs sont utilisés. Ce n'est pas de chance pour les attelages à chiens qui vont devenir complètement démodés, car, si c'est un moyen de locomotion assez lent, c'est aussi un moyen qui demande autant d'efforts de la part du conducteur que des chiens".

Tableau 23
COMPARAISON, À TITRE INDICATIF, DES PERFORMANCES D'UNE ÉQUIPE DE CHIENS ET DE CELLES DES VÉHICULES MÉCANIQUES D'UNE EXPÉDITION POLAIRE BRITANNO-SUÉDO-NORVÉGIENNE (1949 À 1952)

	Véhicule	*Traîneau à chiens*
Charge utile (kg)	450 à 650	450 à 600
Kilométrage journalier	10 à 50	15 à 60
Vitesse moyenne (km/h)	10	7
Coût comparatif au km	1	4
Coût comparatif à l'achat	1500	1

Dès lors, le chien de traîneau aurait pu subir une évolution similaire à celle du cheval dans nos pays, mais, comme pour ce dernier, le sport est venu à son secours.

L'histoire du sport de traîneau

La reconnaissance du traîneau à chiens en tant que discipline sportive remonte au début de notre siècle...

LES PREMIÈRES COURSES EN AMÉRIQUE DU NORD

C'est en 1907 que fut fondé le "Nome Kennel Club", afin de permettre l'organisation, un an plus tard, de la première course officielle de traîneaux à chiens, l'"All Alaska Sweepstakes". Albert Fink, un avocat de Nome, en fut le premier président et établit le règlement de cette première course:
- tous les conducteurs devaient être membres du Nome Kennel Club;
- tous les chiens devaient être enregistrés au Club;
- le conducteur pouvait avoir autant de chiens qu'il le désirait, mais tous ceux qui prenaient le départ de la course

étaient ramenés à l'arrivée, soit dans l'attelage, soit sur le traîneau; les chiens étaient identifiés et marqués au départ afin d'éviter une substitution durant la course.
- quand deux attelages se trouvaient fort rapprochés (l'un derrière l'autre), l'attelage rattrappé devait céder le passage immédiatement en s'arrêtant et attendre un certain laps de temps avant de repartir. Une longue liste de règles techniques était ensuite fournie et nous verrons que celles-ci sont à la base de tous les règlements de course.

Au long des 408 miles du trajet aller-retour Nome-Candle-Nome, des légendes sont nées, telle celle de Leonhard Seppala, cet émigré norvégien qui restera sans doute à jamais le plus grand nom du sport de traîneau. Avec des attelages de Huskies de Sibérie, Seppala va remporter la course en 1915, 1916 et 1917 (cf. tableau 24) et un de ses rivaux, vaincu et découragé, écrira: "Cet homme est un surhomme. Il m'a doublé chaque jour de la course, et pourtant je ne lambinais pas. Je ne le voyais même pas conduire ses chiens et pourtant ceux-ci tiraient comme jamais je n'avais vu des chiens tirer auparavant. Quelque chose "passait" entre ses chiens et lui que je ne saurais définir; quelque chose de surnaturel, une sorte d'hypnotisme..."

Tableau 24

RÉSULTATS DES 10 PREMIÈRES ÉDITIONS DE L'"ALL ALASKA SWEEPSTAKES"

Année	*Vainqueur*	*Race de chiens*	*Moyenne horaire (miles par heure)*
1908	John Hagness	croisés Malamutes	3,51
1909	Scotty Allan	croisés Malamutes	4,97
1910	John Johnson	Huskies de Sibérie	5,58
1911	Scotty Allan	croisés Malamutes	5,05
1912	Scotty Allan	croisés Malamutes	4,66
1913	Fay Delzene	croisés Malamutes	5,39
1914	John Johnson	Huskies de Sibérie	5,04
1915	Leonhard Seppala	Huskies de Sibérie	5,18
1916	Leonhard Seppala	Huskies de Sibérie	5,06
1917	Leonhard Seppala	Huskies de Sibérie	–

Tableau 25

PARTICIPATIONS ET RÉSULTATS DES ATTELAGES DE HUSKIES DE SIBÉRIE LORS DES 10 PREMIÈRES ÉDITIONS DE L'"ALL ALASKA SWEEPSTAKES"

Année	*Place*	*Conducteur*	*Moyenne horaire*
1908	aucun attelage de Siberian Huskies		
1909	3e	Thurstrup	4,54
1910	1e	J. Johnson	5,58
1910	2e	Ramsey	5,34
1911	3e	C. Johnson	4,80
1912	3e	C. Johnson	4,59
1913	2e	J. Johnson	5,28
1914	1e	J. Johnson	5,04
1915	1e	L. Seppala	5,18
1916	1e	L. Seppala	5,06
1917	1e	L. Seppala	—

Nous reviendrons sur cette relation homme-chiens, parfaitement indéfinissable et scientifiquement inexplicable, qui fait parfois encore la différence en compétition.

Le Husky de Sibérie, quant à lui, fit d'emblée son entrée dans la course, et nous avons vu que ce sont ses résultats (tableau 25) qui auront finalement grandement contribué au développement de la race.

Par la suite, les courses de traîneaux à chiens vont se multiplier en Alaska (Nome-Fort-Davis-Nome; Joy Race; Salomon Derby...) et gagner peu à peu toute l'Amérique du Nord. C'est ainsi qu'un autre berceau des courses voit le jour, La Nouvelle Angleterre, ceci grâce au travail du "New England Sled Dog Club", fondé en 1924. Petit à petit, le public étant de plus en plus nombreux, les courses se déroulant pour partie dans les rues mêmes des villes, le sport se développe. Il se modifie aussi: les distances se réduisent afin

de donner une part plus belle au spectacle et les premières courses de sprint apparaissent (3 manches de 6 à 30 miles selon les catégories).
En 1932, les Jeux Olympiques d'hiver de Lake Placid permettent l'apparition des courses de traîneaux comme sport de démonstration et remportent par là-même un vif succès auprès du nombreux public.
Vient ensuite la seconde guerre mondiale, qui met un frein au développement des compétitions. Mais, quelques mois après l'armistice, Anchorage et Fairbanks prennent officiellement en main l'organisation de grandes courses. Et, en 1971, le gouvernement de l'Etat d'Alaska proclame officiellement les courses de traîneaux à chiens *sport national.*

Les grandes courses américaines en 1985

Aujourd'hui, il est pratiquement impossible de dénombrer exactement l'ensemble des courses qui se déroulent sur le continent nord-américain chaque année; sans doute plusieurs centaines...
L'Alaska est néanmoins resté le fief incontesté du sport et il est quelques courses dont la renommée est actuellement mondiale:
- *l'Iditarod,* bien sûr; la plus longue, la plus dure, la plus célèbre aussi de par son prestigieux passé, nous y reviendrons plus loin;
- *l'All Alaska Sweepstakes,* la plus ancienne;
- *le Fur Rendez-Vous,* que les américains considèrent comme étant le véritable championnat du monde de sprint et qui enflamme chaque année des dizaines de milliers de spectateurs répartis le long de la 4e avenue d'Anchorage.

Ainsi sont nées d'autres légendes, d'autres grands noms, de Joe Redington Sr, le plus grand (73 ans aujourd'hui) à notre confrère "Doc" Lombard, en passant par Earl Norris (l'éleveur de Huskies de Sibérie, lui-même coureur (le plus célèbre au monde), Eddy Stripper (Champion du Monde 1985),

Harris Dunlap, Rick Swenson (sans doute le meilleur compétiteur actuel), Susan Butcher et bien sûr George Attla. Ce dernier, célèbre pour sa jambe raide due à une tuberculose osseuse, était à l'origine du film *Spirit of the wind* (*l'esprit du vent*), malheureusement retiré trop tôt des écrans...
Certains diront bien sûr que nous nous éloignons du sujet, (seul Earl Norris court avec un attelage de Huskies de Sibérie), mais comment passer sous silence ceux qui ont tant fait pour ce si magnifique sport, même si leurs chiens sont résolument "hors-standard" (on parle en effet d'"Alaskan Huskies", n'importe quel chien, avec ou sans pedigree, pouvant participer aux courses aux Etats-Unis et au Canada).

L'ÉVOLUTION EN SCANDINAVIE

S'il est bien un autre berceau du sport de traîneau, il s'agit de la Scandinavie (Norvège et Suède essentiellement). Nous l'avons jusqu'à maintenant volontairement passé sous silence pour plusieurs raisons:

- d'abord, la législation sanitaire actuelle en matière de protection contre la rage fait que ces pays se trouvent totalement isolés des autres en terme de compétition. L'obligation d'une "quarantaine" de plusieurs mois à l'entrée des chiens dans ces pays fait qu'il est impossible pour un étranger d'aller y concourir, ou pour un Scandinave de sortir de son pays avec ses chiens;
- de plus, la réglementation de course, si elle astreint à l'utilisation en course de chiens de races, ne fait aucune distinction entre ces dernières, ce qui fait qu'aux derniers championnats de Norvège, par exemple, le premier attelage de Huskies de Sibérie figurait en neuvième position derrière huit attelages de Braques ou de Pointers!

La discipline la plus en vogue en Scandinavie n'est d'ailleurs pas le traîneau mais la pulka, sport qui associe ski de fond et traîneau: le skieur de fond est relié par une cordelette à son attelage, composé en moyenne de un à trois chiens qui traînent une barquette lestée.

Le fait d'utiliser des chiens de chasse comme chiens de traîneaux, ceux-ci se révélant plus rapides que des chiens nordiques sur des distances relativement courtes (chaque manche fait de 8 à 25 km selon la catégorie), ne va d'ailleurs pas sans imposer certaines précautions, dont certaines peuvent se révéler cocasses:

- petit manteau avant et après la course;
- duvets individuels pour les chiens devant passer la nuit dehors entre deux manches, etc.

  Quoi qu'il en soit, et bien qu'aucune confrontation directe n'ait encore été possible, les Norvégiens paraissent être les Européens les plus rapides du moment!

Le sport de traîneau en Europe non septentrionale

L'avènement des courses de traîneaux à chiens en Europe non septentrionale remonte aux années 60, sous l'impulsion du Club Suisse du Chien Nordique du Docteur Thomas Althaus et du célèbre juge Paul Nicoud. C'est en 1965 que se tint le premier Camp du Traîneau Suisse, première occasion pour quelques pratiquants d'alors de réellement découvrir ce sport tel qu'il était pratiqué en Amérique du Nord.
Très vite, un circuit hivernal de course se créa en Suisse (Lenk, Saignelégier, Saint-Cergue, Saint-Sils Moritz) et en Allemagne (Todtmoos, Bernau...), pour atteindre la France en 1979 (le 26 février) avec une première course organisée au Col de la Schlucht. C'est ainsi que naquit en 1979 le C.P.T.C. (Club de la Pulka et du Traîneau à Chiens), sous l'impulsion de Thierry Bloch, Monique Bene, Yannick Belmont et Gilles Malaterre, affilié quelques temps après à l'E.S.D.R.A. (European Sled Dogs Racing Association).
Depuis, ce sport n'a cessé, en France, de croître et d'embellir, le nombre d'attelages augmentant sans cesse, et il vient d'être reconnu en tant que tel en recevant l'agrément du Ministère de la Jeunesse et des Sports. Le Club de la Pulka et du Traîneau à Chiens est donc devenu une Fédération Sportive à part entière (Fédération Française de Pulka et Traî-

Trois groenlandais et un Husky blanc: un des meilleurs attelages d'Europe en la personne du suisse Pascal Nicoud

neau à Chiens), qui compte maintenant près de 400 membres et regroupe une douzaine de clubs régionaux.
Pendant ce temps, un club européen (le Trail Club d'Europe) s'était créé en 1973, en suivant les grandes lignes de la réglementation I.S.D.R.A. (International Sled Dog Racing Association) et organisa, dès 1974, un championnat en Suisse et un championnat européen en Allemagne.
C'est actuellement l'E.S.D.R.A. qui chapeaute les différentes structures nationales suisse, allemande, française, hollandaise, belge, danoise, norvégienne, suédoise et autrichienne; elle est de ce fait responsable de l'organisation des championnats d'Europe (1985 à St. Moritz, Suisse; 1985 à Todtmoos, Allemagne; 1986 aux Fourgs, France), lors desquels s'affrontent depuis 2 ans les sélections nationales. A ce titre,

rendons ici hommage à Henriette Verny, première Française championne d'Europe (catégorie C) en 1985 et à Daniel Metz, médaille de bronze en pulka aux mêmes championnats. Deux médaillés à un championnat d'Europe, reconnaissons que bien des sports pourtant plus riches en pratiquants aimeraient pouvoir en dire autant!
Pour revenir à la France, 8 courses furent organisées en 1984-1985: Chamrousse (Isère); Prémanon (Jura); Les Fourgs (Doubs); Retord-Cuvery (Ain); Sedan (Ardennes); La Schlucht (Vosges); La Pesse (Doubs, seule course dite "longue distance", c'est-à-dire de près de 100 kilomètres).

POUR MIEUX CONNAITRE LES COMPETITIONS DE TRAINEAU

Avant de revenir plus spécifiquement au Husky de Sibérie et à ses particularités liées à la pratique sportive, il nous apparaît utile, désirant faire partager notre passion, de fournir au lecteur quelques éléments qui lui permettront de mieux connaître la pulka et le traîneau à chiens... et, qui sait, de venir un jour nous retrouver sur les pistes enneigées!
Alliant le travail de l'animal et les compétences sportives de l'homme, ce sport à la fois millénaire et très jeune, surprendra les spectateurs qui, comme l'écrit notre ami Thierry Bloch "osant courageusement braver la réputation de férocité de ces chiens, se retrouvent débarbouillés des pieds à la tête par de "gentils toutous" sollicitant caresses et autres "gratis bedons".

Les chiens

LES DIFFÉRENTES RACES UTILISÉES

Conformément à la réglementation de l'European Sled Dog Racing Association, seules quatre races de chiens nordiques sont actuellement autorisées à concourir: le Malamute d'Alaska; le Groenlandais; le Samoyède et bien sûr le Husky de Sibérie. Connaissant maintenant très bien ce dernier, nous donnerons quand même quelques précisions sur les trois autres races utilisées.

Le Malamute d'Alaska

C'est la race la plus puissante, mais aussi la moins rapide des quatre. Originaire d'Alaska, ce chien porte le nom de la tribu d'Esquimaux qui en fit la première l'élevage: les Mahlemuts (mot qui signifie "les hommes qui vivent à l'endroit où il y a de grandes vagues"). C'est un chien grand, massif, solidement bâti et possédant une allure générale puissante et lourde. Le crâne est large, surmonté de petites oreilles droites. La poitrine est large et profonde. La queue bien fournie et le poil de couverture long et assez rude. Généralement marrons foncés, les yeux s'accordent avec un pelage allant du noir au gris-clair et possédant toujours du blanc.
Très populaire au Nord-Est des Etats-Unis, le Malamute est arrivé en Europe dès 1959 (Grande Bretagne) et fut inscrit pour la première fois en 1969 au Livre des Origines Français (L.O.F.); on dénombre actuellement environ 500 sujets inscrits dans notre pays.
En ce qui concerne ses aptitudes au traîneau, le Malamute se caractérise par sa force et son endurance; ceci explique sans doute qu'il soit de moins en moins rencontré en courses, celles-ci se déroulant encore en Europe sur des distances relativement courtes. Peut-être aussi pour son caractère parfois difficile...

Le Groenlandais

Ce chien, quant à lui, a une origine très différente de celle du Malamute, puisqu'il descend directement du chien esquimau du Groenland. A l'origine, le Groenlandais est un chien de traîneau de grande taille, très fort, bâti pour l'endurance

et donnant une impression de grande robustesse. La tête n'est pas aussi massive que celle du Malamute, mais le crâne est large. Le poil est rude, lisse, serré et toutes les couleurs de robe sont permises, hormis le chien albinos.
Comme le précise Nathalie Villa dans sa thèse de Doctorat Vétérinaire (*Les chiens de Traîneau et le Sport de Traîne* – Ecole Nationale Vétérinaire d'Alfort 1984): “Les premiers Groenlandais arrivèrent en Europe en 1913. Ils furent importés en Suisse lors de la construction de la ligne de chemin de fer de la Jungfrau, afin de remplacer les Samoyèdes, importés quelques mois plus tôt et qui s'étaient avérés trop faibles pour le travail demandé: le transport quotidien de marchandises sur une distance de 34 kilomètres et sur des pistes à 30% en neige profonde.
En France, le Groenlandais fut le premier chien de traîneau introduit en tant que tel; ceci, grâce à l'explorateur Paul-Emile Victor qui ramena ses chiens du Groenland en 1937. Il fit un certain nombre de démonstrations de chiens de traîneaux dans les Alpes, ce qui les fit connaître du grand public.
Cependant, le nombre de Groenlandais en France reste peu élevé; en 1981 on compte moins d'une centaine de sujets. Ce sont des chiens importés directement du Groenland, ou bien issus d'expéditions polaires françaises ou encore de l'élevage de la Jungfrau.
Le nombre de Groenlandais semble juste se maintenir, sans une augmentation notable dans ces dernières années”.
De conformation, le Groenlandais est plus lourd et moins rapide que le Husky de Sibérie, mais très résistant. De fait, il présente un compromis entre vitesse, charge transportée, et résistance, ce qui explique que certains attelages de Groenlandais, comme celui de notre ami Pascal Nicoud, puissent l'emporter sur les meilleurs attelages de Huskies.

Le Samoyède

Cette race voit son élevage remonter à plus de 2.000 ans,

grâce à la tribu des Samoyëd (peuple autochtone mongol, apparenté aux Lapons, et vivant en bordure de l'océan arctique en Sibérie occidentale). Excellent chasseur (une meute de ces chiens peut tuer un ours polaire), le Samoyède fut utilisé comme chien de trait ou gardien de troupeaux.

Il est, à bien des égards, le beau chien de traîneau couleur de neige si prisé des enfants. Chien de taille moyenne (inférieur aux autres races de trait), d'allure générale très compacte, le Samoyède a une tête puissante, en coin, dotée d'un crâne assez large et d'oreilles légèrement arrondies au sommet. Le poil est épais, serré, possède un sous-poil court, très doux et doit se révéler lisse, exempt de boucles. La couleur de la robe est en général d'un blanc très pur, bien qu'on puisse y observer quelques taches claires dites en "biscuit".

Il faut aller en Angleterre pour y trouver, en 1888, le premier élevage de Samoyèdes directement importés de Sibérie; le premier élevage fera son apparition en France dans les années 1918-1920 et c'est en 1950 que des amateurs de cette race se regroupèrent pour fonder, le 7 juin 1951, la R.A.S.C.N. (Réunion d'Amateurs de Samoyèdes et Chiens Nordiques), devenue depuis le C.F.C.N. (Club Français du Chien Nordique). On dénombre aujourd'hui environ 700 Samoyèdes en France, mais il faut bien avouer que ceux-ci se font de plus en plus rares en course.

En effet, si ce chien possède une allure régulière et une bonne endurance, il se révèle beaucoup moins rapide que le Husky de Sibérie, et bien moins fort que le Groenlandais. Ceci explique sans doute qu'il soit devenu en Europe un chien de compagnie plus qu'un véritable chien de traîneau.

En France, le certificat de naissance est indispensable

Dans les courses françaises et plus généralement dans le règlement de l'E.S.D.R.A., tout chien nordique participant à une compétition doit avoir au moins un certificat de naissance, c'est-à-dire être issu de parents confirmés tous les deux, donc de race pure.

Nous touchons là un point sensible de bien des races canines, à savoir la dissociation qui existe, dans bien des cas, entre chien de beauté et chien de sport ou d'utilisation. Il n'est pas de notre rôle de rentrer dans ce débat et encore moins de prendre position, mais force est de constater que la recherche de la performance peut conduire le sportif à s'éloigner quelque peu du standard. Pour notre part, nous regrettons simplement ce faux débat qui conduisit récemment un juge, lors d'une séance de confirmation de huskies, à déclarer publiquement: "encore un chien de sport... je n'en veux pas!"
Car il faut bien savoir que certaines nations ont évolué quelque peu différemment. Nous avions évoqué le cas des pays scandinaves, avec une ouverture des courses à tous les chiens, à condition qu'ils soient de race; il faut bien avouer qu'un husky semble plus dans son élément quand il court sur une piste enneigée qu'un Braque, un Pointer ou un Berger allemand.
A l'opposé, l'Alaska, berceau du sport du traîneau, a évolué de manière tout à fait différente, puisque dans ce pays tous les chiens, avec ou sans "papiers" peuvent courir. Dès lors, la sélection y a été poussée en terme d'efficacité, ce qui a amené la naissance de l'"Alaskan Husky", chien sans race, ni standard, certes, mais fort efficace...

L'Alaskan Husky: quand l'efficacité prime

Certains trouveront sans doute outrancier de consacrer quelques lignes à l'Alaskan Husky dans un ouvrage consacré au Husky de Sibérie. Nous leur demandons de concevoir qu'il est difficile de décrire en détail une race de chiens de traîneau comme le Husky de Sibérie sans même évoquer ce qui constitue la plus importante population de chiens attelés au monde...
Pour bien comprendre ce qu'est l'Alaskan Husky, il nous faut remonter dans le temps bien avant que l'on ne connaisse même l'existence du chien Chukchi.

De manière très schématique, deux peuples occupent l'Alaska:

- les Indiens (essentiellement Athabascans), qui migrèrent d'Asie voici 30.000 à 40.000 ans et s'installèrent dans la zone subarctique de l'Amérique du Nord;
- les Esquimaux, en provenance de Sibérie, et qui n'arrivèrent en Alaska il n'y a que quelques centaines d'années, après avoir occupé le Canada et le Groenland.

  Ces deux peuples amenèrent avec eux leurs chiens, constituant des souches:
- d'"Eskimo-dogs" (chiens esquimaux), proches de nos chiens de races nordiques;
- d'"Indian-dogs" (chiens indiens), que Louise Foley, en 1964, séparait encore en deux groupes: le petit chien indien (assimilable au canis familiaris palustris européen) représenté sur la figure 51 et le grand chien indien (assimilable au canis familiaris intermedius européen).

Cette diversité originelle des populations canines alaskanes fit écrire à Grover Allen, en 1920, "qu'il était pratiquement

Figure 51: le "Small indian dog" ou petit chien indien (dessin de Louise H. FOLETT 1964)

impossible de définir clairement les origines des chiens alaskans".

Le Husky de Sibérie, nous l'avons vu, ne fit son apparition en Alaska qu'au début de notre siècle et nombreux furent les éleveurs à en reconnaître les qualités; il n'en reste pas moins que, face à ces différentes souches de chiens de traîneaux de grande qualité, les conducteurs d'attelages alaskans se tournèrent vers un compromis qui devait leur permettre, par croisements successifs, de déboucher sur le chien le plus rapide et le plus endurant qui existe actuellement au monde: l'Alaskan Husky. Ce dernier, s'il conserve une allure générale "nordique" est impossible à caricaturer, donc à standardiser. Il est autant le fruit du hasard que celui d'une sélection poussée vers la performance ou la rusticité, son "standard" varie d'un éleveur à l'autre, mais il gagne et est tout aussi beau à voir courir et tout aussi gentil qu'un Husky de Sibérie de pure race..., c'est pourquoi nous ne voulions pas le passer sous silence.

L'environnement du Husky de course

Si le Husky de Sibérie possède une psychologie particulière, la pratique du traîneau ne fait qu'exacerber celle-ci et le propriétaire désireux de s'adonner au traîneau devra toujours l'avoir en mémoire.

Face à un chien de meute, pour qui celle-ci est un tout hiérarchisé sous forme de rapports "dominants-dominés" parfois forts complexes (figure 52), le conducteur d'attelage devra s'intégrer au groupe en tant que "chef suprême de la meute". Point n'est besoin de fouet pour ce faire, mais on comprend dès lors qu'une attitude par trop laxiste ou un manque d'intérêt pour ses chiens puisse se révéler catastrophique. Notre ami Yannick Belmont, un des premiers pratiquants du sport en France, ne se présente-t-il pas comme "étant l'un des éléments de la meute".

La bonne compréhension entre conducteur et chiens ne viendra pas immédiatement; il faudra plusieurs années pour

cela et de nombreuses heures passées parmi les chiens. Mais quand le déclic se produira, l'attelage donnera tout ce qu'il a en lui pour son chef, tandis qu'il partira en promenade entre les mains d'un autre. Choc émotionnel, envie de bien faire et de vaincre, interrelations affectives poussées, passage d'un "courant" entre homme (ou femme...) et chiens?
Il est encore des points que l'approche scientifique ne permet pas d'élucider, heureusement!

Une idée règne: la férocité du chien de traîneau

La réputation de férocité des Huskies de Sibérie envers l'homme est totalement surfaite, voire déplacée. En fait, ce sont les plus respectueux et les plus amicaux des chiens qu'il nous ait été donné de côtoyer. S'il est vrai que, dans le contexte arctique, ils s'avéraient être des chiens extrêmement "durs", les lois auxquelles ils se soumettaient alors répondaient toutes à l'instinct de conservation qui prime toujours en terme de comportement animal.
A l'opposé, les chiens que vous rencontrez dans la rue ou lors d'une course sont parmi les plus gentils, du moins avec l'homme. Le contact avec d'autres animaux (dont les chiens d'autres races) peut en revanche se révéler plus difficile.
Les Huskies communiquent entre eux par des attitudes:
- de soumission: couchés sur le dos, pattes en l'air, gorge vulnérable car présentée dégagée;
- de provocation: membres raides, le chien se grandit et hérisse ses poils en montrant ses crocs.

Lorsque le contact s'établit mal, des bagarres peuvent alors survenir, mais rarement jusqu'à la mort, le chien le plus faible adoptant rapidement une attitude de soumission.

Une double fourrure pour supporter le froid

Nous empruntons à Thierry Bloch (opuscule *Un sport de glisse qui a du chien...*) sa présentation de la fourrure du Husky de Sibérie: "La double fourrure de ces chiens est

Figure 52: tous les chiens respectent une hiérarchie sociale dans la meute, avec un chef de groupe dominant, qui s'impose comme étant un chien aussi fort physiquement que psychologiquement. En dessous de lui, les relations de dominance peuvent devenir fort complexes

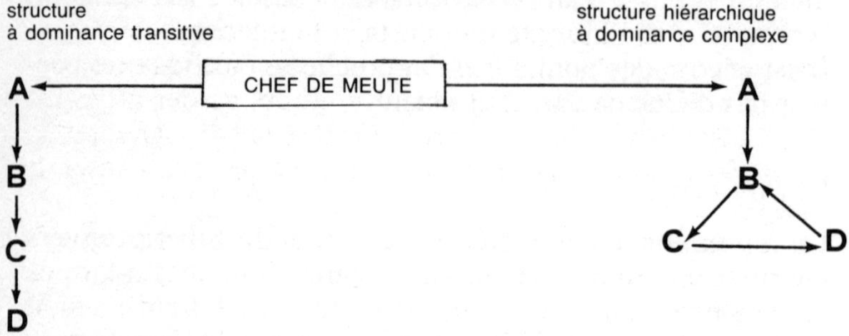

composée d'un sous-poil d'hiver laineux, légèrement gras, qui leur confère une bonne isolation thermique (jusqu'à -50° C.) et hydrofuge (ils sont difficiles à mouiller), sous-poil qu'ils perdent au printemps en grande quantité et que l'on peut carder, filer et tricoter pour s'en faire des pulls très chauds, imperméables et extrêmement solides".

Les hommes: "mushers" ou "pulkaïstes"

L'origine du mot "musher", qui désigne le conducteur de l'attelage, se retrouve au Canada. Les canadiens employaient le terme "marche" pour faire démarrer leur attelage; les américains l'ont repris sous le vocable "mush", "mushing" et "musher".
Le terme "pulkaïste" est, quant à lui, plus facile à cerner, puisqu'il désigne le skieur qui accompagne le ou les chiens tirant la pulka (petit traîneau lesté). Pour beaucoup, la pratique du sport de traîneau peut être considérée comme le choix d'un certain mode de vie: posséder plusieurs Huskies, s'en occuper, les nourrir et surtout les entraîner chaque jour

prend énormément de temps; confier un chien à des parents ou amis pour partir en vacances ne pose pas de problèmes, mettre en garde une meute de 3, 6, 10 ou 20 chiens apparaît beaucoup plus difficile... Enfin, il faut accepter de consacrer la totalité de ses loisirs et de son temps de vacances (souvent pris en totalité l'hiver) à ses chiens, il faut y consacrer beaucoup d'argent (chenil, alimentation, frais vétérinaires, déplacements en course...) et il faut toujours garder à l'esprit que les chiens vont vieillir et que, si on se laisse gagner par la passion du sport, on ne cessera de vouloir augmenter le nombre de ses chiens.
Concernant le matériel nécessaire à l'homme qui pratique ce sport, il se résume finalement à celui dont dispose toute personne qui part aux sports d'hiver pour faire du ski de fond: combinaison, parka ou anorak, gants, bonnets, lunettes... et skis si nécessaire.
Vivant sous des latitudes sans conteste beaucoup plus froides, les Lapons, Esquimaux et autres Indiens avaient, quant à eux, fait preuve d'un caractère adaptatif remarquable, en mettant au point des techniques vieilles de 10.000 ans telles que l'anorak, la parka ou les kamiks (prédécesseurs de nos "Moon-Boots": double-bottes de peau isolées par de la fourrure ou des poils de chien).

Traîneaux, harnais, attelages: le matériel nécessaire

Avant d'entrer dans le détail du déroulement d'une course, certaines connaissances techniques s'avèrent nécessaires.

Le traîneau

Historiquement, les traîneaux utilisés par les Indiens ou par les Esquimaux variaient dans leur conception et dans les matériaux utilisés selon la région dans laquelle ils étaient fabriqués, le type de conducteur et le travail demandé. Ainsi, ils étaient courts dans les régions boisées, mais longs et

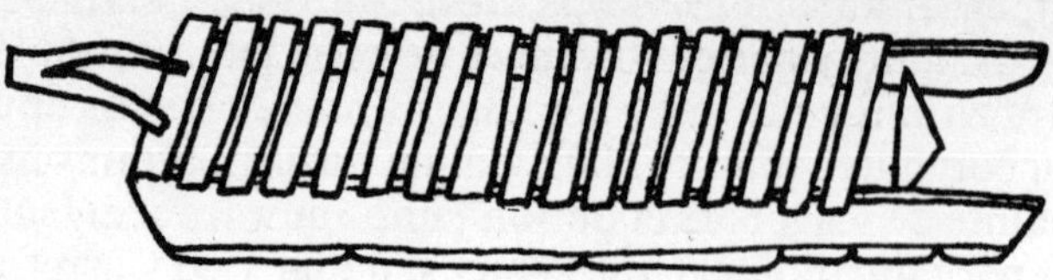

Traîneau canadien

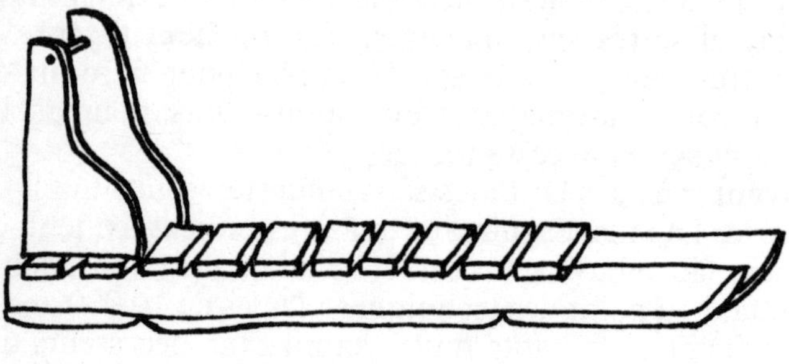

Traîneau groenlandais

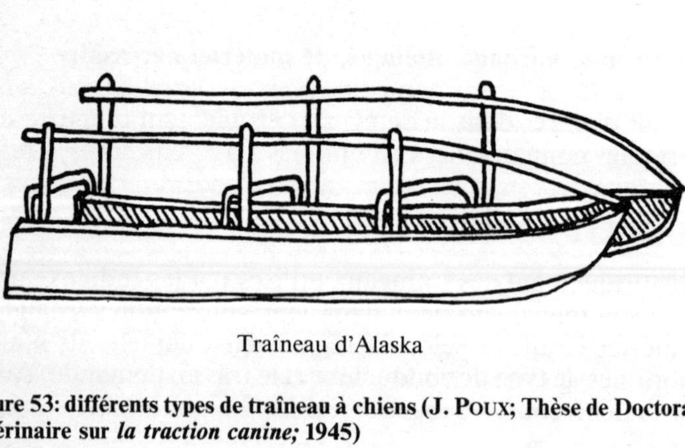

Traîneau d'Alaska

Figure 53: différents types de traîneau à chiens (J. Poux; Thèse de Doctorat Vétérinaire sur *la traction canine;* 1945)

étroits pour aller sur la glace crevassée de la banquise.
En ce qui concerne les matériaux utilisés, Paul-Emile Victor rapporte qu'il y eut des traîneaux en os de baleine, en blocs de glace taillée et même en viande gelée! Certains se servaient également d'une simple peau retournée qui glissait alors par contact des poils sur la glace.
Par la suite, le bois fit son apparition et les traîneaux se sophistiquèrent, tout en conservant leur originalité (figure 53) et des caractéristiques propres à chaque tribu.
Vinrent ensuite les traîneaux conçus par les explorateurs, parmi lesquels les plus célèbres restent sans conteste les traîneaux "Nansen" (1888) et "Paul-Emile Victor" (1937). Ces derniers sont légers, souples, résistants et montés sur skis; la souplesse leur est conférée grâce à un assemblage fait à l'aide de courroies. Le traîneau "Paul-Emile Victor" fut d'ailleurs par la suite adopté par tous les Esquimaux de la côte Est du Groenland.

LES TRAÎNEAUX DE COURSE

Ceux qui sont utilisés de nos jours diffèrent fondamentalement des traîneaux utilisés traditionnellement; en effet, aux qualités de souplesse et de solidité déjà évoquées, on doit adjoindre la légèreté et la possibilité de freiner (figure 54).
Le matériau de construction le plus employé demeure le bois (frêne surtout, voire bouleau, chêne ou érable), bien qu'on ait vu en course des traîneaux métalliques qui se révèlent vite trop rigides.
Le poids moyen d'un traîneau est d'environ 15 kilos, certains traîneaux courts descendent jusqu'à 7-8 kilos. A ce stade, signalons qu'il existe en fait trois grands types de traîneaux de course:
- les traîneaux courts utilisés en sprint (courses classiques);
- les traîneaux longs, dits traîneaux de randonnée (courses longues distances) dont le panier (on parle plus couram-

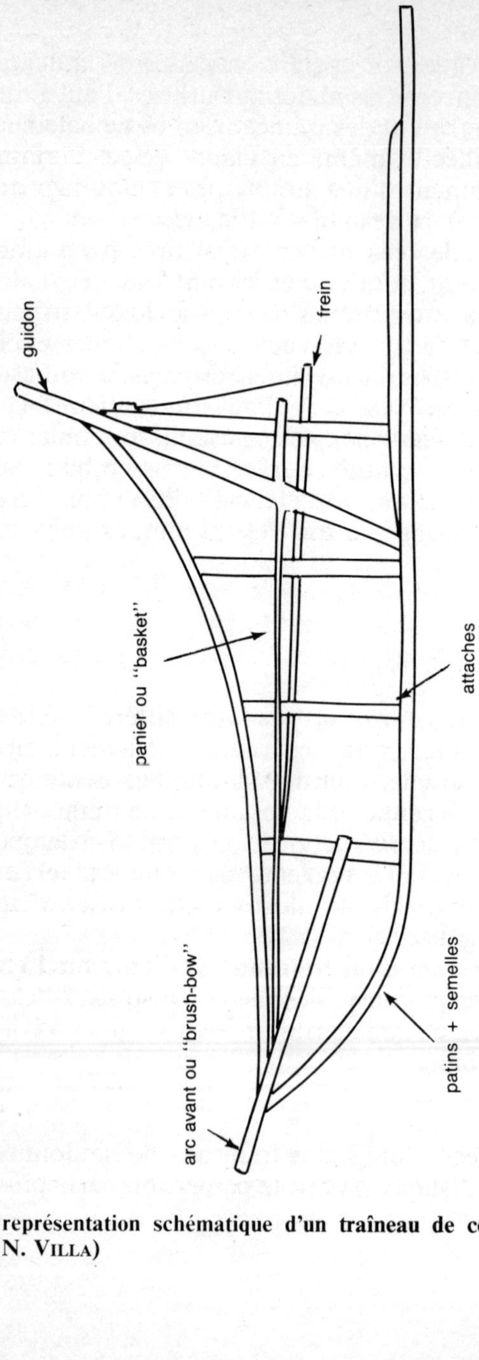

Figure 54: représentation schématique d'un traîneau de course (dessin emprunté à N. VILLA)

ment de “basket”) est plus long afin d’y mettre le matériel;
- les “toboggans”, traîneaux de randonnée dont le fond est plein (ce qui donne une meilleure assise en neige profonde) et dont le panier a disparu; ils sont utilisés en randonnée pure ou en course très longue distance.

Les parties délicates du traîneau sont les patins, l’arc-avant (ou “brush-bow”), le frein et les attaches.

• *Les patins*, encore appelés skis, nécessitent la plus grande attention, car ils conditionnent toute la glisse de l’engin. Ils seront droits, sans nœuds et courbés vers l’avant afin de bien attaquer la neige. Les quarts seront nets, afin de permettre au musher un maniement optimal du traîneau. Alors qu’autrefois, les patins étaient recouverts d’os de baleine ou de bandes d’andouillers de caribous, on y visse et on y colle maintenant des semelles de matières plastiques (du type P. Tex) qui se révèlent rapides et solides.

• *L’arc avant* du traîneau est un demi-cercle de bois qui permet en fait d’amortir les chocs éventuels ou de dévier les obstacles légers (arbustes); c’est une des pièces les plus souvent changées sur un traîneau.

• *Le frein* est en fait une demi-mâchoire d’acier fixée en position médiane, entre les pieds du musher. Fixé à l’avant par une charnière sur une barre transversale du traîneau, sa partie arrière (munie de la demi-mâchoire) est en fait suspendue à l’aide d’un ressort ou de gros élastiques, ce qui assure son rappel. Son efficacité, si elle est réelle avec un petit nombre de chiens, devient vite illusoire au fur et à mesure que l’attelage s’allonge.

• *Les attaches*, enfin, permettent de réunir entre elles toutes les pièces du traîneau. Elles sont constituées de mortaises (pièces s’insérant les unes dans les autres) et par des cordelettes de nylon enroulées sur elles-mêmes.

La pulka

La pulka, dont l’origine est purement scandinave est, à la

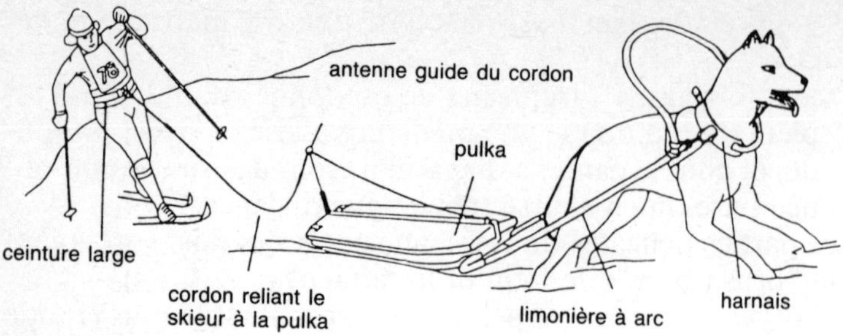

Figure 55: le matériel nécessaire à la pratique de la pulka

base, une solution astucieuse pour la pratique du raid ou de la randonnée en terrain nordique. Chez nos voisins du Nord, en effet, l'hiver se prolongeant durant six mois, les randonneurs ont pu très tôt apprécier la présence de leurs compagnons à quatre pattes sur les étendues enneigées. Comme le précisait il y a peu de temps Daniel Metz (notre meilleur représentant, 3e aux derniers championnats d'Europe) dans *Ski de Fond Magazine*: "En Norvège, ce sport s'est tourné vers la compétition il y a une douzaine d'années à peine et, depuis, a connu un essor considérable comme d'ailleurs en Suède ou en Finlande. Dans ces pays, il existe donc des fédérations très bien structurées et très bien rodées, regroupant plusieurs milliers de licenciés... Les Norvégiens, en particulier, préparent déjà une éventuelle participation des "pulkaïstes" aux Jeux Olympiques de 1992, de même qu'ils font tout pour imposer Lillehamer comme candidat à ces mêmes jeux... Les scandinaves considèrent donc la pulka comme une spécialité du ski de fond et les compétitions se déroulent dans cet esprit. En effet, on retrouve les mêmes règlements et en particulier des parcours 1/3 montée, 1/3 plat, 1/3 descente avec des championnats de 15 et de 30 km courus en une seule manche (ce qui diffère de ce que nous connaissons en France). Il existe même des courses longues

Le repos bien gagné

Yeux particolores

distances avec départ en ligne, telle la "Seppala Lopet" qui aligne plusieurs centaines de pulkas".
Moins nombreux en Europe non septentrionale, les pulkaïstes y sont encore une partie intégrante du sport de traîneau, en particulier pour les pistes employées (voir le règlement et le déroulement des courses étudiés plus loin). Du point de vue du matériel, les pulkas (figure 55) sont construites en bois depuis près de 50 ans et en matière plastique renforcée de fibre de verre depuis 10 ans.
La charpente d'une pulka de bois est faite de bouleau massif, tandis que le fond et les côtés sont en contreplaqué du même bois. Ce matériau, particulièrement approprié, résistant et stable, est imprégné de pur goudron de bois afin de la rendre imputrescible et pratiquement inusable. Les patins latéraux des pulkas en bois sont renforcés de laiton afin d'en limiter l'usure et de faciliter la traction.
Depuis relativement peu de temps, l'utilisateur peut également disposer de pulkas en fibre de verre qui, bien que plus onéreuses, se révèlent pratiquement inusables.

Les harnais

Harnais de traîneau (figure 56) et harnais de pulka (figure 57) diffèrent considérablement dans leur conception. De plus, il faut bien avouer que ceux-ci ont subi, ces dernières années, des évolutions non négligeables et que chaque fabricant a pu proposer "son" modèle.
Retenons simplement qu'un harnais doit parfaitement s'adapter à l'anatomie du chien, en le laissant libre de ses mouvements, tout en permettant une répartition optimale des forces de traction entre les épaules et le poitrail, sans bien sûr étrangler le chien dès qu'il va tirer.

Les lignes de trait

Les lignes de trait sont actuellement composées de cordes en nylon tressé creuses. Lors de courses longues distances (type

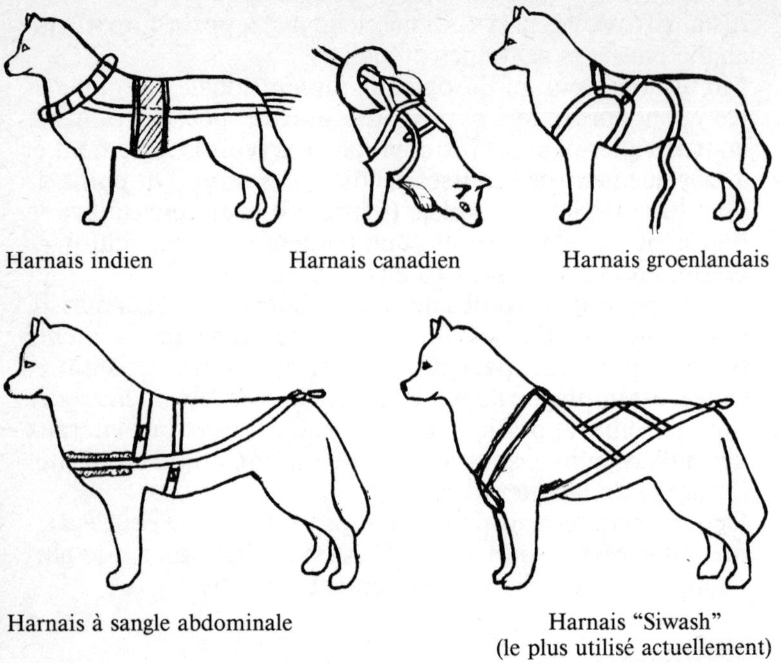

Figure 56: les différents types de harnais (d'après J. Doux, 1945 et B. Levorsen, 1976)

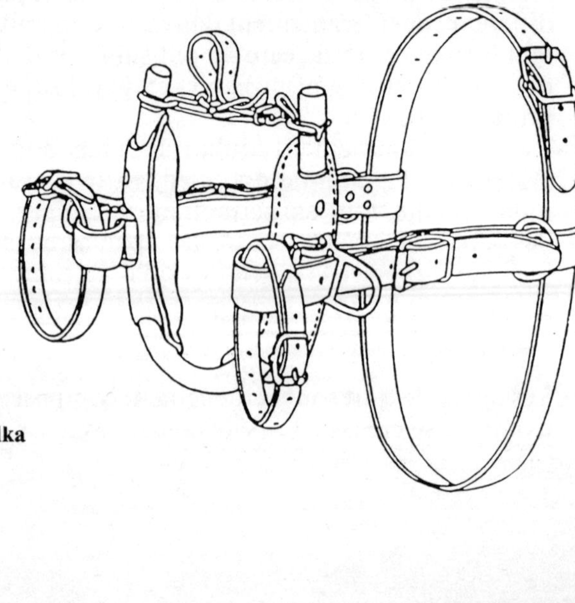

Figure 57: détail d'un harnais de pulka

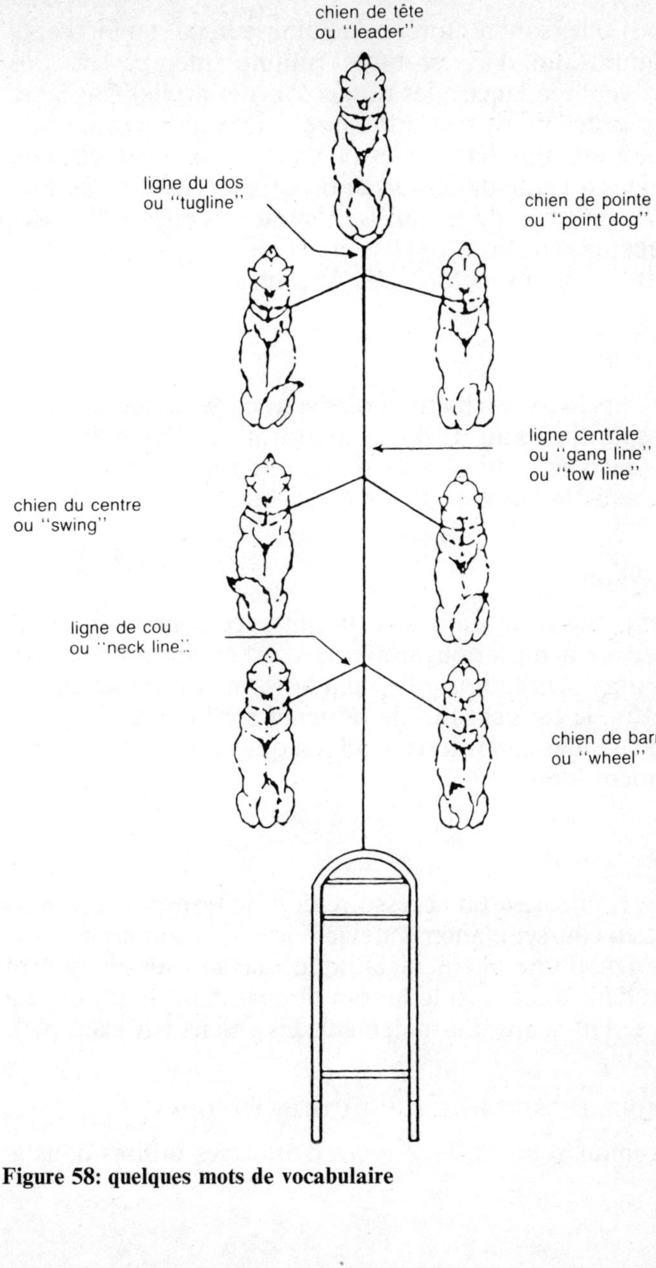

Figure 58: quelques mots de vocabulaire

Iditarod), elles sont renforcées, à l'intérieur, par un fort cable métallique (afin d'éviter toute rupture intempestive, les chiens ayant tendance à les ronger lors des arrêts). La figure 58 précise les noms des différentes pièces composant une ligne de trait complète, celles-ci étant reliées entre elles ou aux chiens à l'aide de mousquetons. Concernant ce dernier point, le musher devra utiliser, préférentiellement à des mousquetons classiques à glissière et ressort (qui gèlent facilement), des mousquetons dits "à clapets".

Les colliers

Les colliers, que les chiens conservent en permanence, sont en fait spécifiques au Husky de Sibérie: ils sont en nylon plat tressé, de type semi-étrangleur et comportent une boucle d'attache de la laisse ou de la "neck-line".

Le sac à chien

En compétition de traîneaux, la présence dans le "basket" d'un sac à chien est obligatoire. Il s'agit en fait d'un simple sac en fibre synthétique adapté à la forme du traîneau, qui permettra, le cas échéant, de ramener sur la ligne d'arrivée dans de bonnes conditions un chien qui se serait malencontreusement blessé.

L'ancre à neige

Il s'agit là encore d'un accessoire dont le transport est obligatoire en course. L'ancre à neige porte bien son nom, puisqu'il s'agit d'une ancre métallique que le musher pourra planter dans la neige si le besoin de maintenir le traîneau à l'arrêt se fait sentir (emmêlement des chiens par exemple).

Remarque: le mode d'attelage utilisé en course

Bien connus sont les deux types d'attelages utilisés dans le

domaine du traîneau à chiens (figure 59): il s'agit de l'attelage en éventail et de l'attelage en tandem. L'attelage en éventail est une modalité d'utilisation ancestrale réservée en fait à l'évolution en terrain découvert de type banquise; il devait permettre, lorsqu'un chien tombait dans une crevasse, d'éviter que celui-ci n'entraîne tous les autres.
En course, seul l'attelage en tandem double est utilisé. D'origine indienne, ce mode d'attelage permet au musher un contrôle facile des chiens, qui sont alors placés en fonction de leurs aptitudes (voir plus loin).

Les règlements de courses

Pour leurs règlements de courses, les clubs européens concernés s'en tiennent actuellement aux règles établies le 17 octobre 1976 par l'I.S.D.R.A. (International Sled Dog Racing Association), amendées par l'E.S.D.R.A. (European Sled Dog Racing Association) en 1981 et 1984. Ce règlement est reproduit ci-dessous.

I. AVANT LA COURSE

A. *Jalonnement de la piste*

1. La piste sera clairement jalonnée par un nombre suffisant de fanions ou plaques, qui seront très visibles.
   A. On recommande un diamètre de 25 cm minimum pour les jalons.
   B. Le jalon peut porter la lettre ou le numéro de la catégorie à laquelle il s'adresse.
   C. Virage à droite; jalon rouge du côté droit, placé 15-20 m avant le virage.
   D. Virage à gauche; jalon rouge du côté gauche, placé 15-20 m avant le virage.
   E. Tout droit; jalon bleu.
2. La zone de "non priorité" avant l'arrivée doit être bien délimitée.

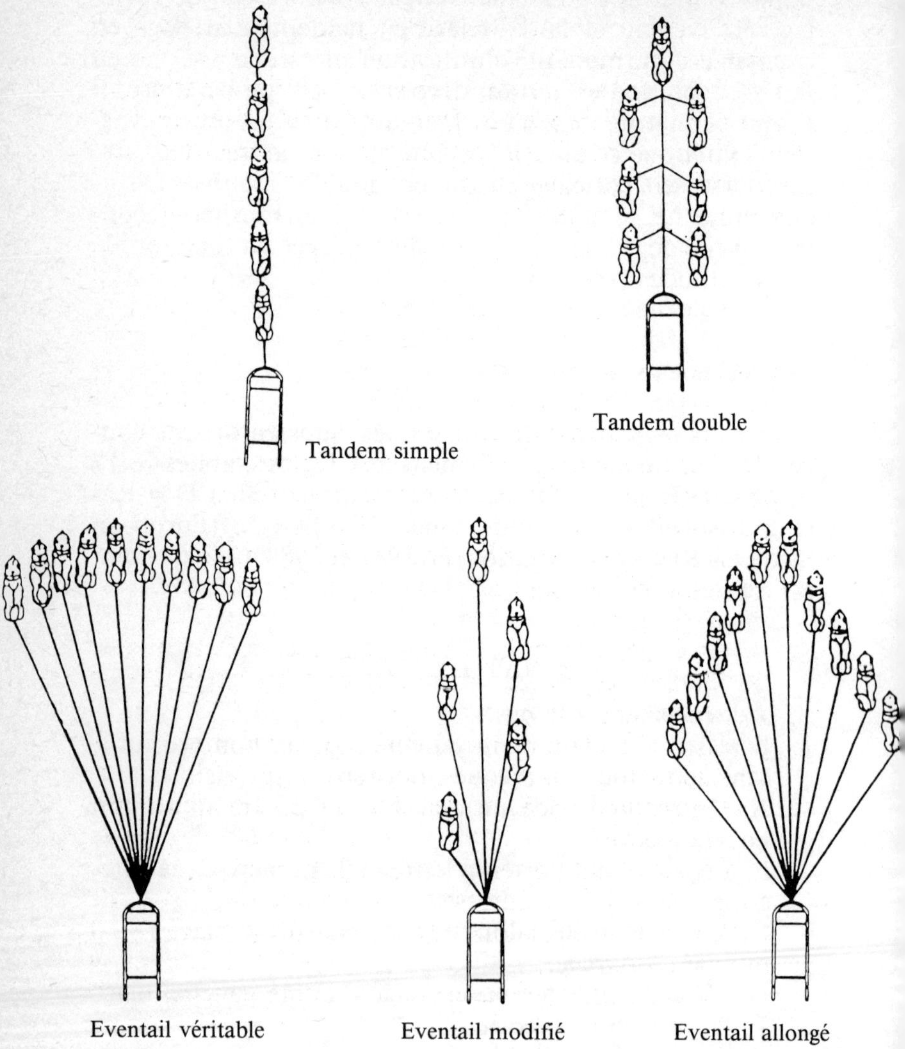

Figure 59: terminologie des différents modes d'attelage

3. En cas de départs couplés, un obstacle (mur de neige, filet, etc.) doit séparer les attelages sur une distance d'au moins 100 m.
4. En cas de départs couplés, la piste ne doit comporter, sur les 800 premiers mètres du parcours, ni bifurcation, ni croisement, ni virage trop brusque et doit être à sens unique sur cette distance.

B. Qualification des chiens et des attelages

1. L'organisateur peut refuser la participation d'un attelage ou d'un chien pour des motifs justifiés.
Seuls peuvent participer aux courses de traîneau les chiens possédant un pedigree officiel ou un certificat de naissance, et appartenant à l'une des races nordiques dont le C.F.C.N. (Club Français des Chiens Nordiques) a la charge et qui sont reconnues par la F.C.I.
2. Maladies
A. Les chiens provenant d'un chenil contaminé par l'hépatite, la maladie de Carré, la leptospirose ou toute autre maladie contagieuse ne peuvent être inscrits.
B. On évitera d'apporter à une course des vêtements ou du matériel ayant été en contact avec un chien atteint d'une maladie contagieuse.
3. Seuls les chiens présents au départ le premier jour peuvent participer aux autres manches.
4. Il est permis de marquer les chiens pour les identifier.
A. On marquera généralement les chiens si la course comporte plusieurs manches.
5. Si, au départ, le vétérinaire responsable ou le juge de course estime qu'un attelage ou un chien n'est pas en bonne condition ou n'est pas capable de terminer la course, le directeur de course a le droit de le disqualifier.
Il est permis de mettre des chaussons sanitaires aux chiens.
6. Le directeur de course a le droit d'exiger que le musher réduise le nombre des chiens de son attelage, s'il esti-

me que celui-ci n'est pas à même de les contrôler tous.

7. Nombre de chiens dans l'attelage:

A. En catégorie ouverte (nombre de chiens illimité), les attelages prenant le départ pour la 1ère manche doivent être composés de 8 chiens au moins (on parle de catégorie "O").

B. Pour les manches suivantes, les attelages de la catégorie ouverte ne peuvent s'aligner au départ qu'avec 5 chiens au moins.

C. Catégories limitées:

1) huit chiens: 8 chiens au maximum – 4 chiens au minimum (Cat. A);

2) six chiens: 6 chiens au maximum – 3 chiens au minimum (Cat. B);

Un attelage de la catégorie "B" (4 à 6 chiens)

3) trois chiens: 3 chiens au maximum - 2 chiens au minimum (Cat. C);

4) catégorie scandinave: nombre de chiens libre, poids par chien selon l'article VII du présent règlement. Transport d'enfant interdit (Cat. S).

D. Précisions réglementaires

1) les participants aux courses de la catégorie 3 à 5 chiens se répartissent en deux groupes:

- groupe 1: nombre de Huskies de Sibérie = plus de 50% des chiens faisant partie de l'attelage, le premier jour (Cat. B1);
- groupe 2: nombre de Huskies de Sibérie = moins de 50% des chiens faisant partie de l'attelage le premier jour (Cat. B2);

2) si l'un des deux groupes ne réunit pas au moins 5 attelages au départ, on aura un classement unique pour tous les attelages de cette catégorie;

3) le titre de champion ne pourra être attribué dans une catégorie ne réunissant pas au moins 5 attelages au départ le premier jour.

8. Les attelages (ou les chiens) qui n'ont pas participé à la 1ère manche ne peuvent pas non plus participer aux autres manches.
9. Les attelages (ou les chiens) disqualifiés lors de l'une des manches de la course ne peuvent participer aux manches suivantes.
10. Après la 1ère manche, le musher peut retirer un ou plusieurs chiens pour les manches suivantes, à condition de rester dans les limites fixées à l'art. I.B.7.
11. Chaque chien doit être correctement attelé.

    A. Chaque chien doit être relié par une laisse d'encolure à la corde de trait.

    B. Exception: le chien de tête (voire les deux chiens de tête) doit être attelé, mais il ne doit pas obligatoirement avoir une laisse d'encolure.
12. Si l'organisateur en décide ainsi, seuls pourront participer aux autres manches les attelages ayant réalisé, lors de

la première manche, un temps ne dépassant pas 1,25 ou 1,50 fois le temps moyen des trois meilleurs attelages de la même catégorie.

A. Tous les participants seront informés par écrit d'une éventuelle application de cette règle.

B. Il leur sera précisé quelle limite sera appliquée (1,25 ou 1,50e) et pour quelle manche et dans quelle catégorie.

C. Médicaments et doping

1. Sont interdits tous les médicaments, y compris les stimulants, calmants ou anesthésiants locaux pouvant causer du tort aux chiens ou à la réputation du sport.
2. Sont autorisés tous les médicaments, y compris les antibiotiques et les stéroïdes synthétiques ne pouvant causer de dommage aux chiens ou au sport en général.
3. Les vitamines sont autorisées.
4. Si les responsables de la course décident de procéder à un contrôle antidoping, ce contrôle devra être:
   A. annoncé dans les formulaires d'inscription.
   B. effectué selon les prescriptions de l'I.S.D.R.A.
5. Si les organisateurs exigent une analyse d'urine, le propriétaire ou le musher devra signaler par écrit au Laboratoire s'il a administré un médicament quelconque au chien concerné dans les 72 h ayant précédé la course.

D. Equipement

1. Inspection
   A. Le musher, son attelage et son équipement doivent être présents dans la zone de contrôle au moins 10 minutes avant l'heure de départ.
   B. Avant le départ, une fois qu'il a attelé ses chiens, le musher ne peut être appelé au contrôle dans les 6 minutes qui précèdent son départ.
   C. Si le juge de course l'exige, chaque attelage doit se

présenter à l'inspection tout de suite après la course.

2. Traîneaux

A. Ils doivent être assez stables pour supporter le poids du musher.

B. Ils doivent être assez stables pour porter un chien.

C. Ils doivent être équipés d'une corde de secours ou d'une ancre à neige, d'un frein efficace et d'un "brushbow" (arceau d'abordage).

D. Les organisateurs de la course peuvent en outre exiger un tapis de traîneau ou un sac à chiens.

3. Sont prohibés

A. Les muselières.

B. Les colliers étrangleurs.

C. Les passagers, à moins que ce ne soit une condition de la course.

4. L'utilisation de fouets ou instruments similaires est interdite.

5. Le directeur de course distribue un dossard à chaque musher, que celui-ci doit porter de façon bien visible tout au long de la course.

II. AU DEPART

A. Tirage au sort

1. L'ordre et l'heure de départ des attelages sont déterminés par tirage au sort.
2. Le tirage au sort a lieu avant la course. C'est le directeur de course qui en fixe le lieu, le jour et l'heure, au plus tard 3 jours avant le départ.
3. Le propriétaire de l'attelage, le musher ou son représentant tire lui-même son numéro.
4. En cas d'absence du propriétaire, du musher ou de son représentant, le numéro de l'intéressé sera tiré par le directeur de course ou son représentant.

B. Départs simples

1. L'ordre de départ pour le premier jour de course est

déterminé par tirage au sort. Le n° 1 part en premier, puis le n° 2, etc.

2. L'ordre de départ pour le second jour sera fonction des résultats du premier jour. L'attelage ayant été le plus rapide part le premier, suivi par l'attelage qui a fait le second meilleur temps, etc.
3. Si une course comporte plus de deux manches, on totalise, pour la 3e manche, le temps des deux premières. L'attelage qui a le meilleur temps pour les deux premières manches additionnées part d'abord, etc.

C. *Départs couplés*

1. L'ordre de départ pour le premier jour de course est déterminé par tirage au sort. Partent d'abord les attelages nos. 1 et 2, puis les attelages nos. 3 et 4, etc.
2. L'ordre de départ pour le second jour sera fonction des résultats du premier jour. On divise en deux groupes la liste des résultats du premier jour. Partent d'abord ensemble l'attelage le plus rapide du groupe le plus rapide et l'attelage le plus rapide du groupe le plus lent. Suivent les deux seconds meilleurs attelages de chaque groupe, etc.
3. Si unc course comporte plus de deux manches, on prend le temps total des deux premières manches. Ces temps additionnés déterminent les deux groupes et l'ordre de départ. Partent d'abord les deux meilleurs attelages de chaque groupe, etc.

D. *Point de départ de l'attelage*

1. Le brush-bow est amené au-dessus de la ligne de départ.

E. *Heure prescrite et heure réelle de départ*

1. Le chrono est déclenché à l'heure prescrite pour le départ de l'attelage.

2. Les attelages qui ne se présentent pas au départ à l'heure prescrite doivent attendre que le dernier attelage inscrit sur l'ordre de départ soit parti. Si plus d'un attelage est en retard, chacun partira dans l'ordre prévu initialement.
   A. Le chronométrage des attelages en retard ne commence pas au départ réel, mais au moment où ils auraient dû partir selon l'ordre de départ.

III. SUR LA PISTE

A. Le Musher

1. Le musher peut se tenir debout sur les patins de son traîneau, pédaler ou courir, comme et quand bon lui semble.
2. Tout mauvais traitement envers les chiens, avec ou sans instrument, est interdit.
   A. La corde de secours ne doit servir qu'à attacher.
   B. Le fouet ne doit être utilisé que comme signal acoustique.
   Exception: lorsque le musher ne peut plus contrôler ses chiens.
3. Il est interdit de gêner un autre attelage.

B. Les chiens

1. Chaque chien parti avec l'attelage doit être avec lui à l'arrivée.
2. Chaque chien doit être attelé ou porté sur le traîneau.
3. Un chien qui, après avoir pris le départ, n'est plus en condition de poursuivre la course, doit être placé sur le traîneau.

C. Le parcours

1. L'attelage et son musher doivent parcourir toute la piste telle qu'elle a été tracée par les organisateurs.
2. Si un attelage quitte la piste:

A. Son musher doit le ramener au point où il l'a quittée.
B. L'attelage ne sera pas pénalisé s'il se conforme aux règles énoncées ci-dessus.

D. Assistance extérieure

1. Tous les attelages ont droit, aux différents postes placés le long de la piste, à la même assistance autorisée par le directeur de course.
2. Un attelage isolé n'a le droit d'accepter une assistance extérieure que si les chiens ne sont plus contrôlables.
3. L'aide à un attelage isolé consistera seulement à l'arrêter. Une fois l'attelage arrêté, on peut:
   A. Si le musher est là – l'aider à retenir le traîneau.
   B. Si le musher a perdu son attelage – tenir ferme l'attelage ou l'attacher jusqu'à l'arrivée du musher.
4. Personne n'a le droit de stimuler un attelage en courant devant lui ou à ses côtés.

E. *Attelages échappés*

1. Il est vivement recommandé d'arrêter et de retenir un attelage échappé.
2. Un attelage échappé ne doit pas gêner un autre attelage.
3. Le musher doit rattraper son attelage à pied.
4. L'attelage et le musher doivent terminer la course sans autre aide que celle prévue par le règlement.
5. L'attelage (et son musher) qui se conforme aux règles énoncées peut poursuivre la course sans être pénalisé.
6. Si un musher ne parvient pas à rattraper son attelage avant l'arrivée, c'est l'instant ou le musher franchit la ligne d'arrivée qui est pris en considération pour le chronométrage.

F. Priorité au départ et sur la piste

1. Un attelage qui est en retard au départ ne doit pas gêner, les autres attelages. Si nécessaire, il quittera l'aire de départ.
2. L'attelage qui ne quitte pas l'aire de départ avant le moment où l'attelage suivant doit partir sera disqualifié.
3. Lors de départs couplés, les deux attelages circulent d'abord sur deux pistes séparées. Lorsque ces pistes se rejoignent, l'attelage qui a la priorité est celui dont le chien de tête est le plus proche du point de rencontre des deux pistes.
4. Quand deux attelages se croisent sur la piste:
   A. Sur une colline: celui qui descend a obligatoirement la priorité.
   B. Au plat: il appartient au directeur de course de décider si la priorité est à l'attelage qui est sur le retour ou à celui qui est à l'aller.
5. "No-right-of-way-zone" (zone de non priorité): un attelage n'est pas obligé de céder le pas à un autre attelage à l'intérieur de la zone dite de non priorité, dont la longueur est fixée par le directeur de course mais qui ne peut excéder 800 m avant l'arrivée.

G. Dépassements

1. Un attelage qui veut dépasser a la priorité à partir du moment où il est arrivé à 15 m de l'attelage qui le précède.
2. A ces conditions, l'attelage qui précède doit céder la piste à l'attelage voulant le dépasser et, si celui-ci le demande, s'arrêter.
3. L'attelage doublé a de nouveau la priorité, dans la limite des règles énoncées ci-dessus:
   A. Dans la catégorie ouverte: après 4 minutes ou 1,5 km.

B. Dans les catégories limitées et les courses de juniors: après 2 minutes ou 800 m.
C. Après moins de temps et une distance plus courte si les deux mushers en conviennent.

4. Si un attelage s'enchevêtre en doublant, son musher n'a pas le droit d'exiger que l'attelage doublé attende plus d'une minute en catégorie ouverte et en catégorie de 7 chiens, et plus de 30 secondes en catégories de 5 et de 3 chiens (et en course scandinave). Si l'attelage doublant s'arrête pour une autre raison que celle qui a été mentionnée, l'attelage doublé a le droit de le redépasser aussitôt.
5. Un attelage suivant un autre attelage doit maintenir une distance d'au moins la longueur d'un attelage.

IV. A L'ARRIVEE

1. Si le parcours comporte deux pistes à l'arrivée, chaque attelage peut emprunter l'une ou l'autre comme bon lui semble.
2. Le chronométrage est arrêté quand le premier chien de l'attelage franchit la ligne d'arrivée, à moins que le directeur de course n'en ait décidé autrement avant le début de l'épreuve.
3. Si un attelage échappé traverse la ligne d'arrivée avant son musher, on arrête le chrono au moment où le musher lui-même franchit cette ligne.

V. COMPORTEMENT GENERAL

1. Chaque musher est responsable de la conduite de ses chiens et de ses assistants avant, pendant et après la course.
2. Toute attitude non sportive sur la piste ou dans les alentours de la course est strictement interdite et peut entraîner une disqualification.

VI. PROTESTATIONS ET SANCTIONS

A. Protestations

1. Chaque participant qui a une protestation à faire à propos d'une violation du règlement doit le faire immédiatement après la manche où cette violation a eu lieu. En premier lieu, une protestation verbale suffit.
2. Après avoir fait cette protestation verbale, le participant déposera un rapport écrit auprès de la commission d'arbitrage dans l'heure qui suit la fin de la manche.
3. Si une protestation est déposée dans les règles, toutes les parties peuvent demander l'ouverture d'une enquête.
   A. Le directeur de course décide si cette enquête est nécessaire ou non.
4. Si l'un des préposés aux postes du parcours ou un aide de la course dénonce une violation du règlement, les parties concernées peuvent demander une enquête.
   A. Le directeur de course décide si cette enquête est nécessaire ou non.

B. Sanctions

1. Pour chaque violation du règlement, le directeur de course peut, sur recommandation ou non du juge ou de la commission d'arbitrage, donner un avertissement ou prononcer une disqualification.
2. La décision du directeur de course est irrévocable.

VII. COURSES SCANDINAVES

A. Equipement

1. On peut utiliser n'importe quelle sorte de luge, pour autant qu'elle réponde aux prescriptions suivantes:
   A. La luge doit être solidement attachée au harnais du chien par de solides brancards.
   B. Elle doit posséder un équipement permettant de bien fixer la charge.

C. Elle peut être munie de patins; ceux-ci ne doivent cependant pas dépasser de plus de 5 cm la longueur de la luge elle-même.
D. Elle doit être équipée d'une corde de secours.

2. La charge varie selon le sexe:
femelle: 20 kg;
mâle: 25 kg.
3. La charge se compose de la luge, des brancards, du harnais et d'un poids complémentaire.
4. Chaque concurrent doit fournir lui-même le poids complémentaire (par exemple sous forme d'un sac de sable).

B. Pendant la course

1. Le musher accompagne son attelage à skis de fond ou de randonnée.
2. Le musher n'a pas le droit de circuler devant ou à côté de son attelage. Exception: dans les descentes très raides.
3. Il n'a pas le droit d'aider son chien, sauf pour le passage d'obstacles, pour doubler ou croiser d'autres attelages ou pour monter des passages escarpés.
4. Le chronométrage est arrêté au moment où le musher franchit la ligne d'arrivée.
5. Le juge de course doit contrôler la charge avant et après la course.
6. A tous autres égards, le règlement général de courses s'applique également aux courses scandinaves.

VIII. CHAMPIONNAT DE FRANCE

A. Champion et vice-champion

Le titre de "Champion international de France" sera décerné aux vainqueurs des catégories A-B.1-B.2-C.1-C.2 et S lors d'une course dite "de Championnat de France", sous réserve du respect des conditions requises à l'art. B.

B. Validation

Les titres ne seront décernés, dans chaque catégorie, que si au moins 3 attelages se présentent au départ de la première manche dans cette catégorie.

Les groupes 1 et 2 ne seront différenciés en catégories B et C que s'il y a au moins 5 attelages au départ dans chacun de ces groupes.

C. Règlement général

Le règlement général des courses est valable sur tous les autres points pour les épreuves du "Championnat de France"

Le déroulement d'une course type

Une course "type" se déroule en deux manches qui ont généralement lieu le samedi après-midi et le dimanche matin. Les mushers se présentent donc sur le lieu de la course le vendredi soir, afin de permettre aux chiens de se remettre d'un voyage qui est la plupart du temps assez long. A ce sujet, signalons que le transport des chiens nécessite de pouvoir disposer d'un véhicule approprié: remorque avec boxes, ou plus fréquemment camping-car dans lequel ont été aménagés des cages ou des boxes. Dès l'arrivée, les mushers établissent, à l'emplacement qui leur est réservé, les chaînes de "stake-out", chaînes solidement ancrées au moyen de pieux et auxquelles les chiens sont attachés environ tous les deux mètres.

Le samedi matin se déroule vers 10 heures le "musher-meeting", réunion au cours de laquelle les concurrents prennent connaissance des pistes (tableau 26), de leurs pièges, de la qualité du balisage, retirent leur dossard et leur feuille de départ et font vérifier les certificats de vaccination des chiens par les services vétérinaires.

Les départs ont ensuite lieu toutes les 2 minutes, un écart de 10 à 15 minutes étant respecté entre chaque catégorie.

Avant cela, chacun aura pris soin de ses chiens, en veillant à les abreuver, ou à vérifier l'état de leurs pattes (voir plus loin). Rien ne sera laissé au hasard, y compris le fartage des patins du traîneau.

Après le départ, comme le précise Thierry Bloch: "La fébrilité de l'attente, l'agitation de la foule, tout s'éloigne. Au fil des kilomètres, les spectateurs se font de plus en plus rares. Au point le plus éloigné de la boucle, c'est la solitude complète, à moins d'avoir rattrapé, ou s'être fait dépasser par un autre concurrent. Puis les spectateurs réapparaissent, leur nombre va en augmentant: c'est le signe du retour vers l'arrivée.

On félicite les chiens, on reçoit les premières appréciations des amis... Premiers commentaires à chaud qui alimenteront toute une soirée".

Le soir, les chiens sont nourris, puis rentrés dans leurs boxes ou laissés à la "stake-out", avant le traditionnel "repas des mushers" et une nuit réparatrice.

Après la seconde manche et la remise des prix, personne ne s'attardera: la plupart ont 8 à 10 heures de route et reprendront le travail le lendemain matin.

Tableau 26

LES DISTANCES DE COURSE SELON LES DIFFÉRENTES CATÉGORIES

Catégorie	*Distance par manche (en km)*
O	= ± 25
A	= ± 18
B	= ± 12
C	= ± 8
S	8 à 12

QUELQUES MOTS SUR LE FARTAGE

Le fartage des patins des traîneaux ou des skis a pour but d'améliorer leur glisse; il nécessite une bonne connaissance de la neige.

Du point de vue de la terminologie il existe 2 sortes de farts, qui se distinguent par des présentations différentes:
- les farts durs ("poussettes");
- les farts mous ("tubes").

Les farts durs sont appliqués lorsque la neige est poudreuse, non transformée (tableau 27), les farts mous sont quant à eux réservés aux neiges travaillées, transformées.

Tableau 27

ETAT DE LA NEIGE ET CHOIX DU FART

(d'après Le Fartage, document de la Fédération Française de Ski)

Etat de la neige	*Température (°C)*	*Type de fart préconisé*	*Présentation*
Poudreuse	–30 à –50	vert spécial noir	Poussettes (neige non transformée)
Poudreuse	–10 à –5	bleu-vert froid	
Moins poudreuse	–5 à –1	bleu normal voire violet ou blanc	
Fraîche, commençant à se mettre en eau. Début de transformation	–1 à +5	violet blanc rouge	
Gelée, tôlée	5 - 10	violet (rouge à proscrire)	Tubes (neige transformée)
Gelée	–10 à –5	rouge	
Granulée, revenue	–4 à 0	rouge spécial noir	
Travaillée	0	rouge résistant argenté	
Mouillée	Temps doux pluie vent chaud	noir, jaune ou marron	

En général, ils sont appliqués au fer à farter ou à la main, puis lissés au liège ou à l'aide d'une raclette métallique.

LE HUSKY DE COURSE: UN SPORTIF DE HAUT NIVEAU

Quelle que soit la discipline sportive envisagée et ce dans toutes les espèces animales en cause (homme, cheval, chien), l'effort physique constitue le stress physiologique le plus fréquent, nécessitant la mobilisation de sources énergétiques variables avec l'intensité et la durée de l'exercice. Dès lors, la performance sportive qui en résulte est le fruit conjoint d'un travail axé sur:

- la génétique;
- le respect des aptitudes individuelles par la prise en compte des aspects psychologiques;
- l'entraînement;
- l'alimentation.

Les aspects génétiques ayant déjà été envisagés, nous nous proposons d'étudier dans ce chapitre les trois derniers volets évoqués.

L'apprentissage de l'attelage

En accord avec la plupart des auteurs américains, nous pensons que l'apprentissage de l'attelage (donc, d'une certaine manière, l'entraînement) doit débuter très tôt chez le Husky de Sibérie. Cet apprentissage comprendra plusieurs phases successives.

L'ÉDUCATION DU CHIOT

L'éducation d'un chiot doit être envisagée très tôt: dès le sevrage si on l'élève soi-même, dès l'âge de 3 mois s'il s'agit d'un chiot que l'on a acheté.

Arrow du Désert Blanc - Husky de Sibérie de 11 mois appartenant à M. et Mme Umfried

Elle concerne en fait l'acquisition de *l'obéissance* (particulièrement importante dans le cas des chiens de tête) et d'une certaine habitude au *port du harnais*, voire à la traction. Pour ce faire, il sera intéressant de pouvoir profiter de l'exemple que fournissent les adultes, qui se révèlent dans ce cas bien souvent les meilleurs éducateurs.
On pourra commencer en sortant le chiot au bout d'une longue laisse (l'idéal étant les laisses à enrouleur automatique) de 8 à 10 mètres, une ou deux fois par semaine; il est ainsi possible de lui apprendre le vocabulaire spécifique du traîneau (par exemple "Gee" pour aller à droite, ou "Haw" pour aller à gauche). Il est également possible, dès 3 mois, de lui passer un harnais léger et de le laisser traîner un quelconque objet; à cet âge, il convient de rester prudent: le but est ici simplement d'acclimater le chiot au harnais, non de lui faire acquérir une quelconque résistance physique. C'est pourquoi le poids de l'objet traîné sera très faible; pour fixer les idées (compte tenu de l'évolution permanente du poids du chiot), le poids de l'objet tracté devra être tel que le chiot ne s'étrangle jamais, lorsqu'on le fixe au harnais. Dans le cas contraire, le chiot perdrait vite la notion de *jeu* et donc tout intérêt pour la chose. A l'inverse, un poids trop léger est tout aussi néfaste, le chiot n'acquérant pas la notion de "tirer".
On entend encore trop de gens prétendre que la traction provoque chez le Husky de Sibérie des déformations osseuses. Le lecteur respectueux des conditions que nous venons d'évoquer n'accordera aucun crédit à ces paroles sans fondement.
Dans le même temps, on pourra encourager le chiot, toujours sous la forme d'un jeu, à suivre un trajet préétabli; l'idée même de ce qu'est une piste peut alors s'imprimer dans son esprit.

La mise en condition physique du chiot

Le chiot Husky de Sibérie a le goût de courir et surtout de "courir plus vite que ses copains". C'est pourquoi, dès l'âge

de 5-6 mois, on commencera un plan de mise en condition physique. Celle-ci doit se dérouler en complète liberté: les chiots sont sortis tous les jours et peuvent ainsi s'ébattre. Ils sont bien sûr accompagnés et il est ainsi possible de continuer à leur faire acquérir le sens de la piste: au lieu de les laisser courir dans n'importe quel sens, on s'efforcera de leur faire suivre un sentier en les rappelant à l'ordre dès qu'ils quittent le droit chemin.
Lorsqu'on dispose d'adultes déjà à l'entraînement, il est également très bénéfique de les faire courir sur de courtes distances au côté de leurs aînés (les chiots n'étant pas attelés, bien sûr).

La première mise à l'attelage

Avec la première mise à l'attelage débute l'entraînement proprement dit. Les chiots ne seront jamais attelés à un traîneau ou à un kart avant l'âge de 10-12 mois et uniquement si leur état physique le permet. Le but étant ici de déterminer la place idéale du chiot dans l'attelage, il faudra être patient et bien observer son comportement lors des 3 ou 4 séances hebdomadaires.
Ainsi, les chiens légers, rapides et surtout obéissants et intelligents se verront assigner le rôle de chiens de tête. Cette notion n'a d'ailleurs rien à voir avec celle de chef de meute dont nous avons déjà parlé; la plupart des chiens de tête sont des femelles...
À l'opposé, les chiens plus lourds, moins rapides, seront placés près du traîneau, là où la force de traction est la plus forte.
Ensuite, il ne reste plus qu'à tenir compte des "susceptibilités individuelles", certains chiens ne supportant pas d'être placés devant ou à côté d'un de leurs compagnons, par trop dominant (dans ce cas, le chien en cause extériorise sa peur en se retournant fréquemment et en restant toujours sur la défensive; dès lors il ne peut absolument plus se donner à fond à la course).

L'entraînement par lui-même commence alors, en douceur, sur des distances courtes (environ 3 à 4 kilomètres), et va *progressivement* permettre d'améliorer endurance, résistance et vitesse.

L'entraînement du Husky de Sibérie de compétition

Nous reprendrons ici les grandes lignes d'une conférence que nous avions donnée à l'occasion de la 1ère journée de Médecine Sportive Canine, organisée le 11 juin 1985 à l'Ecole Vétérinaire d'Alfort par Canina et le Point Vétérinaire.
L'aptitude physique d'un animal dépend de très nombreux facteurs, physiologiques et psychologiques (figure 60), qui jouent de façon très inégale suivant les activités sportives envisagées. Les tests d'aptitude, encore rares chez le chien mais combien nombreux chez l'homme, ne prennent en compte qu'un petit nombre de ces facteurs, de sorte que, fréquemment, les résultats observés ne renseignent qu'imparfaitement sur les capacités du sujet. Signalons d'ores et déjà qu'il n'existe pas d'aptitude universelle, cette dernière devant toujours être considérée pour une activité ou une catégorie d'activités données.
D'une manière générale, l'entraînement est associé à un certain nombre de processus cataboliques, tels que la dégradation des stocks de substrats énergétiques ou celle d'autres constituants cellulaires, suivie d'une intensification des processus anaboliques, qui se manifeste par un accroissement de la production des molécules qui avaient été mobilisées ou détruites lors du travail lui-même. Dès lors, on conçoit que l'entraînement physique implique pour l'organisme d'être exposé à une charge de travail d'intensité, de durée et de fréquence suffisante pour déterminer un effet mesurable, donc une amélioration des fonctions soumises à l'entraînement. Pour obtenir un tel effet, il est, par voie de conséquence, nécessaire de soumettre l'organisme à une surcharge,

c'est-à-dire à une charge supérieure à celle rencontrée dans la "vie de tous les jours".
La connaissance des principes généraux de l'entraînement nous permettra de nous intéresser ensuite aux diverses méthodes utilisables dans leurs aspects théoriques puis pratiques.

Les principes de l'entraînement

Contrairement à ce qui se pratique encore fréquemment en sport canin, n'importe quelle activité ne constitue pas forcément un entraînement. En effet, la charge appliquée nécessite non seulement une certaine intensité, mais aussi une durée d'application suffisante.
Ainsi, dans l'établissement d'un programme d'entraînement, deux principes doivent impérativement être respectés:

1. Connaître la principale source d'énergie utilisée lors d'une activité particulière.
2. A l'aide du principe de surcharge, mettre au point un programme qui développera au mieux l'utilisation de cette source d'énergie particulière par l'animal.

Dès lors, et pour maintenir l'efficacité de l'entraînement, il sera nécessaire d'augmenter la charge imposée, au fur et à mesure de l'amélioration de la performance. L'influence de l'entraînement sur la fréquence cardiaque matérialise bien cette nécessité: un entraînement régulier, à une puissance donnée, détermine une diminution progressive de la fréquence cardiaque (on l'apprécie aisément par la prise du pouls fémoral), observée lors de cet exercice, que ce soit chez l'homme, ou chez le chien.
Peu à peu, la fréquence cardiaque se stabilise à un niveau qui n'est plus susceptible d'être abaissé par la continuation de cet entraînement. En revanche, après une période d'entraînement à une puissance plus élevée, la puissance d'origine sera obtenue avec une fréquence cardiaque plus basse. Ceci constitue également un principe général que l'on peut obser-

ver lors de l'entraînement d'un certain nombre de fonctions: "l'entraînement à une puissance donnée détermine un certain niveau d'adaptation et pour obtenir une nouvelle amélioration, il est nécessaire d'augmenter l'intensité de l'entraînement.

Sur un autre plan, force est de constater qu'il faut généralement plusieurs années à un athlète (humain ou animal) de haut niveau pour atteindre ses meilleurs résultats. Bien qu'actuellement, on ne connaisse pas exactement les modifications quantitatives et qualitatives intervenant au niveau des différentes fonctions de l'organisme pour déterminer cette amélioration lente et progressive, il n'en reste pas moins qu'un programme d'entraînement convenablement mené devrait intégrer ce fait, et donc être conçu sur plusieurs saisons. Enfin, un dernier aspect à ne pas négliger est la psychologie de l'animal. A ce propos, il faut insister sur le fait que, pour être efficace, l'entraînement n'a aucunement besoin d'être éprouvant, car il doit conserver intactes pour le chien ses qualités de motivation et sa "volonté" de performance.

Ainsi, dans bien des cas, la meilleure solution pourra consister à choisir une activité de loisir qui implique un certain travail physique, même si l'entraînement ainsi réalisé n'est pas très intense et surtout difficilement quantifiable. Psychologiquement, le chien accepte plus volontiers une course ou une marche de 10 kilomètres que la répétition 10 fois du même trajet de 1 kilomètre, voire de 100 fois 100 mètres! Par ailleurs, il acceptera plus facilement de suivre un parcours présentant une certaine variété que de travailler dans un local fermé. C'est aussi ce respect de l'équilibre entre jeu et travail, mené le plus scientifiquement possible dans sa conception, qui fera du propriétaire du chien un bon entraîneur et mènera l'animal (ou le groupe d'animaux) à la meilleure performance. Le respect de ces quelques principes (regroupés sur la figure 60) permettra la mise sur pied de méthodes d'entraînement à la fois fonctionnelles et performantes.

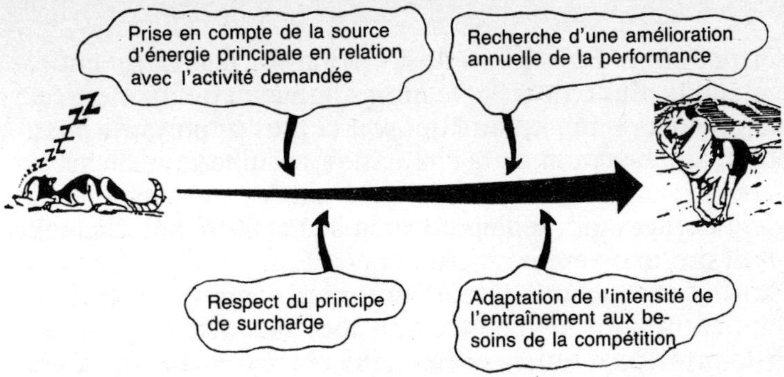

Figure 60: les grands principes de l'entraînement du Husky de Sibérie de compétition

Les méthodes d'entraînement (aspects généraux)

La spécificité de l'entraînement

Il importe de souligner à nouveau que chaque programme d'entraînement doit développer le ou les système(s) qui prédominent dans l'activité physique ou sportive à laquelle il doit préparer le chien.

Néanmoins, signalons dès maintenant une faille systématique à ce principe de spécificité: l'entraînement général de tout individu, quels que soient son âge, son sexe ou son poids, doit comporter:

- un entraînement du système de transport de l'oxygène (ce qui permettra de l'adapter plus facilement à l'entraînement spécialisé qui nécessite la discipline en cause);
- un entraînement musculaire concernant particulièrement les muscles des membres et du dos (si possible);
- un entraînement destiné à entretenir la mobilité articulaire (ce qui améliore le métabolisme du cartilage articulaire et favorise la coordination des mouvements.

En ce qui concerne la fonction de transport de l'oxygène, il faut distinguer les facteurs qui interviennent sur le cœur et la circulation centrale et ceux qui agissent sur la circulation

périphérique. Dans le cas de la circulation centrale, l'entraînement le plus efficace et le moins fatiguant devra mettre en jeu une masse musculaire qui soit la plus importante possible. L'amélioration de la circulation périphérique ne nécessite, elle, qu'un entraînement axé sur les muscles directement engagés lors de l'épreuve ou de l'activité pour laquelle on désire une amélioration.
Hormis ces quelques considérations générales, la spécificité d'un entraînement repose avant tout sur la reconnaissance de la principale source énergétique employée lors de la pratique du sport en cause. Il est bien évident qu'à l'heure actuelle, nous ne disposons encore que de données fragmentaires, et que celles-ci restent à préciser pour l'avenir dans chacune des disciplines pratiquées.
Sur la base de nos connaissances présentes, l'effort du chien de traîneau se rapprocherait de celui du marathonien (à ceci près pour le chien de traîneau qu'il convient d'y adjoindre une composante de traction).
Lors d'un effort physique, trois phases métaboliques successives interviennent au niveau musculaire. La première étape dure 10 à 30 secondes, l'énergie déjà présente dans le muscle est valorisée en l'absence d'oxygène et sans production d'acide lactique (déchet de l'effort musculaire). La deuxième étape n'excède pas quelques minutes. Elle se déroule également sans oxygène mais fait appel à des réserves énergétiques intra (glycogène) et extramusculaires (glucose sanguin) et aboutit à l'accumulation d'acide lactique dans le muscle, celui-ci constituant un facteur limitant important de l'effort intermédiaire. La troisième phase, mise en route en moyenne au bout de trois minutes, se déroule dans les mitochondries (organite intracellulaire) en présence d'oxygène; caractérisant l'effort long, elle utilise un substrat énergétique préférentiel: les lipides (chez l'homme le substrat est glucidique). L'effort recherché chez le chien de traîneau se situe typiquement dans cette dernière phase.
L'évaluation des besoins énergétiques dès l'abord est donc fondamentale tant quantitativement que qualitativement.

En effet, de façon très schématique, l'organisme soumis à un effort passe par trois phases successives de dépense énergétique. Celles-ci conditionnent les réponses physiologiques, métaboliques, hématologiques et endocriniennes.

Entraînement de la force musculaire. Si les techniques d'entraînement de la force musculaire sont définies depuis de nombreuses années chez l'homme, il est certain qu'elles restent difficiles à codifier chez le chien.
Malgré la relative imprécision, il semble qu'il soit possible, lors de périodes de travail très courtes (15 à 30 secondes), de solliciter intensément les muscles sans mettre en jeu les processus anaérobies qui déterminent une élévation notable du taux de lactates sanguins.
Ainsi, pour des animaux effectuant des efforts mettant en jeu leur force musculaire (efforts de traction, par exemple), le choix d'un entraînement intermittent avec une forte intensité de travail (lest) sur une période très courte et des périodes de repos très réduites, fera appel à la force musculaire sans trop augmenter l'oxygène consommé et sans mettre en œuvre le métabolisme anaérobie lactique.

Entraînement de la vitesse. Dans ce cas, il s'agit d'améliorer le fonctionnement des processus métaboliques qui assurent la dégradation immédiate de substances riches en énergie et qui se trouvent stockées dans le muscle lui-même (A.T.P. ou adénosine triphosphate; réatine-phosphate; glycogène).
L'amélioration du fonctionnement musculaire correspond à la toute première phase métabolique (dite "anaérobie", car ne nécessitant pas d'oxygène et "alactique" car ne conduisant pas à la formation d'acide lactique) si possible grâce à des exercices de très courte durée (10 à 15 secondes au maximum), entrecoupés de périodes de repos qui ne devront pas être trop courtes. De telle sorte, on évitera une "glycogénolyse" (c'est à dire l'utilisation des réserves en glycogène du muscle) trop importante, ce qui permettra au muscle de restaurer ses réserves énergétiques très rapidement.

Sans pouvoir fixer des règles trop strictes, on peut avancer que les périodes de repos qui séparent les exercices maximaux doivent au minimum durer quelques minutes.
L'entraînement des processus anaérobies lactiques (deuxième phase métabolique) peut, quant à lui, être accompli efficacement en imposant à l'animal des séries d'exercices maximaux durant 1 minute et séparés par des périodes de 4 à 5 minutes de repos. Le principal problème lié à une telle méthode est qu'elle peut se révéler psychologiquement éprouvante pour l'animal, et mener rapidement à l'écœurement, donc à un refus de performance. Il faut en effet toujours garder à l'esprit les notions de motivation ou de jeu sans lesquelles aucun résultat ne sera obtenu. Un type d'entraînement aussi intense ne devra pas être envisagé plus de 3 ou 4 semaines avant le début des compétitions.

Entraînement de la puissance aérobie (endurance). Le but est ici de solliciter au maximum le système de transport de l'oxygène. A cet égard, deux grands principes d'entraînement peuvent être évoqués.
L'un fait appel à la *course continue* et consiste à faire parcourir à l'animal des distances relativement importantes de façon ininterrompue; que cette course soit rapide ou lente, c'est le système aérobie (troisième phase métabolique) qui prédomine en tant que fournisseur d'énergie.
On peut préférer là encore une *méthode fractionnée*, qui constitue le second de ces principes: il est demandé à l'athlète canin un effort de 3 à 5 minutes, de façon relativement intense, suivi d'un repos ou d'un exercice léger pendant la même période, et ainsi de suite... Le fait de demander au chien un exercice d'intensité très modérée (marche ou trot) entre les périodes de réel travail amène une élimination de l'acide lactique produit, plus rapide dans ces conditions qu'au repos, donc une meilleure récupération.
Néanmoins, il est probable (mais non tout à fait démontré chez l'homme) que l'aptitude à travailler longtemps à une puissance déterminant une consommation d'oxygène la plus

proche de sa valeur maximale est avant tout induite par des exercices comportant un *travail continu de* longue durée (entraînement à l'endurance). Les capacités de stockage du glycogène dans le muscle (mais aussi dans le foie) et surtout l'aptitude à mobiliser et à utiliser les acides gras libres plasmatiques jouent en effet un grand rôle, on le sait, dans le travail prolongé du chien. Et même si l'on ne dispose pas encore de moyen d'appréciation de la consommation d'oxygène du chien, l'entraîneur ou le propriétaire restent aptes à apprécier l'intensité du travail effectué.
En résumé et pour regrouper les aspects les plus pratiques de ce que nous venons d'évoquer, il apparaît souhaitable de faire figurer quatre types d'exercices dans un programme d'entraînement destiné à développer l'ensemble des formes de puissance de l'animal. Une plus grande spécificité amènera à accentuer plus tel ou tel d'entre eux, en rapport avec ce qui figure aux paragraphes précédents.

- Le renforcement des tendons et ligaments et le développement de la force musculaire feront appel à des phases d'activité très intense de quelques secondes de durée.
- La puissance anaérobie sera améliorée grâce à des successions de périodes d'activité intense, d'environ 1 minute de durée, et de périodes de repos ou d'exercice modéré de 3 à 4 minutes.
- Des phases d'exercice à une intensité que l'on rechercherait légèrement inférieure à la puissance maximale aérobie (de façon idéale et certes théorique) de 4 à 5 minutes de durée, entrecoupées de repos ou d'exercices modérés de même durée, développeront la puissance aérobie.
- L'aptitude à l'effort d'endurance sera quant à elle liée à la mise en œuvre de périodes d'activité ou d'intensité plus modérée, durant 45 minutes à 1 heure.

Certaines méthodes d'entraînement de l'athlète humain sont-elles transposables?

On peut attribuer nombre d'améliorations des performances

sportives humaines, au cours des dernières décennies, au perfectionnement des méthodes d'entraînement utilisées par les entraîneurs et les athlètes, que celles-ci soient jugées en terme de performance ou de capacité énergétique aérobie (endurance) et anaérobie (sprint). Force est de reconnaître que le sport animal est loin d'avoir subi une telle évolution, tant chez le cheval que chez le chien...
Dès lors, partant des bases que nous venons d'évoquer, on peut se poser la question de la transposabilité de certaines méthodes d'entraînement de l'homme à l'animal. Il nous semble concevable d'y répondre affirmativement par quelques aspects.

L'entraînement par intervalles. Comme le nom l'indique, et comme nous l'avons déjà abordé, l'entraînement par intervalles consiste en une suite d'exercices entrecoupés de périodes de récupération (exercice léger). En application du paragraphe précédent, ce système a pour caractéristique la plus importante de permettre la transformation des économies de fatigue dues au travail intermittent en une augmentation de l'intensité du travail fourni:

- elle permet d'utiliser de façon répétée les réserves intramusculaires de phosphagènes, servant de stimulus à l'augmentation de la capacité énergétique de ce système;
- la participation des réserves de glycogène est minime;
- l'exécution de périodes de travail plus longues avec beaucoup de répétitions favorise le système de transport de l'oxygène.

Passons maintenant à la terminologie de l'entraînement par intervalles:

- période de travail: partie de l'entraînement qui consiste à fournir un travail intense pendant un certain temps (ex.: course du chien sur 100-200-500... m);
- période de récupération: période de repos entre chaque période de travail, de même qu'entre chaque série de répétitions (marche, trot léger);
- séries: suite de périodes de travail et de récupération (ex.:

six courses sur une même distance et les périodes de récupération nécessaires);
- répétitions: nombre de périodes de travail contenues dans une série.

• Détermination des variables. Si la théorie est séduisante, son adaptation parfaite chez le chien peut s'avérer malcommode. En effet, la période de travail, selon les systèmes d'énergie devant être améliorés, peut être:
- de longue durée et de faible intensité;
- de durée moyenne et d'intensité moyenne;
- de courte durée et d'intensité plus élevée.

Il existe chez l'homme plusieurs méthodes permettant de calculer l'intensité adéquate lors d'une période de travail. Nous n'en retiendrons pour l'instant que celles qui nous semblent adaptables, dans l'immédiat ou à terme, chez le chien.

Une des ces méthodes repose sur l'observation des variations de la *fréquence cardiaque* durant la période de travail. Schématiquement, plus la fréquence cardiaque est élevée, plus l'intensité de l'exercice est grande.

Ces dernières données sont bien sûr à confirmer chez le Husky, mais un tel principe paraît simple dans son application. Il ne nécessite qu'une prise de pouls fémoral avant et immédiatement à la fin de l'effort.

Une seconde méthode permet, quant à elle, de déterminer le nombre et l'intensité des périodes de travail (répétitions) imposées durant chaque séance. Elle peut, elle aussi, être utilisée quelle que soit la nature de l'activité. Ainsi, indépendamment du temps de travail, on conclut à la trop forte intensité de l'exercice si l'animal ne peut (ou ne veut) exécuter un certain nombre de répétitions. A l'inverse, si le chien effectue plus de répétitions que prévu, l'exercice se révèle biologiquement trop facile.

• Nombre de répétitions. La distance d'entraînement totale détermine le nombre de répétitions de la période de travail. Une distance totale de 2 à 4 km semble minimale si l'on recherche une réelle amélioration biologique. Dès lors, si le choix se porte par exemple sur une distance de 200 mètres, 10 répétitions au moins s'avèrent nécessaires.

• Périodes de récupération. L'évolution de la fréquence cardiaque après une période de travail reste un excellent indice pour savoir si le chien est physiologiquement apte ou non à entamer une nouvelle période de travail ou une nouvelle série. L'entraîneur doit alors contrôler la fréquence cardiaque du ou des chiens régulièrement (durant la phase de récupération) en comptant les pulsations fémorales pendant 6 ou 10 secondes. Il est bien sûr encore difficile de fixer des normes précises chez le Husky de Sibérie.

On peut néanmoins, à partir des données que nous avons recueillies depuis quelques années, proposer ce qui suit:

- la fréquence cardiaque passe, chez le Husky, d'environ 100 battements par minute au repos, à environ 160-170 battements par minute après un effort de type "course" (sur 16 à 12 kilomètres);
- dans le même temps, la fréquence respiratoire du chien (qui peut s'apprécier en comptant les mouvements thoraciques sur une période de 10 secondes) passe d'environ 30 mouvements par minute à plus de 100 mouvements par minute;
- le rapport rythme cardiaque/rythme respiratoire s'inverse donc lors de l'effort: il passe de $\frac{100}{30}$ (= 3 à 4) à $\frac{170}{200}$ (< 1).

Dès lors, une règle simple consiste à dire que le chien peut entamer une nouvelle période de travail dès que ce rapport, calculé rapidement durant la phase de récupération redevient supérieur à 1,5.

Mais, il n'est pas toujours possible d'utiliser la fréquence cardiaque comme indicateur, en relation avec certaines difficultés pratiques (nombre de chiens entraînés simultanément, par exemple). Fox (1974) propose chez l'homme quelques règles simples pour organiser des entraînements par intervalles à partir des durées des périodes de travail (cf. tableau 28) déterminées en égard au rapport travail/récupération. La mise en œuvre de l'entraînement est alors facilitée. Toutefois, une prise de fréquence cardiaque en fin de période de récupération permettra de savoir si l'intensité du travail doit être augmentée, diminuée, ou laissée telle quelle.

Tableau 28

LES PRINCIPALES RÈGLES PRATIQUES DE L'ENTRAÎNEMENT PAR INTERVALLE *(d'après Fox, 1974)*

Métabolismes énergétiques en cause	*Période travail (m; s)*	*Nombre de répétitions par séance*	*Nombre de séries par séance*	*Nombre de répétitions par série*	*Rapport travail/ récupération*	*Type de récupération*
Anaérobiose alactique	0; 10 0; 20	50 40	5 4	10 10	1/3	passive
Anaérobioses alactique et lactique	0; 30 1; 00	25 15	5 3	5 5	1/3	active
Anaérobiose lactique et aérobiose	1; 30 2; 15 3; 00	8 6 4	2 1 1	4 6 4	1/2	active
Aérobiose	4; 00 5; 00	4 3	1 1	4 3	1/1 2/1	passive passive

Le type d'activité demandé durant la période de récupération est enfin à prendre en compte:
- récupération "passive" (repos ou marche lente);
- récupération "active" (marche rapide ou trot).

La récupération passive sera réservée aux programmes d'entraînement de type "vitesse" (destinés à améliorer anaérobiose alactique et aérobiose), l'effort modéré empêchant partiellement le réapprovisionnement musculaire en phosphagènes (réserves énergétiques directement et immédiatement utilisables) et pouvant conduire, lors de la période de travail suivante, à une accumulation d'acide lactique (déchet métabolique non recherché, nous l'avons vu).
Le tableau 29 résume les données pratiques relatives à l'entraînement par intervalle.

Tableau 29
ORGANISATION DE L'ENTRAÎNEMENT PAR INTERVALLE

1. Connaître le métabolisme énergétique à améliorer
2. Déterminer les exercices à demander lors de la période de travail
3. Dresser le programme de chaque séance (cf. tableau 28)
4. Respecter le principe de surcharge

L'entraînement continu. Cette méthode consiste à imposer à l'animal le parcours de distances relativement grandes grâce à une course ininterrompue, en faisant appel à son métabolisme aérobie (caractéristique de l'effort d'endurance).

• Course continue lente. Encore appelé entraînement d'endurance, ou de puissance aérobie, ce type de travail nécessite de couvrir des distances longues (2 à 5 fois la distance de l'épreuve de course) de manière lente. Ainsi, un coureur d'ultra marathon peut couvrir des distances de plus de 1 000 km par mois et des chiens de traîneau alaskans 2 000 à 3 000 km par mois.

• Course continue rapide. Dans ce cas, la vitesse cst plus grande, la fatigue survient plus tôt, donc la distance parcourue est moins grande. A titre d'exemple, un Husky de Sibérie courant en compétition sur 8 km devrait parcourir 10 à 12 km à une vitesse constante, mais rapide, ou 5 à 7 km à 2 ou 3 reprises.

La distance totale parcourue par séance et par semaine représente un facteur important de surcharge chez les chiens d'endurance. A ce niveau, la distance totale mensuelle devrait être fractionnée hebdomadairement et en cycles de 4 semaines chacun.

Dans chacun des cycles, la plus grande distance devrait être parcourue lors de la deuxième et de la quatrième semaine, avec une surcharge progressive (environ +10%) d'un cycle sur l'autre (figure 61).

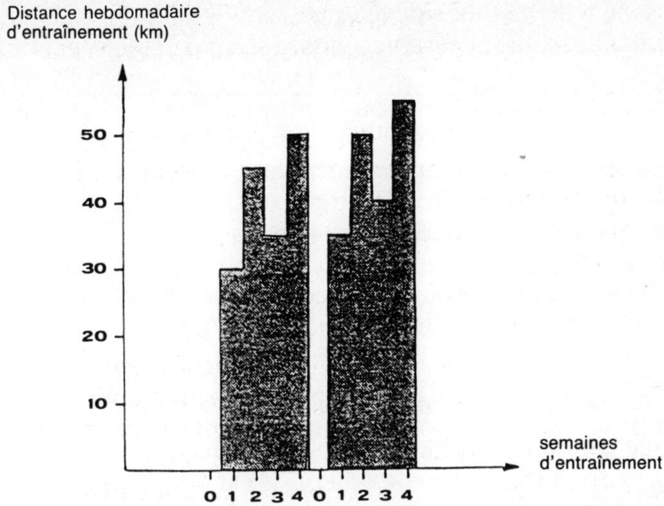

Figure 61: un chien de traîneau de niveau moyen devrait parcourir 200 à 250 km par mois, selon des cycles à surcharge progressive de 4 semaines

La course fractionnée. Cette méthode d'entraînement ne diffère de la méthode par intervalles qu'en fonction:

- de la distance à parcourir pendant la période de travail;
- du degré de récupération entre les répétitions.

La distance à parcourir est directement fonction de la distance de compétition, la récupération entre chaque course étant plus complète que dans les cas de l'entraînement par intervalles. Deux possibilités sont à envisager.

• Le chien parcourt la moitié de la distance de compétition à une vitesse si possible égale ou supérieure à celle utilisée lors de la course. Entrecoupée de périodes de récupération complète (retour de la fréquence cardiaque à sa valeur de repos), la distance totale parcourue représente 1,5 à 2 fois celle de la course.

• Le chien parcourt les trois quarts de la distance de compétition à une vitesse inférieure à celle de la course, les conditions de chaque séance étant les mêmes que précédem-

ment. Une telle méthode développe, dans le premier cas, les capacités anaérobie et aérobie, dans le second cas la capacité aérobie.
La conception d'un programme d'entraînement convenable nécessite donc avant tout de bien connaître les conséquences biologiques et physiologiques de chaque type d'effort chez le chien, ce qui est encore loin d'être le cas... De plus, les particularités individuelles font que l'entraînement des sportifs canins de haut niveau nécessiterait une exploration fonctionnelle répétitive en cours de saison, qui seule serait garante d'une bonne adaptation biologique à la performance.

Evolution de l'entraînement en fonction des saisons

Quel que soit le but recherché, il est important qu'un chien de sport soit entraîné régulièrement. Il est en effet possible d'accéder, en l'espace d'un mois, à un niveau raisonnable d'aptitude, de force ou d'endurance, mais cet effet disparaît lorsque cesse l'entraînement. Ceci est d'autant plus important à prendre en compte que l'effort nécessaire pour maintenir un certain degré de forme physique est bien inférieur à celui qui a été effectué pour accéder à ce même niveau de forme. L'amateur éclairé a donc intérêt, dans la mesure où il peut disposer d'un peu de son temps, à consacrer initialement plus de temps à l'entraînement du chien, afin de n'avoir ensuite qu'à "préserver les avantages acquis" en ne soumettant plus l'animal qu'à un nombre restreint de séances hebdomadaires.
Le sport de traîneau nécessite d'entraîner plusieurs fonctions (force, technique, motivation, puissance aérobie et anaérobie, endurance...). Il sera donc pratique, et même parfois nécessaire, en fonction des impératifs de temps, de consacrer des séances entières à chacune de ces fonctions. Ceci nous ramène à un entraînement spécifique qui, soulignons-le, doit être poursuivi (même avec une intensité réduite) lorsque l'on entraîne une nouvelle fonction.
Seule la haute compétition exige que l'entraînement soit

L'entraînement hors neige fait appel au kart

poursuivi sur toute l'année, en particulier celui du système de transport de l'oxygène. En effet, d'une saison à l'autre, la consommation maximale d'oxygène peut présenter des variations considérables, et seul un entraînement relativement intense tout au long de l'année est susceptible d'en éviter une forte détérioration. Il en résulte la possibilité de diviser l'entraînement annuel en trois phases successives: hors saison, pré-saison, saison.

Entraînement hors saison. Le chien doit pour le moins demeurer modérément actif, et le propriétaire doit s'efforcer de maintenir son poids aussi proche que possible de son "poids de forme". Le programme général d'entraînement hors saison devra intégrer:

- des exercices permettant de développer, ou au moins de maintenir en état, force et endurance musculaire;

- un programme de course à faible intensité une ou deux fois par semaine;
- des jeux assurant à l'animal détente et plaisir.

Entraînement pré-saison. Celui-ci commence 2 à 3 mois avant la première compétition et fait appel à une augmentation de l'intensité, de la durée et de la fréquence des exercices (courses le plus souvent) demandés. C'est durant cette période que sont obtenues les augmentations des capacités énergétiques. Elle doit donc faire appel aux programmes évoqués dans les paragraphes précédents.

Entraînement en saison. Il est généralement admis que la compétition (si celle-ci est au moins hebdomadaire) permet de conserver l'augmentation de la capacité énergétique obtenue en entraînement pré-saison. Dès lors, une à deux séances hebdomadaires se révèlent suffisantes au maintien du niveau de forme, afin d'éviter tout écœurement durant une période cruciale.

Le problème de l'échauffement avant la compétition

Il n'est certes pas impossible pour un athlète humain ou animal d'établir un record sans échauffement préalable. Des travaux anciens (1956) avaient d'ailleurs montré qu'il n'existait aucune différence entre des performances exécutées sans ou avec échauffement. A l'opposé, des publications plus récentes démontrent l'utilité des exercices d'échauffement avant compétition. En effet, l'échauffement, en augmentant la température corporelle permet:
- une augmentation des activités enzymatiques, donc une amélioration du métabolisme énergétique;
- une augmentation du débit sanguin, mais aussi de la disponibilité de l'oxygène;
- une diminution des temps de contraction et de réaction.

Des exercices d'échauffement susceptibles d'être effectués par le chien, nous retiendrons, 2 types d'exercices.

• Dans un premier temps, des exercices d'étirement, en:
- mobilisant les membres en extension-flexion, en adduction-abduction (de l'intérieur vers l'extérieur et réciproquement);
- plaçant le train arrière et la région dorso-lombaire en hyper-extension;
- mobilisant la tête de l'animal en rotation.

Ceux-ci permettent:
- d'accroître la flexibilité articulaire (amélioration de l'habileté motrice);
- d'éviter les déchirures musculaires;
- de prémunir l'animal contre les courbatures dorso-lombaires.

• Dans un second temps, la période d'échauffement devrait se terminer en faisant exécuter, à faible intensité, les mouvements de l'activité sportive pour laquelle on le prépare, ce qui:
- garantit un optimum physiologique;
- améliore la coordination neuro-musculaire.

Le retour au calme après la compétition

La période qui suit immédiatement une compétition est encore trop souvent négligée par les propriétaires de chiens, alors qu'une pratique courante, chez les athlètes humains, est de ramener leur métabolisme à un niveau normal grâce à des exercices de "retour au calme", c'est-à-dire des exercices légers exécutés immédiatement après la compétition.
Conformément à tout ce que nous avons évoqué, il existe deux raisons purement physiologiques, et très importantes, qui viennent appuyer cette pratique.

• L'acide lactique accumulé dans le sang et les muscles est plus rapidement éliminé lors d'une phase de récupération active; il en résulte pour l'animal une moindre sensation de fatigue, laquelle sera encore plus réduite si l'on fait suivre cette période de récupération active par un léger massage musculaire.

• La pompe musculaire est maintenue en activité, ce qui empêche une accumulation du sang dans les extrémités.

Le désentraînement

La période qui suit la fin de l'entraînement est importante à considérer; en effet, la plupart des effets de l'entraînement disparaissent peu de temps après l'arrêt de l'entraînement (4 à 8 semaines).

Dès lors, pour conserver efficacement les effets d'un entraînement, il sera nécessaire d'entraîner le chien *régulièrement tout au long de l'année:*

- en conservant au moins une séance d'entraînement par semaine;
- en emmenant de temps à autre l'animal dans un endroit situé en haute altitude.

Quoi qu'il en soit, l'arrêt total de l'entraînement est donc à déconseiller fortement, particulièrement en sport d'endurance.

Le respect des principes fondamentaux de l'entraînement que nous venons d'évoquer provoque dans l'organisme des modifications physiologiques et métaboliques parfois importantes qu'il convient maintenant d'envisager.

De la théorie à la pratique

En considérant maintenant comme connues les bases de l'entraînement du chien de traîneau, telles que nous venons de les envisager, un entraînement bien mené aura trois objectifs, d'après Thierry Bloch:

- "mener l'attelage au top niveau de ses possibilités lors des courses considérées comme primordiales dans la saison (championnat par exemple);
- garder une condition physique et une motivation sur une plus longue période, ne serait-ce que pour assurer la qualification de l'attelage dans l'équipe nationale;
- attaquer l'entraînement de la saison suivante à un seuil de

condition physique supérieur à celui que l'on avait au début de la saison d'entraînement précédente".

Le principal problème, pour un propriétaire d'attelage, sera d'adapter ces principes aux spécificités psychologiques et techniques du chien nordique et du sport de traîneau. C'est pourquoi, sur le plan pratique, nous ferons nôtres les conseils de notre ami Thierry Bloch lors de sa conférence aux Premières Journées de Médecine Sportive Canine.

Les exercices généraux

Les caractéristiques des chiens nordiques rendront difficile, voire impossible, la réalisation de certaines phases de l'entraînement, surtout en ce qui concerne les exercices généraux qui caractérisent *la période préparatoire*, constituée dans notre cas d'exercices de *volume et d'intensité faibles* ou modérés.

En effet, outre les problèmes inhérents au nombre élevé de chiens, les chiens de traîneau sont souvent extrêmement fugueurs, poussés par un atavisme de chasse qui s'avère très efficace si l'occasion leur est donnée de montrer leurs capacités. De plus, ils se prêtent mal aux rigueurs du dressage classique.

Ainsi, il semblera dangereux d'espérer "jogger" calmement avec quelques chiens de traîneau en guise d'exercice non spécifique, sans oublier que, très vite, les chiens préfèreront de loin ce genre de promenade et travailleront moins une fois attelés.

Les exercices de base non spécifiques devront donc être réalisés par des moyens artificiels:

- le manège d'entraînement, qui permet de faire trotter 8 à 16 chiens à une vitesse de 8 à 12 km/heure;
- le tapis roulant (si le nombre de chiens n'est pas trop élevé);
- le "jogging" individuel en laisse dont on pourra profiter pour faire un minimum de dressage ou pour entraîner spécifiquement des chiens de tête.

Il est à noter que les deux premières options ont l'avantage d'être assez peu attrayantes, ce qui permettra aux chiens de considérer l'attelage comme une activité agréable par comparaison.
Le volume et l'intensité de ces exercices généraux augmenteront doucement de juillet à fin novembre pour décroître fortement au bénéfice d'une augmentation du volume et de l'intensité des exercices spécifiques.

Les exercices spécifiques

Les exercices spécifiques seront plus faciles à réaliser. Du kart à 3 roues pour les petits attelages au châssis désossé dès que l'on atteint 8 chiens, les succédanés d'attelages ne manquent pas.
Les problèmes qui se poseront alors seront d'ordre logistique. Il peut être, en effet, très problématique d'embarquer sur un lieu d'entraînement distant de plusieurs kilomètres un certain nombre de chiens, un châssis ou un kart. L'idéal est, bien sûr, de pouvoir partir du chenil, ce que peu d'entre vous peuvent réaliser. Une autre possibilité, qui se développe si l'on dispose d'un grand attelage, est de carrément atteler à la voiture familiale.
Un autre problème concernera le dosage entre volume et intensité, sauf si l'on utilise un châssis. En effet, les exercices spécifiques se déroulent toujours en début de période à une intensité élevée, ce qui est contraire au modèle théorique fixe.
Le problème du volume dépendra de la disponibilité d'un terrain adéquat à proximité de chez soi. Ces terrains devront présenter différents circuits de longueurs variables de 3 à 20 km sur un sol roulant mais non agressif pour les pattes des chiens, présentant une variété de profils de manière à pouvoir travailler toutes les caractéristiques nécessaires à un bon attelage (descentes, montées, virages serrés, directions, etc...). Il est en effet exclu d'effectuer plusieurs tours d'un circuit pour faire le kilométrage, car le tempérament nordi-

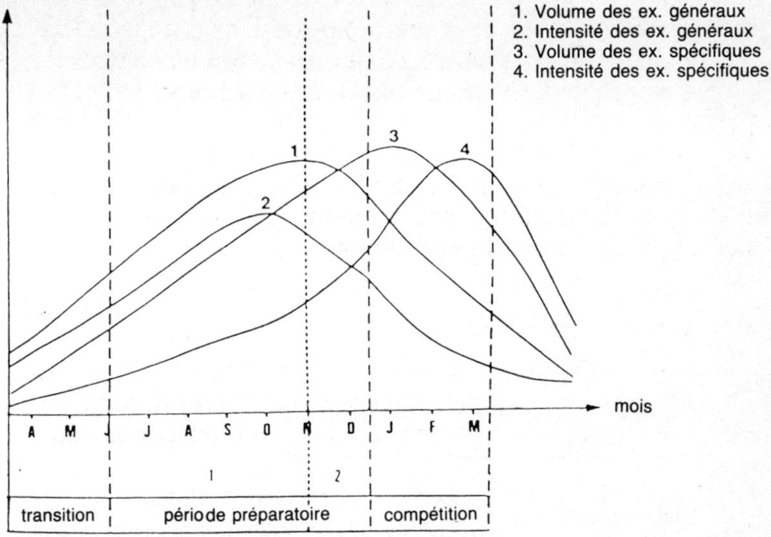

Figure 62: les différentes phases de l'entrainement du Husky au cours de l'année (d'après T. BLOCH)

que ne s'y prêtant guère, la démotivation arriverait vite. En fin de période appropriée, on pourra avantageusement adopter un entraînement à base d'intervalles-training pour développer les qualités de vitesse et de récupération, un attelage s'y adaptant très bien dans la mesure, où, après un arrêt de quelques minutes ou de quelques dizaines de secondes, les chiens redémarrent alors au maximum de leurs possibilités. De plus, il semble très délicat de fixer le moment de passage de la période préparatoire à la période de compétition. Cela conditionne effectivement le pic de performance que l'on désire avoir durant la saison de course et dépend donc du calendrier et des prétentions sportives de chacun. Ce rapide synopsis vous montrera qu'il n'est guère évident de suivre à la lettre ce genre de programme d'entraînement et d'avoir en même temps une activité professionnelle normale pour, entre autre, financer l'attelage et la saison de course. Dans l'ensemble, rares sont ceux d'entre vous qui

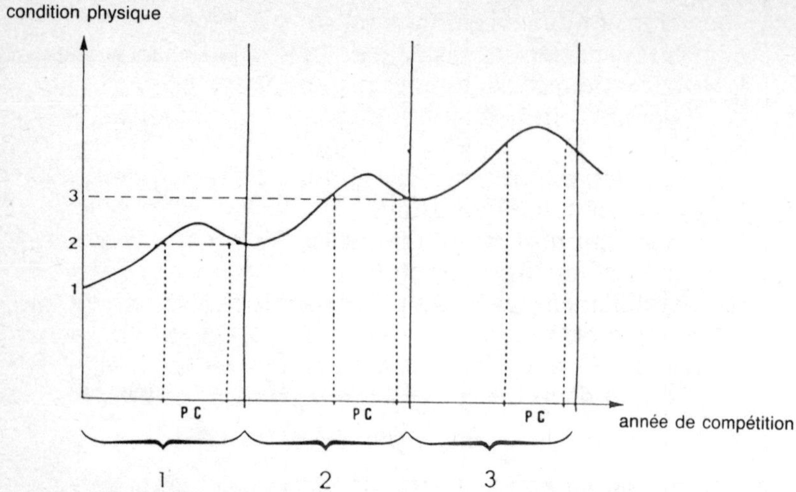

PC: période de compétition

Figure 63: évolution de la condition physique recherchée au fil des années (d'après T. BLOCH)

pourront réaliser ce modèle, surtout lorsque l'on saura qu'en fin de période préparatoire, il s'agira d'entraîner 5 fois par semaine sur des distances de 10 à 15 km, ce qui mobilise bien sûr plusieurs heures de votre temps. On doit donc essayer de se rapprocher de la théorie avec plus ou moins de bonheur et de résultats.

De tout ceci, nous retiendrons le fait que la notion de progressivité est essentielle: de 1 à 2 kilomètres par jour en période de transition, l'entraînement de fond augmente progressivement pour dépasser la distance de course en fin de période préparatoire.

Remarque: les stages en altitude

Parmi les modalités de préparation d'un attelage de compétition, le stage en altitude peut se révéler intéressant s'il est bien conduit; de façon très schématique, il permet d'augmenter le nombre de globules rouges circulant, donc d'améliorer les capacités du système de transport de l'oxygène du chien. Des données dont nous disposons actuellement, nous considérons comme étant la meilleure la modalité suivante:

- 8 jours (au minimum) à une altitude d'environ 1800-2000 mètres en début de saison;
- 8 jours (au minimum) durant les 2 semaines qui précèdent la compétition importante.

Si l'entraînement revêt, pour le Husky de course, une importance toute primordiale, il va de pair (et ne doit en rien en être dissocié) avec le plan d'alimentation qu'il convient maintenant d'envisager.

L'alimentation du Husky de Sibérie en période de courses

Outre ses particularités digestives déjà évoquées, le Husky requiert, en période d'effort d'endurance, une ration très énergétique, riche en matières grasses, très appétissante, digestible, concentrée et fort bien métabolisée. De nombreux travaux menés dans le cadre du Laboratoire de Nutrition de l'École Nationale Vétérinaire d'Alfort, mais également sur le terrain des courses grâce à un certain nombre d'attelages performants dont nous tenons à remercier ici les mushers (Alain Barres, Yannick Belmont, Thierry Bloch, Jean Crotteux, Hans Jurs, Pascal Nicoud, Jacques Philip, Heidi Ruh et Peter Thomann), nous ont permis de mieux cerner ce qui doit être la ration journalière d'un Husky au travail. Ce sont ces aspects que nous développerons après avoir envisagé quelques données historiques.

Aspects historiques

Dans les régions arctiques, le morse, la baleine, le phoque et l'ours constituaient l'essentiel de la ration; il n'en va pas de même dans l'antarctique, où l'on ne trouve de phoques et de

pingouins que sur la frange côtière. Historiquement, ces "matières premières" étaient les seules à rentrer dans l'alimentation du chien de traîneau.
Il faut attendre 1763, avec un récit de H. Egede, pour entrevoir la manière dont étaient nourris les chiens de traîneau au Groenland: "Malgré l'utilité que la population tire de ses chiens, elle les entretient fort mal. Les pauvres animaux sont obligés,comme les bêtes sauvages, de pourvoir eux-mêmes à leur nourriture. Ils sont réduits à chercher les os que leurs maîtres jettent dehors, après les avoir rongés. Quelques-uns vont manger des moules au bord de la mer... Cependant, lorsque les Groenlandais ont de grandes provisions de vivres, ils donnent quelques fois à leurs chiens du sang de chien marin cuit, avec les entrailles et autres bagatelles". En fait, en région arctique, les rations attribuées aux chiens varient énormément avec la saison. Il nous faut donc distinguer deux grands types de rations: celle d'hiver et celle d'été.

En hiver

On peut se demander ce que mangeaient (et mangent parfois encore) les Huskies en hiver. La réponse à cette question demeure difficile, tant cela varie avec la région, les conditions climatiques et le travail fourni.
Ainsi, C.F. Hall, dans un compte rendu d'une expédition au pôle Nord, écrivait-il, en décembre 1871: "La première intention du capitaine Budington, après que la viande de phoque obtenue au camp danois fut épuisée, fut de préparer une mixture de pain et de pemmican. Le docteur Dessel, consulté à ce sujet, fit remarquer que ce n'était pas à son avis une bonne chose car les chiens sont carnivores; le capitaine décida donc de ne les nourrir qu'avec du pemmican".
Parmi les aliments utilisés, la viande conserve une part de choix; seuls les chasseurs les plus efficaces pouvaient dès lors se permettre de garder de grandes équipes de chiens. Celle-ci était toujours associée au "blanc": il s'agissait de donner, en

même temps que la viande, du gras (épaisse couche de graisse des phoques, par exemple) qui, dans les écrits dont on dispose, "était toujours très bien utilisée".

La peau de morse, de phoque ou de narval était également distribuée; Knud Rasmussen raconte dans son rapport de la première expédition à Thule (1912), que "toute la nourriture de leurs chiens consistait en de la peau de morse, excellente nourriture comme lest, mais possédant de gros désavantages en raison de son indigestibilité".

Les organes (viscères) tels que têtes, foies, reins, cœur ou poumon, furent également valorisés. Mais les autorités des différents pays de la zone subarctique ont toujours condamné ce type de nourriture, faisant référence aux parasites se trouvant souvent dans l'estomac des phoques (des nématodes le plus fréquemment); cependant, aucune transmission interspécifique (du phoque au chien) de ces parasites n'a jamais été démontrée.

Souvent également, on jetait aux chiens les entrailles d'un ours venant d'être tué; à ce sujet, il est intéressant de constater que les chiens, qui par ailleurs se ruent sur tout ce qui est à leur portée, négligent le foie chaud. Certains auteurs en ont déduit que celui-ci serait peut-être toxique... Sans en arriver là, et bien que le foie soit un des deux émonctoires de l'organisme (avec le rein), on trouve également dans la littérature le cas de deux explorateurs et de leurs chiens ayant été amenés (afin de survivre) à ne consommer que du foie d'ours polaire durant une quinzaine de jours: la plupart des chiens et un des deux hommes sont morts d'hypervitaminose A aiguë. En effet, le foie d'ours, tout comme les foies de poisson, stocke la vitamine A en des quantités considérables; ceci explique que sa consommation puisse se révéler toxique si elle est répétitive et illustre bien un principe nutritionnel important.

En matière de vitamines, le mieux est souvent l'ennemi du bien. Le professeur Truhaut illustrait d'ailleurs cet aspect en disant que "seule la dose faisait le toxique". De même, la viande de requin est réputée pour induire chez le chien des désordres nerveux et son foie se révèle véritablement toxique.

Tableau 30
COMPOSITION ANALYTIQUE DES DIFFÉRENTS ALIMENTS UTILISÉS HISTORIQUEMENT CHEZ LE CHIEN DE TRAÎNEAU

Aliment	*Humidité P. 100*	*(en % du produit brut)*					*Kcal E.M. par kg aliment*
		Mat. Prot.	*Mat. Gras.*	*Cell.*	*Cendres*	*E.N. A.*	
Taylor 1959 "Pemmican"	4	66	28.8	0.1	3.1	2	–
Taylor 1959 "Pemmican"	4	63.4	27,7	0.1	1.9	1.9	4630
Wyatt 1963 "Pemmican"	8.6	62.3	28.2	–	1.7	–	4568
Wyatt 1963 "Nutrican"	8.7	29.9	41.6	–	7.1	11	4860
Orr 1965 "Pemmican"	6	63.8	28.7	–	0.8	–	4660
Orr 1965 "Nutrican"	5.3	21.5	41.6	–	8	23.7	4980
Kronfeld 1973 "Viande de phoque"	1	33	66	–	–	–	–

En fait, il faut attendre Taylor (1959) pour disposer des premières informations scientifiques sur ce qui fut la base de la ration de trait des chiens pendant plus de 50 ans: le pemmican.
Le pemmican est une nourriture sèche (5 à 10% d'humidité), composée essentiellement de viande de bœuf, de graisse de bœuf et de levures déshydratées. Aliment riche en protéines et en lipides (cf. tableau 30), sa valeur énergétique est d'environ 4600-4700 kilocalories d'énergie métabolisable par kg; la quantité consommée par animal et par jour varie de 0,5 kg

(au camp de base) à 0,75 kg (en course). Masterton (1957) préconise quant à lui l'adjonction de graisse de baleine.
Poursuivant les observations de Taylor, Wyatt (1963) teste par la suite, dans le cadre du "British Antartic Survey", un aliment nouveau: le nutrican.
Composé de graisses animales, de viande de baleine et de flocons d'avoine, le nutrican a une densité énergétique plus élevée que le pemmican (environ 5000 kcal/kg). Sa composition figure au tableau 30. A titre anecdotique enfin, signalons les tentatives de Reece (1954) pour réaliser un aliment spécial pour chiens de traîneau; un premier régime, intégrant 60 à 65% de viande fut refusé; la seconde ration proposée contenait 60% de viande de baleine, 15% de bouillie d'avoine et 25% de margarine; elle induisit une diarrhée sévère chez l'ensemble des chiens.
Ces données historiques sont intéressantes car:
- le pemmican, par exemple, contient deux tiers de protéines et un tiers de lipides mais aussi aucun glucide;
- l'ensemble des rations est finalement composée à base de viande ou de poisson, et de matières grasses;
- l'introduction de céréales (bouillie d'avoine) se révèle diarrhéique.

Nous retrouvons là un certain nombre de règles que nous évoquerons plus loin en détail, qui veulent que le Husky de traîneau se voit distribuer des rations riches en protéines et en matières grasses, mais appauvries en glucides (extractif non azoté).
Il nous faut encore évoquer, dans ce chapitre concernant l'historique de la ration hivernale, quelques éléments pratiques. Ainsi, la forme de la ration distribuée est importante à considérer. La viande est rarement distribuée fraîche (hormis après une chasse, seul cas de figure dans lequel les animaux mangent chaud). En effet, la forme de distribution la plus classique est l'aliment gelé, celui-ci étant coupé à la hache (ceci se pratique encore couramment en particulier sur la course "Iditarod"). Enfin, d'après certains écrits, la viande peut être fournie desséchée.

La *quantité* distribuée dépend évidemment de l'aliment concerné et surtout de sa teneur en eau; il est important d'en tenir compte, puisque c'est pratiquement le seul moyen d'abreuvement du chien. La quantité journalière distribuée reste dans une moyenne de 3 livres par jour (ou 6 livres tous les deux jours), ce qui, nous le verrons, est largement supérieur à ce qui est nécessaire au Husky dans nos contrées.
Concernant le *moment de la distribution*, instinctivement, l'esquimau savait que ses chiens auraient des problèmes pour travailler l'estomac plein; c'est pourquoi les chiens étaient nourris en fin de journée. On peut ajouter à cela "que les chiens ne tirent jamais aussi bien que lorsqu'ils n'ont pas été nourris la nuit précédente". Nous verrons toutefois que cette affirmation mérite d'être quelque peu amendée.
L'esquimau nourrit ses chiens seulement tous les deux jours (et probablement parfois moins souvent), car le fait d'alimenter ses chiens peu fréquemment serait "meilleur pour pouvoir continuer à travailler durant 3 ou 4 jours sans un repas", qu'un système de nourriture distribuée régulièrement toutes les 24 heures par exemple. Ainsi, l'organisme des chiens s'habitue progressivement à des périodes courtes de jeûne. Dès lors, avec une ration journalière de 2 ou 3 livres de phoque, de morse ou de pemmican gelé, les chiens esquimaux ou indiens conservent santé et vigueur par les températures les plus froides, fournissant un travail sans relâche, au cours de trajets pouvant dépasser 1000 miles (1600 kilomètres).

L'été

Au Groenland, Nord Canada ou Alaska, cette saison est radicalement différente de l'hiver pour ce qui est des conditions de vie; chaleur inhabituelle, mouches, moustiques en font pour les chiens une saison épouvantable. A cette époque, aucun effort n'est fait pour les nourrir, même s'ils obtiennent de petites quantités irrégulières de déchets et d'ordures près des campements et des villages. En cela, les

Esquimaux les considèrent d'ailleurs comme de bons agents d'hygiène collective, nettoyant les zones d'habitation en consommant gloutonnement tout ce qui se révèle comestible. A cette époque, les chiens affamés sont des voleurs notoires et il faut aller jusqu'à cacher les réserves de viande sous des pierres. La sanction estivale est même plus dure au Groenland, puisque les chiens sont emmenés sur des îles inhabitées toute la saison, et vivent, livrés à eux-mêmes, en consommant des petits rongeurs (lemmings), qui pullulent à cette époque de l'année. Ce dernier cas de figure constitue également un moyen de sélection naturelle efficace, les chiens par trop faibles n'y survivant pas.
En Alaska, les chiens sont en grande partie nourris au moyen de saumons durant l'été.

Quelques bases scientifiques

Nous venons de voir, que, depuis des siècles, la ration du chien de traîneau au travail était à base de protéines et de lipides. Voyons maintenant si les données de la science moderne permettent d'affirmer quelque peu ces notions, afin de proposer dans un dernier temps des rations pratiques fiables et plus équilibrées.
L'étude du métabolisme énergétique à l'effort semble primordiale; en effet, la physiologie de la contraction musculaire et de l'exercice concerne avant tout la transformation d'une énergie potentielle en énergie mécanique. A ce sujet, et de façon schématique, de nombreuses similitudes existent entre la "machine animale" et le moteur à explosion conçu par l'homme, pour reprendre une comparaison déjà évoquée par Astrand (1980): "Dans le moteur à explosion, l'essence et l'air sont introduits dans le cylindre. L'étincelle émise par la bougie est à l'origine de la combustion explosive du mélange gazeux. L'énergie chimique est transformée en énergie cinétique et en chaleur. La détente des gaz mobilise le piston et un système mécanique assure la transmission de ce mouvement aux roues. Pour éviter la surchauffe, le

moteur est refroidi par un liquide ou par l'air. Les produits de déchet sont éliminés avec les gaz d'échappement. Comme ce moteur ne peut fonctionner qu'en présence d'oxygène, on dit que son fonctionnement est aérobie. Quand le réservoir d'essence est vide, le moteur ne peut plus continuer à tourner, puisqu'un apport continu de carburant est indispensable au fonctionnement du moteur à combustion. Dans une automobile, le démarreur fournit l'énergie nécessaire aux premiers mouvements des pistons. Cette énergie provient des accumulateurs électriques (batteries); le démarreur peut donc fonctionner en l'absence d'oxygène, dans des conditions anaérobies. La quantité d'énergie mise en réserve dans la batterie est limitée, si bien que les accumulateurs doivent être constamment rechargés... Dans la machine animale, les fibres musculaires sont les pistons. Qu'on apporte le carburant et l'étincelle qui peut provoquer la dégradation de celui-ci, et une partie de l'énergie mobilise les pistons; de la chaleur et toutes sortes de déchets sont alors produits..."

L'énergie libérée lors de la dégradation des aliments n'est, bien sûr, pas directement utilisée pour la fourniture de travail musculaire. Elle est en fait valorisée pour fabriquer le seul composé chimique pouvant être directemment utilisé par la cellule musculaire pour accomplir son travail: l'ATP (Adénosine Triphosphate).

C'est donc l'hydrolyse de l'ATP en ADP et Phosphore inorganique (Pi) qui fournit l'énergie immédiatement disponible au niveau musculaire (figure 64).

Dès lors, on peut comparer l'ADP à une batterie déchargée et qu'il faut recharger pour qu'elle puisse refonctionner à nouveau. Vecteur intracellulaire universel d'énergie, l'ATP intervient donc comme un stock d'énergie immédiatement disponible qu'il faut sans cesse approvisionner. Il existe pour ce faire trois systèmes pourvoyeurs d'énergie, permettant le rétablissement du stock basal d'ATP:

- le système ATP-CP (Créatine Phosphate), ou système des phosphagènes;

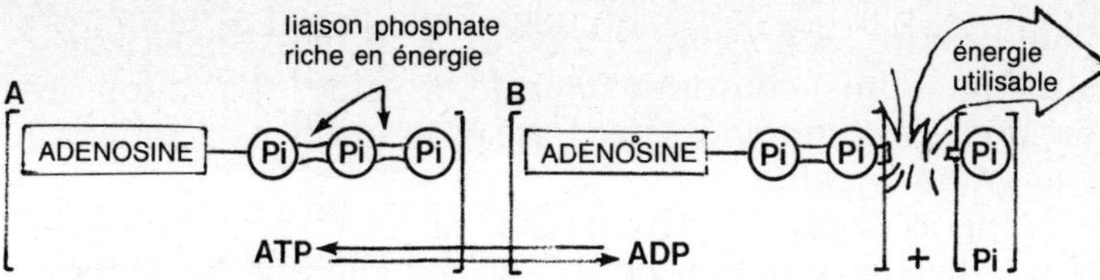

Figure 64: schéma simplifié de la dégradation de l'A.T.P.

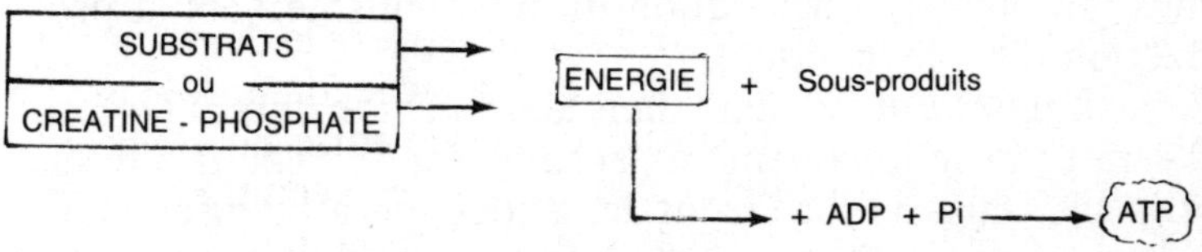

Figure 65: le principe des réactions couplées

- la glycolyse anaérobie ou système de l'acide lactique;
- le système aérobie, ou système de l'oxygène.

Ces trois systèmes fonctionnent selon le même principe, celui des réactions couplées (figure 65).

Ces quelques données très générales étant acquises, que se passe-t-il dans un Husky de Sibérie lorsqu'il participe à une course? Comme nous l'avions évoqué précédemment, nos travaux nous ont permis de faire certaines constatations.

• L'effort d'endurance produit fait appel au *métabolisme aérobie*, l'oxygène étant le comburant d'un carburant essentiellement lipidique (graisses circulantes - ou Acides Gras Libres Plasmatiques - ou graisses de réserve - triglycérides du tissu adipeux). Il en résulte une première conséquence nutritionnelle importante: la nécessité de rehausser la teneur de l'aliment en matières grasses, en y ajoutant si possible des graisses qui resteront au niveau sanguin, sans aller se fixer dans le tissu adipeux (on parle d'acides gras "courts", et on les trouve dans des graisses végétales du type graisse de coprah ou de palmiste - végétaline).

• L'effort fourni par l'animal est en fait un *stress* (comme l'ont montré les nombreux travaux du Professeur Kronfeld aux Etats-Unis) consommateur de protéines. La ration devra donc en comprendre une forte proportion et on veillera à leur grande qualité.

• L'apport de *glucides* (Extractif Non Azoté) apparaît *néfaste* chez le Husky au-delà de 30% de la matière sèche. Ceux-ci se révèlent en effet source de diarrhées (mauvaise digestion des glucides spécifique aux chiens nordiques) et de problèmes musculaires (orientation du métabolisme vers la production d'acide lactique).

• Le *magnésium* circulant dans le sang chute durant l'effort; il serait vraisemblablement "échangé" au niveau des tissus adipeux, ceux-ci fournissant des acides gras au sang et fixant à leur place ce magnésium. Il peut en résulter, après les courses, de légères crises de tétanies (tremblements généralisés), qui nécessitent, aux fins de prévention, d'apporter plus de magnésium dans la ration.

• La *température* rectale du Husky au repos est faible par rapport aux autres races; ceci signifie que son métabolisme de base est inférieur à celui d'autres chiens (la machine est en sommeil); il en résulte que c'est un petit mangeur. Ceci peut sembler paradoxal, puisque ces chiens sont amenés à supporter sans problèmes de grands froids; de fait, il semble bien que la chaleur produite lors de l'effort (la température passe de 37°C à 41-42°C) vienne en déduction des frais de régulation thermique de l'organisme. Ceci explique que la ration n'augmente pas autant que l'on pourrait s'y attendre lors des compétitions et quand il fait froid.

• Le Husky est un *petit buveur*, qui peut néanmoins perdre jusqu'à 1 kilo lors d'une course de type "européenne": il faut donc l'abreuver correctement, mais en contournant sa faible propension pour l'eau: celle-ci sera amenée pour la plus grande part avec l'aliment.

• L'augmentation de la teneur en matières grasses de la ration peut nuire à l'absorption intestinale de minéraux (calcium, phosphore...) en formant des savons indigestibles; il faut donc rehausser la fourniture en ces éléments.

Etudiant des rations contenant respectivement (sur la base de l'énergie métabolisable) 0,23 ou 38% d'Extractif Non Azoté (ENA) et 61,45 ou 34% de lipides, Kronfeld (1977, 121) démontre:

- l'absence de toute pathologie, chez le chien de traîneau en situation, lors de la consommation du premier de ces régimes (hypergras et glucidoprive);
- l'amélioration parallèle des performances sportives d'endurance, associée à une meilleure réponse de l'organisme, tant au plan hématologique que métabolique.

Des essais non publiés datant de 1971 avaient d'ailleurs, par leur échec, amené ce même auteur à abandonner définitivement les régimes hyperglucidiques ("carbohydrate loading") chez le chien de traîneau. De plus, les travaux menés par Hammel (1977) sur les mêmes régimes montrent, chez des chiens recevant l'aliment à 0% d'E.N.A. et 61% de matières grasses, une plus grande aptitude à mobiliser leurs acides gras corporels; ceci confère bien sûr à de tels chiens un avantage certain en effort long, au cours duquel l'oxydation des AGLP est prépondérante (figure 65).

Il en est résulté de la part d'auteurs canadiens (cités par Creff, 1980, 52) la recommandation d'une ration ("Mountain Antic Ration Pack") contenant 55% de lipides, 34% de glucides et 11% de protides.

En résumé, l'incorporation accrue de glucides comme source d'énergie dans la ration du chien Husky de Sibérie subissant un effort d'endurance entraîne une baisse de performance (Downey, 1980) qui peut aller jusqu'à l'expression de signes cliniques tels que raideur musculaire, malaise, myosites, coprophagie (Wyatt, 1963; Kronfeld, 1973).

Le chien qui fournit un travail intense supporte très bien une ration totalement glucidoprive, sans baisse de sa glycémie (sans doute par le biais d'une augmentation de son hémoglucogenèse à partir des acides aminés glucoformateurs), ni complication pathologique, tandis que l'homme requiert au

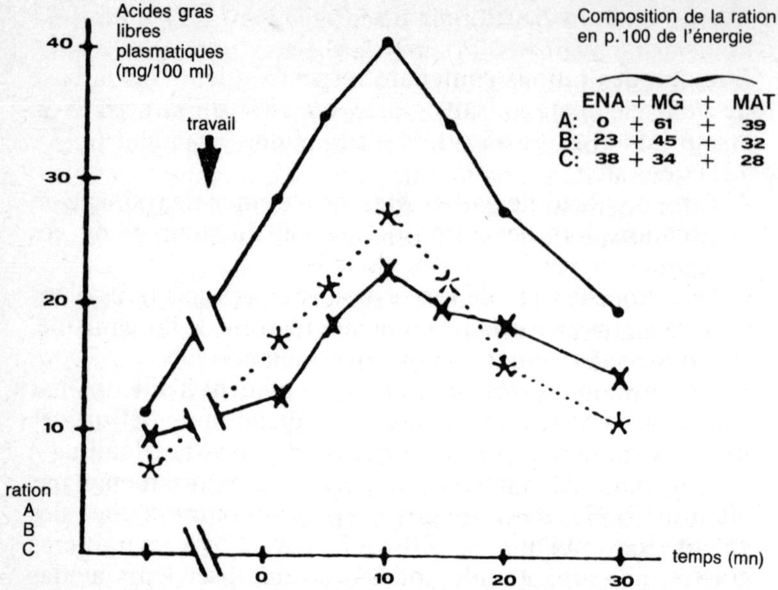

Figure 66: évolution du taux des acides gras libres plasmatiques pendant l'effort chez des chiens de traîneau recevant différents régimes (d'après Hammel, 1977)

grand minimum 15% de glucides dans sa ration. En pratique, ce dernier taux sera le maximum admissible dans la ration du chien de traîneau, afin de maintenir la haute concentration énergétique de cette dernière et d'éviter tout problème. Le chiffre de 30% ne sera possible que lorsque le musher utilisera une source de glucides très bien traitée (extrusion de certaines croquettes, par exemple).

L'équilibre global de la ration doit être adapté pour tenir compte de cette forte concentration énergétique et des besoins nutritionnels particuliers du chien au travail, tant en ce qui concerne les protéines et les minéraux que les vitamines.

Nous avons vu que c'était essentiellement d'énergie dont l'organisme avait besoin, pour la thermorégulation comme pour le travail musculaire.
Toutefois, il apparaît, ce faisant, un certain accroissement de l'usure physiologique de la "machine animale", qui induit un besoin azoté supplémentaire, particulièrement en début de l'entraînement (phase de mise en muscle). Les phénomènes d'"anémie du sportif" accroissent également le besoin protéique.
Pour Gannon (1981), toute augmentation de 4 points du taux de matières grasses de la ration doit être associée à une progression de 1 point du taux protéique (ce qui correspond à 30% de matières protéiques brutes pour un aliment contenant 50% de M.G.). De plus, la circulation plasmatique des AGLP se faisant avec l'aide d'une albumine de transport, l'augmentation du taux de ces derniers en effort d'endurance est responsable d'une dépense protéique complémentaire (Poortmans, 1983).
A propos des minéraux, divers aménagements s'imposent. Ainsi, le calcium et, dans une certaine mesure, le magnésium plus que le phosphore, doivent être nettement augmentés dans la ration.
En effet, le travail musculaire accroît quelque peu la fuite urinaire de ces minéraux (Moore, 1960, 149; Costill, 1978, 49).
Par ailleurs, des régimes riches en graisses peuvent stimuler les pertes fécales de calcium et de magnésium (par formation de savons). Ainsi, une relativement large complémentation en calcium, de façon à parvenir jusqu'à 2 à 3% de l'aliment, participe grandement à la prévention des douleurs articulaires et de "l'ostéofibrose des chiens de course" (qui serait plus ou moins en rapport avec une baisse du pH sanguin lors de travail intense).
Le *chlorure de sodium* doit au contraire rester mesuré puisque la transpiration est presque nulle chez le chien, contrairement aux autres espèces, ce à plus forte raison en conditions climatiques froides.

La surconsommation du sel, en s'inspirant de ce qui est conseillé chez le sportif humain, ou chevalin en saison chaude, ne peut qu'exagérer, chez le chien, la sécrétion urinaire et la soif. Celle-ci risque alors de stimuler chez le chien de traîneau, par exemple, l'ingestion de neige qui serait source de troubles digestifs.

L'ensemble des *oligo-éléments*, enfin, mérite d'être présent en proportion accrue dans le régime. On attribuera un intérêt particulier:

- au *fer* et au *cuivre* qui contribuent dans une certaine mesure à prévenir certaines anémies;
- au *zinc* qui provoque une augmentation de la résistance en prolongeant la contraction musculaire, mais surtout, qui est fréquemment mal digéré chez le Husky, ce qui provoque des affections de la peau (carence en zinc), comme nous l'évoquerons dans le chapitre "Maladies";
- à l'*iode*, qui active la lutte contre le froid, dans le cas des chiens de traîneau;
- au *sélénium*, qui maintient l'intégrité musculaire, de façon conjointe avec la vitamine E chez les animaux de sport.

Enfin, les vitamines sont indispensables à des taux plus renforcés chez le chien qui fournit un effort d'endurance:

- les facteurs *liposolubles* peuvent être doublés, notamment les vitamines A et D. Les apports de vitamine E sont encore augmentés, parallèlement à la richesse du régime en matières grasses; de plus, cette dernière améliorerait sensiblement les performances sportives chez le Husky de Sibérie de course;
- les facteurs *hydrosolubles*, regroupés dans le "complexe B", et qui conditionnent le métabolisme énergétique, seront triplés chez le chien en travail intense. Il nous a même été possible de tester de façon positive, sur des courses de très longues distances, des mélanges de vitamines B1, B6 et B12 à des doses extrêmement élevées, sans dépasser un temps de distribution de 3 semaines. De plus, la vitamine B12 exerce, sans que l'on connaisse exacte-

ment le mécanisme physiologique, un effet "orexygène" (elle redonne de l'appétit) non négligeable (la plupart des attelages participant à l'Iditarod en utilisent).
La connaissance du métabolisme, de la physiologie et des besoins nutritionnels du chien soumis à un effort intense et prolongé (regroupés sur le tableau 31) permet d'envisager une alimentation rationnalisée débouchant sur la constitution d'une ration pratique.

Tableau 31
PRINCIPALES PARTICULARITÉS DE LA COMPOSITION D'UN ALIMENT ADAPTÉ AU HUSKY DE SIBÉRIE EN EFFORT D'ENDURANCE (PAR RAPPORT À LA MATIÈRE SÈCHE)

Nutriments	*Concentrations recherchées (% de la M. S.)*
Protéines	30 à 40
Matières Grasses	30 à 40
Cellulose	2
Extractif Non Azoté	5 à 30
Calcium	1,1 à 3
Phosphore	0,9 à 1,5
Magnésium	25 à 50 mg/kg de poids vif
Vitamine A	10.000 U.I./kg d'aliment
Vitamine D	1.000 U.I./kg d'aliment
Vitamine E	150 mg/kg d'aliment
Vitamine B	X 3

EXEMPLES DE RATIONS

Reprenant l'ensemble des principes évoqués, les tableaux 31, 32 et 33 fournissent quelques exemples de rations.
Pour *simplifier*, la ration d'un Husky en période de course pourrait se composer de la manière suivante:

Exemple 1	• 100 g de croquettes riches en protéines • 200 g de viande (ou poisson) • 80 g de matières grasses dont: – 50% d'origine animale (saindoux, lard...) – 50% d'origine végétale (graisses dures plutôt qu'huile) • 10 g de complément minéral (calcium-phosphore) • 10 g de levures sèches (sources de vitamines B) • 2 comprimés par jour (en course) de "magnésium au glycocolle" par exemple

On peut également citer ici les rations utilisées par *l'armée danoise:*

Exemple 2	• 40% de farine de poisson • 30% de blé extrudé • 20% de soja extrudé • 4% de poudre d'os • 2% de levures • 0,5% de sel • 6000 U.I. de vitamine A au kilo d'aliment • 600 U.I. de vitamine D au kilo d'aliment

Exemple 3	• 300 g de farine de maïs • 300 g de poisson gras séché • 100 g de farine de poisson • 125 g de lard • 60 g d'huile de poisson • 5 g de vitamines • 5 g de poudre d'os

Citons également une ration que nous avions conçue et testée au Laboratoire de Nutrition – Alimentation de l'Ecole Nationale Vétérinaire d'Alfort (Professeur R. Wolter):

• 45% de graisses d'origine animale
• 11% de graisses d'origine végétale

Exemple 4	• 31% de farines animales et tourteaux • 9% de concentrats protéiques de soja • 4% de C.M.V. spécial

Tableau 32
EXEMPLE N° 1 DE RATION

Aliments	*Quantité*	*Matières Sèches*	*Matières Grasses*	*Matières Azotées Total*	*E.N.A.*	*Cal.*
Bœuf maigre	220 g	19.8	4.2	11.1	2.3	83.4
Royal canin HE	90 g	90	14	30	35	349.
Margarine	60 g	81.7	80.5	.5	.45	699.
Farine d'os	3 g	96	.3	.4	0	2

Caractéristiques de votre ration		
	en % Poids Brut	*en % Matières Sèches*
Matières sèches	47.3	100
Matières grasses	18.8	39.7
Protéines	13.8	29.3
Cellulose	.707	1.49
ENA	9.87	20.8
Matières minérales	3.41	7.21
Calcium	.707	1.49
Phosphore	.477	1.00
Energie	246.	520.
Rapport Calcium/Phosphate		1.48
Cal/Prot (G. Prot./M. Cal)		56.3

Caractéristiques recherchées en % de Matières Sèches		
Mini	*Maxi*	*Commentaires*
30 < MAT. 5 < E.N.A	< 35 --> < 20 -->	Taux correct Matières Grasses Taux correct Matières Azotées Taux correct d'E.N.A.

La distribution de 560 grammes de cette ration couvre les besoins d'un Husky de Sibérie de 18 kilos.

Tableau 33
Exemple N° 2 de ration

Aliments	*Quantité*	*Matières Sèches*	*Matières Grasses*	*Matières Azotées Total*	*E.N.A.*	*Cal.*
Bœuf mi-gras	500 g	40	21.7	17.5	0	249.
Margarine	50 g	81.7	80.5	.5	.45	699.
Huile	10 g	99.8	99.8	0	0	863.
Canina prot +	300 g	91.3	9.45	29.2	38.8	321
Farine d'os	10 g	96	.3	.4	0	2

Caractéristiques de votre ration		
	en % Poids Brut	*en % Matières Sèches*
Matières sèches	61.4	100
Matières grasses	21.5	35.0
Protéines	20.1	32.8
Cellulose	1.51	2.47
E.N.A.	13.4	21.8
Matières minérales	4.25	6.91
Calcium	1.09	1.78
Phosphore	.558	.908
Energie	304.	495.
Rapport Calcium/Phosphate		1.96
Cal/Prot (G. Prot./M. Cal)		66.2

Caractéristiques recherchées en % de Matières Sèches		
Mini	*Maxi*	*Commentaires*
30 < 35.0	< 40 -->	Taux correct Matières Grasses
30 < 32.8	< 40 -->	Taux correct Matières Azotées
5 < 21.8	< 30 -->	Taux correct d'E.N.A.
1.1 < 1.78	< 3 -->	Taux correct Calcium
.9 < .908	< 1.5 -->	Taux Correct Phosphate
1.2 < 1.96	< 2.0 -->	CA/P Correct

La distribution de 500 grammes de cette ration couvre les besoins d'un Husky de Sibérie de 20 kilos.

Tableau 34
Exemple N° 3 de ration

Aliments	*Quantité*	*Matières Sèches*	*Matières Grasses*	*Matières Azotées Total*	*E.N.A.*	*Cal.*
Cany & Caty	900 g	34.7	10.2	15.9	.8	147.
Margarine	40 g	81.7	80.5	.5	.45	699.
Huile	10 g	99.8	99.8	0.0	0	863.

Caractéristiques de votre ration		
	en % Poids Brut	*en % Matières Sèches*
Matières sèches	37.4	100
Matières grasses	14.1	37.8
Protéines	15.1	40.4
Cellulose	.189	.506
	.766	2.07
Matières minérales	7.16	19.1
Calcium	1.88	5.04
Phosphore	.938	2.50
Energie	178.	476.
Rapport Calcium/Phosphate		2.00
Cal/Prot (G. Prot./M. Cal)		84.8

Caractéristiques recherchées en % de Matières Sèches		
Mini	*Maxi*	*Commentaires*
30 < M.G.	< 40 -->	Taux correct Matières Grasses
30 < MAT.	< 40 -->	Taux correct Matières Azotées
E.N.A	< 20 -->	Taux correct d'E.N.A.

La distribution de 950 grammes de cette ration couvre les besoins d'un Husky de Sibérie de 25 kilos.

Modalités pratiques de distribution des rations

Quantités journalières

Les quantités préconisées aux tableaux 31 à 33 correspondent à un ingéré énergétique quotidien légèrement supérieur à ce qui est considéré comme couvrant le strict entretien pour une autre race de chiens. De telles rations se sont révélées efficaces, mais l'utilisateur conservera à l'esprit en permanence la règle suivante: les quantités d'aliment distribuées chaque jour seront adaptées à l'évolution du poids du chien: ce dernier devra rester sensiblement constant en période de compétition.

Modalités de distribution

Le mélange d'aliment constitué sera préparé en l'humidifiant fortement, de manière:
- à apporter de l'eau à l'animal;
- à fluidifier la ration, et ainsi à prévenir tout risque de torsion d'estomac.

A titre d'exemple, des croquettes sèches entrant dans la ration ne seront pas distribuées telles quelles, mais sous forme de soupe après imbibition de 10 à 20 minutes; les autres ingrédients sont alors dissous dans la soupe formée. On préfèrera préparer ce mélange avec de l'eau tiède, ce qui permettra une meilleure dissolution des graisses et évitera que la ration ne gèle trop vite quand elle sera distribuée à la "Stake-out".

Rythme des repas

Conformément à ce qui fut évoqué plus haut, *un seul repas par jour* sera distribué, *le soir à heure fixe.* Les matins de course, on pourra donner au chien un petit quart de sa ration journalière, toujours dans de l'eau, en prenant soin de respecter un délai minimal de 3 heures avant le départ de la course.

Respect d'un bonne transition alimentaire

La ration d'hiver étant très différente de la ration d'entretien (période estivale), il conviendra de respecter une bonne transition alimentaire entre ces deux modalités de rationnement, afin d'éviter tout désordre digestif. Pour ce faire, on procédera par étapes, à compter du début du mois d'octobre, par exemple, en introduisant très progressivement les matières grasses supplémentaires; on peut ainsi préconiser une augmentation de la quantité de graisse apportée ne dépassant pas 10 grammes par semaine, ce qui amènera par exemple aux 80 grammes évoqués dans le courant du mois de décembre. On constatera d'ailleurs parfois une légère prise de poids des animaux en début de saison de course (1 à 2 kilos), ce qui, de fait, se révèle positif, l'important étant que ceux-ci récupèrent ensuite leur poids de forme au moment des compétitions importantes. Une période similaire de transition sera respectée en fin de saison, de façon à revenir à la ration estivale en 3 ou 4 semaines.

OU LA REALITE REDEVIENT LE MYTHE... LA COURSE IDITAROD

"La dernière grande course sur terre" ne peut être comparée à aucun autre événement sportif au monde: 1049 miles (plus de 1300 en fait, cette année, soit près de 2000 kilomètres) à travers les plus beaux paysages, mais aussi dans les conditions les plus dures. La course "Iditarod" traverse plusieurs chaînes de montagnes, des rivières gelées, les forêts les plus denses, la toundra désolée et des kilomètres de banquise où chiens et mushers doivent affronter le blizzard.

D'Anchorage, au sud de l'Alaska, à Nome, sur la côte ouest de la mer de Behring, chaque attelage de 12 à 20 chiens doit couvrir la distance en 2 à 3 semaines, selon les années...

Le 2 mars dernier, pour la première fois, quatre Français se trouvaient au départ de l'Iditarod: 3 mushers (Claire et Jacques Philip, Monique Bene) et un vétérinaire (l'auteur de cet ouvrage), qui était intégré à l'équipe officielle.

Avant d'être une course, l'Iditarod retrace, en fait, la courte

L'Alaska: théâtre de l'Iditarod

histoire de l'Alaska. La piste "Iditarod", devenue monument national historique, trouve son origine dans le transport du courrier et de la nourriture des villes côtières vers les villages de mineurs de l'intérieur: Mac Grath, Ophir, Iditarod ou Ruby, vers les communautés esquimaudes de la côte ouest (Unalaklett, Elim Golovin, White Mountain ou Nome). Courrier et subsistances y arrivaient, l'or en repartait, grâce aux attelages de chiens de traîneau. Les héros d'une légende étaient nés.

En 1925, une partie de cette piste Iditarod devient la seule voie de survie pour la ville de Nome, victime d'une épidémie de diphtérie: les chiens de traîneau du service postal alaskan écrivent une page glorieuse de l'histoire de la médecine...

A Anchorage, à l'autre bout du pays, où un SOS vient d'être reçu, on prépare déjà les ampoules de sérum en se demandant comment on parviendra à les acheminer. La première

partie du voyage ne pose pas de problème. Elle peut s'effectuer par chemin de fer jusqu'à Nenana. Mais de Nenana à Nome, il reste encore plus de 1000 kilomètres à parcourir. Pour mener à bien cette opération de sauvetage, des attelages de chiens choisis pour leur endurance et leur vitesse se relayent jour et nuit.
A minuit, le mardi 28 janvier 1925, par moins 45°C, le premier musher Shannon disparaît dans l'obscurité avec ses chiens, pour parcourir la première étape. Dans cette course infernale, véritable ruée vers la ville, ils sont nombreux à relever le défi. Sam, Titus, Edgard, Harry, et combien d'autres rapprochent, grâce à leurs chiens, le sérum de Nome. A chaque étape, chacun d'eux prend soin, sur les conseils du médecin-chef de l'hôpital d'Anchorage, de réchauffer le précieux paquet.
Avec 146 kilomètres parcourus, les chiens du musher Seppala réalisent un record d'endurance et de vitesse. A leur arrivée, ils se laissent tomber d'épuisement sur place. Le sérum n'était plus qu'à 125 kilomètres de Nome.
Dans ce raid inouï, les chiens avaient encore un sommet de 1800 mètres à franchir. Ils y parviennent, mais une rafale de vent projette le sérum loin du traîneau. Dans la nuit, le musher, fouillant frénétiquement la neige, retrouve le précieux colis.
Dans un ultime effort, le dernier attelage entre dans Nome, le 2 février au matin. 1080 kilomètres d'enfer blanc ont été parcourus en 127 heures 30. A midi, le docteur Witney inocule le sérum “porteur de vie” aux malades. Le 21 février, Nome n'est plus en quarantaine.
Cette mission impossible a fait de ces chiens, presque tous des Huskies, un véritable symbole. Aux Etats-Unis, une statue est élevée en leur honneur, sur laquelle on peut lire: *Endurance, Fidélité, Intelligence.*
Le départ de la course a lieu à Anchorage. Ville de 250.000 habitants, trop classiquement américaine, pourrait-on dire; elle n'est pas la capitale de l'Alaska, qui est, rappelons-le, Juneau.

Le premier samedi de mars, les attelages (au nombre de 62, cette année), rejoignent le premier "check-point" (point de contrôle), dotés chacun d'un accompagnateur, afin d'aider aux traversées de routes et passages souterrains dans Anchorage. Après un nouveau départ dans la vallée de la Matanuska, à Settler's Bay (il est, en effet, impossible aux attelages de traverser trois rivières successives trop rarement gelées), les mushers quittent le pays des autoroutes et des gratte-ciel pour l'intérieur de l'Alaska et la rivière Susitna, Rabbit Lake puis Skwentna.
Ensuite, viennent Finger Lake et le célèbre point de contrôle de Rainy Pass, au cœur de la chaîne montagneuse du mont MacKinley, et la redescente vers la rivière Kuskokwim (Rohn, Nikolaï, Mac Grath, Ophir, Don's, Iditarod) puis le Yukon, fleuve gelé dont la largeur oscille entre 1 et 2 kilomètres, alliant le grandiose à la plus profonde solitude, pour

Un attelage de 14 chiens à Rainy Pass (Iditarod)

amener les équipages à Kaltag, porte de la toundra arctique. La piste est modifiée chaque année, alternant une route Nord (Cripple, Ruby, Galena), et une route Sud comme cette année (Iditarod, Shageluk, Anvik). Enfin, les attelages atteignent la côte de la mer de Behring à Unalakleet, village esquimau situé encore à 400 kilomètres de l'arrivée. Cette dernière partie, courue sur la banquise dans des conditions de froid et de vent souvent effroyables, fait toutefois figure de sprint final, et chaque musher reliant Nome y est accueilli en véritable héros, qu'il soit premier ou dernier!

Pour avoir eu la chance de suivre la course sur 13 de ses 21 points de contrôle, je ne vois, en terme de popularité et d'audience, qu'une seule compétition "bien de chez nous", supportant la comparaison: Le Tour de France cycliste! Cette comparaison s'arrête, bien sûr, aux deux aspects évoqués, car à part cela, chaque attelage se trouve entièrement livré a lui-même.

La course Iditarod est une organisation fabuleuse, qui dépasse la simple volonté des mushers ou l'anxiété des chiens. Avec un budget annuel voisin de 800 000 dollars, et la participation de plus de 2 000 volontaires, l'Iditarod Trail Committee devient une entreprise solide, "à l'américaine". Des centres d'information sont mis sur pied à Anchorage, Eagle River, Fairbanks, Juneau, Nome et Wassila, pendant la course, afin de diffuser à l'ensemble des médias les informations en provenance des vingt points de contrôle. Cela est rendu possible grâce à la mise en place d'un réseau de communications radio assuré par des opérateurs amateurs. De plus l'«Iditarod Air Force», elle aussi composée de volontaires mettant à disposition leurs appareils, permet le transport de la nourriture et des vétérinaires (eux aussi volontaires) de point de contrôle en point de contrôle. Enfin, il convient de ne pas oublier les "Trail breakers" véritables ouvreurs de la piste, qui en assurent un marquage, et parfois un damage minimal.

Sans ces volontaires, il n'y aurait pas de course, et c'est pourquoi il est important de leur rendre hommage.

Entrer dans le détail du règlement de course serait par trop fastidieux, tant il est complexe par certains aspects. Mais évoquer le strict cadre vétérinaire nous paraît des plus intéressants, l'Iditarod donnant ses lettres de noblesse à une discipline professionnelle encore peu développée, qui est la médecine sportive canine.

Avant la course, chaque chien doit satisfaire à un examen clinique des plus complets, attestant de son bon état de santé, ainsi que de vaccinations obligatoires (rage, maladie de Carré et parvovirose). Les animaux sont ensuite examinés à chaque point de contrôle, les "inaptes" étant retirés de la course (parce que fatigués, malades ou blessés) et rapatriés par avion sur Anchorage.

Tout traitement cruel ou inhumain envers un chien est immédiatement sanctionné par la disqualification du musher. Ainsi, des contrôles antidoping sont effectués à intervalles réguliers, par tirage au sort, à raison de deux prélèvements par attelage.

Sur la course, on rencontre quatre grands types de pathologie, avec une expression clinique croissante selon l'état d'avancement de la course: pathologie des pattes, déshydration, diarrhées, problèmes respiratoires... Il faut, bien sûr, y ajouter une traumatologie relativement rare, et qui a plus été liée cette année à des attaques d'attelages par des "mooses" (élans du Canada, ou orignaux) qu'à la difficulté de la piste.

Quoi qu'il en soit, la décision du vétérinaire est toujours respectée sans la moindre discussion, l'intérêt du chien prenant le pas sur la performance, et ce, même si le prix attribué au premier attelage ralliant Nome est de 50.000 dollars...

La 13e édition de la course Iditarod fut, de l'avis unanime des officiels et des mushers, la plus difficile jamais connue.

En effet, en cette année 1985, l'abondance de neige (1,50 à 2 mètres sur le premier tiers du parcours) a freiné la progression des attelages, mais a surtout amené les mooses à se regrouper autour de la piste, causant quatre accidents graves, la mort de cinq chiens et l'abandon de deux attelages. Ensuite, tempêtes, vent et froid (-47°C entre Shageluk et Anvik, par exemple) ont amené certains équipages à se perdre transitoirement, d'autres restant bloqués 36 à 48 heures sur la banquise.

Les plus courageux sont passés, tandis que 20 attelages étaient poussés à l'abandon, et que deux d'entre eux étaient disqualifiés.

Il n'en reste pas moins que le principal événement de la compétition aura été, pour la première fois, la victoire d'une femme (Libbie Riddles), en un peu plus de 18 jours..., sans oublier, bien sûr, les bonnes performances des mushers français (Jacques Philip, 21e; Claire Philip, 35e; Monique Bene, 40e).

Devant la difficulté de conclure un tel sujet, ce sont les mots d'un des pionniers de la course, Bill Vaudrin, qui reviennent à l'esprit: Iditarod vous appartiendra sans que jamais personne n'y puisse changer quoi que ce soit, parce que vous lui avez demandé la seule chose que le pays lui-même admette: le pénétrer jusqu'au cœur – faire partie de lui et réciproquement. A jamais.

La santé de votre Husky de Sibérie

Il n'est bien entendu pas question pour nous de traiter dans ce chapitre de l'ensemble des problèmes pathologiques qui peuvent survenir chez un Husky de Sibérie. En revanche, on peut envisager certains problèmes, certaines maladies bénignes, de manière préventive et acquérir une meilleure compréhension, afin d'éviter des erreurs qui pourraient nuire plus gravement à la santé de l'animal.

Le prélèvement sanguin a permis de mieux connaître la "machine animale"

PROPHYLAXIE DES MALADIES INFECTIEUSES OU PARASITAIRES

Sous ce vocable barbare, on entend en fait les différents modes de prévention du chiot et de l'adulte à l'égard de maladies infectieuses graves (*vaccination*) ou des principales affections parasitaires (*vermifugation*).

Les maladies infectieuses

Le colostrum de la mère, absorbé efficacement pendant les 72 premières heures, protège le chiot entre 0 et 7 semaines. Entre 6 et 8 semaines se situe une période critique pendant laquelle le chiot est sensible à l'infection, alors que l'efficacité des vaccins est encore mauvaise (l'efficacité du vaccin est neutralisée par les anticorps maternels encore présents).

Les maladies en cause

Viroses digestives

Elles se manifestent par des gastro-entérites (vomissements-diarrhées) ou des entérites souvent hémorragiques (diarrhées contenant du sang). Le principal virus en cause est un parvovirus (on parle de *parvovirose*), très résistant dans le milieu extérieur, très répandu et qui se transmet facilement de chien à chien et par l'intermédiaire du matériel. La parvovirose continue de poser de réels problèmes pratiques chez les chiots.

La maladie de Carré

La maladie de Carré, affection nerveuse très grave, n'est pas, contrairement à ce que l'on croit, que la "maladie du jeune chien". Il faut savoir que les vaccins contre la maladie de Carré sont aujourd'hui très efficaces, mais qu'un chien vacciné jeune et ne recevant par la suite aucun rappel peut contracter cette affection plus tard, vers 8 ou 10 ans! On a aussi remarqué que l'incidence de cette maladie avait augmenté parallèlement à l'évolution de la parvovirose en France, le parvovirus déprime sensiblement la réponse immunitaire de l'organisme.

L'hépatite contagieuse

Hantise des années 1930 à 1950, l'hépatite contagieuse, encore appelée maladie de Rubarth, a pratiquement disparu en France actuellement. Elle ne se manifeste encore que par quelques cas suraigus (de survenue très brusque); il semble que cette maladie puisse parfois expliquer une partie de la mortinatalité (mort dès la naissance) chez le chiot.

Les viroses respiratoires

Ce sont des maladies très contagieuses que l'on regroupe sous le vocable "syndrome de la toux du chenil". Des vaccins qui protègent des principaux germes responsables de cette "toux du chenil" sont actuellement disponibles; ils seront réservés aux élevages ayant une forte concentration canine.

La leptospirose

La leptospirose est elle aussi une maladie grave, qui a généralement pour origine l'urine des rats (c'est la "maladie des égouttiers"). Elle reste la maladie contre laquelle la vaccination est la moins sûre: quel que soit le vaccin utilisé, la durée de l'immunité oscille entre 6 mois et 1 an au maximum; dans l'absolu, c'est donc plutôt deux fois par an qu'il conviendrait de faire vacciner l'animal.

La rage

La rage est maintenant une maladie bien connue du grand public; elle est d'origine virale et se révèle *mortelle* dans *100%* des cas. La vaccination antirabique, si elle n'est obligatoire que dans les départements déclarés infectés (01, 02, 07, 08, 10, 21, 25, 26, 38, 39, 42, 45, 51, 54, 55, 57, 58, 60, 67, 68, 69, 70, 71, 73, 74, 76, 77, 88, 89, 90, 93, 95) lorsque le chien n'est "qu'un animal de compagnie", est obligatoire (ainsi que le tatouage) lors de toute concentration canine (exposition, course...).
En outre, cette vaccination est exigée pour tout voyage à l'étranger (ainsi qu'en Corse). En vaccinant votre chien, c'est vous-même que vous protégez. Le chien ne peut être vacciné avant l'âge de 3 mois. La primo-vaccination comporte 2 injections à un intervalle de 15 à 30 jours (mais il existe depuis peu un vaccin qui permet la vaccination avec une seule injection en primo-vaccination). L'injection de rappel sera annuelle et pratiquée dans un délai de moins d'un an après la précédente.
Les vaccinations ne peuvent être pratiquées que par un Docteur-Vétérinaire qui délivrera un certificat spécial, conforme au modèle réglementaire, sur lequel sera collée la vignette du vaccin utilisé.

QUEL PROGRAMME DE VACCINATIONS RESPECTER?

Le tableau 35 propose un calendrier de vaccinations du chien intégrant son état immunitaire, son âge et son mode de vie. On pourra y adjoindre, pour les grandes collectivités, une vaccination contre la "toux du chenil".

Les maladies parasitaires

CAS DE PARASITES INTERNES

Les parasites internes peuvent encore être appelés "vers intestinaux" et appartiennent à deux grandes catégories:

Tableau 35
CALENDRIER DE VACCINATION "TYPE" (D'APRÈS PROF. R. MORAILLON; ECOLE NATIONALE VÉTÉRINAIRE D'ALFORT)

	7 sem.	*8 sem.*	*9 sem.*	*plus de 3 mois*	*4 mois*	*Rappels annuels*						
						n° 1	*n° 2*	*n° 3*	*n° 4*	*n° 5*	*n° 6*	*n° 7*
Individu		C H P		C H P	LR	C H P LR	C LR	C P LR	C LR	C H P LR	C LR	C P LR
Collectivité	P[1]	C H P	P	C H P LR	LR	C H P LR	C LR	C P LR	C LR	C H P LR	C LR	C P LR

[1] Dès l'âge de 6 semaines éventuellement dans un chenil infecté.

Légende: P: Parvovirose
C: Maladie de Carré
R: Rage
L: Leptospirose
H: Hépatite contagieuse

Remarque: de préférence ne pas associer les vaccins contre la rage et contre la parvovirose.

- les vers "ronds" (ascaris essentiellement);
- les vers "plats" (dypilidium, ténias...).

Il faut savoir que pratiquement tous les chiots sont porteurs d'ascaris dès la naissance: ceux-ci proviennent de la mère, par voie transplacentaire, même si celle-ci a été vermifugée correctement; en effet, chez l'adulte, des formes larvaires peuvent s'enkyster, ne reprenant leur cycle évolutif qu'à l'occasion de la gestation.

Face à cela, deux précautions sont à prendre:
- vermifuger les mères durant le premier mois de gestation;
- vermifuger les chiots chaque mois jusqu'à l'âge de 6 mois, avec un acaricide simple (sirop de pipérazine), mais de préférence avec un vermifuge polyvalent, qui combattra vers ronds et vers plats (consulter votre vétérinaire, qui,

de toute façon, le prescrira de lui-même lors des vaccinations).

Les adultes, quant à eux, seront vermifugés régulièrement (2 fois par an) à l'aide de vermifuges polyvalents qui sont maintenant parfaitement efficaces.

Cas de parasites externes

Les parasites externes sont liés à la présence sur l'animal de puces, de poux d'acarions (gale) ou de tiques.

Point n'est besoin de s'inquiéter pour les trois premières catégories; le meilleur moyen de prévention est actuellement le collier antiparasitaire, mais il faut bien reconnaître que son utilisation est souvent difficile en meute (les chiens se les "mangent" l'un l'autre). On devra alors se replier sur des moyens plus classiques (poudres, shampoings).

A propos des puces, deux remarques s'imposent:

- la puce pond ses œufs ailleurs que sur les chiens (contrairement aux poux); en cas d'infestation (on parle de "pullicose"), il faudra donc également traiter à l'aide d'un antiparasitaire l'ensemble de l'habitat du chien (chenil, litière, niche... voire canapés ou fauteuils);
- la puce est un hôte intermédiaire pour un ver plat, parasite interne du chien, le "dypilidium"; il faudra donc non seulement traiter le chien et son environnement contre les puces, mais également envisager rapidement la vermifugation de l'animal.

Si ces affections restent bénignes, il n'en va pas de même dans tous les cas quant à la présence de tiques ("poux de bois"), à la suite d'une promenade en forêt ou d'un entraînement. En effet, cette tique, une fois fixée à la peau du chien, va se gorger de son sang et introduire dans ce dernier (si elle est elle-même infectée) un parasite du sang très dangereux: "Babesia Canis". Une fois inoculés dans la circulation sanguine du chien, les Babesia (encore appelés "piroplasmes", d'où le nom de "piroplasmose" de la maladie) vont pénétrer dans les globules rouges sans les détruire. C'est

cet envahissement des globules rouges qui provoque les premiers symptômes: le Husky est abattu, refuse de courir ou de jouer, ne mange plus. Très vite, la température va monter pour atteindre jusqu'à 41°C, les globules rouges vont éclater, pour conduire à une anémie (pâleur des muqueuses) et à une coloration rouge foncée des urines (excrétion de l'hémoglobine provenant des globules rouges éclatés).
Concernant la piroplasmose, l'accent doit être mis sur l'importance de la mise en œuvre *la plus précoce possible* du traitement par le vétérinaire. C'est ainsi qu'il ne faudra pas hésiter, surtout dans les régions gravement touchées (Sud-Ouest, Rhône-Alpes, Auvergne...) à montrer le chien à un vétérinaire dès la première apathie. Mais même convenablement traitée, une piroplasmose peut entraîner des séquelles sérieuses au niveau du foie et des reins de l'animal, ce qui fait qu'une fois de plus, "mieux vaut prévenir que guérir"; à ce titre, il existe actuellement dans le commerce des colliers antiparasitaires contenant un nouveau principe actif (Préventic ND) qui induit le détachement des tiques en moins de 24 heures. Des essais sont également en cours quant à la mise au point d'un vaccin spécifique.

PATHOLOGIE DIGESTIVE

Trois grands syndrômes dominent la pathologie digestive du Husky de Sibérie, comme d'ailleurs de beaucoup d'autres races: les vomissements, les diarrhées et surtout (de par son extrême gravité), le retournement d'estomac.

Les vomissements

Avant tout, précisons une chose: le vomissement n'est pas forcément le reflet d'une quelconque maladie chez le chien... En effet, depuis des siècles, le chien a été amené à se nourrir fréquemment de cadavres de petits animaux et à rejeter, par

vomissements, os, plumes et poils qu'il ne pouvait digérer. En tout état de cause, le vomissement occasionnel devra donc être considéré comme bénin, voire quasi physiologique.
A l'opposé, la répétition rapprochée de cet acte nécessitera la consultation du vétérinaire, les causes du vomissement étant très nombreuses et pouvant être le symptôme d'une affection beaucoup plus grave (intoxication, ulcères, corps étrangers, gastrites, insuffisance rénale, pyomètre, diabète).

Les diarrhées

La diarrhée est un syndrôme qui se manifeste par l'élimination d'une quantité anormale de selles hyperhydratées: c'est l'émission trop rapide de selles très liquides. Il s'agit d'un symptôme banal chez le chien; c'est, en fait, le symptôme le plus fréquent de toutes les affections de l'intestin grêle ou du gros intestin, et l'on peut dire que tout Husky a eu ou aura la diarrhée.

Les diarrhées aiguës

Dans sa forme aiguë, la diarrhée survient rapidement et peut très vite évoluer gravement, l'animal perdant beaucoup d'eau et se déshydratant. Là encore, les origines en sont nombreuses:
- infection (cas typique de la parvovirose);
- parasitisme (champignons, coccidies, trichures...);
- allergie alimentaire;
- intoxication (anticoagulants, pesticides organochlorés...).

Toutes nécessitent la mise en œuvre rapide par le vétérinaire d'un traitement adapté. Dans le cas du Husky de Sibérie, deux particularités liées à la pratique du sport de traîneau sont à signaler:
- l'ingestion de neige pendant ou après la course;
- le stress provoqué par la course en elle-même.

Figure 67: la diarrhée est une pathologie fréquente chez le Husky

Il s'agit là de diarrhées qui, de par leur origine même, se révèlent rarement inquiétantes, les selles reprenant une consistance normale dès que la cause disparaît.
Dans tous les cas et sans préjuger du traitement mis en œuvre, une diète hydrique stricte (le chien ne reçoit que de l'eau) doit être observée pendant 24 à 48 heures, car les aliments entraînent, du fait même de leur effet abrasif, une augmentation de la destruction des cellules de la muqueuse intestinale. La diète hydrique a de plus l'avantage de dimi-

nuer le risque d'introduire des germes capables de s'établir dans un intestin dont les défenses sont perturbées.
L'alimentation normale ne sera reprise que progressivement, avec des aliments faciles à digérer. Les aliments seront distribués en plusieurs petits repas (4 par jour), afin d'éviter tout déclenchement d'une nouvelle phase diarrhéique. Pendant toute la période de convalescence, il est recommandé de donner à l'animal une alimentation cuite, pour éviter un apport important de microbes. Le fromage frais, la viande maigre de bœuf, de poulet ou de mouton pourront être utilisés. Le régime de convalescence sera maintenu jusqu'au retour à l'état normal des selles, date à partir de laquelle le régime habituel sera progressivement rétabli.

Les diarrhées chroniques

La frontière entre diarrhée aiguë et diarrhée chronique est difficile à marquer, car une diarrhée aiguë, telle que nous venons de l'envisager, peut persister en cas de traitement insuffisant ou inadapté.
Elles sont généralement moins spectaculaires que les précédentes, mais tout aussi gênantes, tant pour le chien que pour le propriétaire. Leurs origines sont, elles aussi, fort nombreuses mais, pour avoir fréquenté de nombreux Huskies de Sibérie, nous reconnaîtrons dans cette race une cause principale: une mauvaise digestion glucidique.
En effet, il n'est pas rare de constater que, chez le Husky, la distribution d'un régime qui ne poserait pas de problème chez une autre race devient source d'une diarrhée persistante. Ce phénomène est sans doute à relier à une insuffisance en certaines enzymes digestives (amylase pancréatique) propre à la race et sans doute à l'ensemble des chiens nordiques.
Dès lors, la prévention de tels symptômes passe par un strict respect des normes alimentaires fournies dans les chapitres précédents: bien souvent, le fait de réduire la proportion de glucides présents dans la ration suffit à faire cesser un épi-

sode diarrhéique. Ce n'est qu'en cas de persistance de la maladie après examen de la ration qu'il conviendra de consulter son vétérinaire traitant.

Le syndrome dilatation-torsion de l'estomac

S'il existe une urgence chez le Husky de Sibérie, c'est lorsqu'apparaît le syndrôme dilatation-torsion de l'estomac, qui, dans tous les cas de figures, exige un traitement immédiat.

C'est là un accident très grave, à l'apparition brutale, aux symptômes dramatiques et à l'issue toujours fatale si une intervention chirurgicale n'a pas lieu dans les plus brefs délais (et encore, les meilleurs pourcentages de survie ne sont que de 30 à 50%). Cette pathologie, dont la gravité fait qu'elle induit rapidement un état de choc, doit être connue par le propriétaire; non qu'il puisse y faire quoi que ce soit, mais pour qu'il reconnaisse suffisamment tôt les symptômes afin d'emmener au plus vite le chien chez le vétérinaire.

Ainsi, les circonstances d'apparition sont importantes à retenir: la dilatation-torsion de l'estomac survient après un repas glouton (l'animal vorace ingère également beaucoup d'air), principalement lorsque celui-ci est suivi d'un exercice brusque. En effet, le repas ingéré va provoquer une surcharge de l'estomac, dans lequel les aliments vont rapidement fermenter, donc produire des gaz qui vont encore dilater celui-ci. Il en résulte un arrêt des mouvements de l'estomac qui se comporte alors comme une baudruche pleine d'eau et de gaz ne demandant qu'à tourner autour de son axe au moindre mouvement.

Dès lors, les symptômes sont caractéristiques: le chien est gêné, son ventre fortement ballonné (on parle de ventre en “peau de tambour”), il halète, a du mal à respirer, tente de vomir mais n'y parvient pas... A ce stade, sans intervention, il n'a plus que quelques heures à vivre! Il faut donc faire vite, et, à ce titre, il sera utile de prévenir le vétérinaire par téléphone afin que la salle d'opération soit prête dès l'arrivée du chien à son cabinet... ces quelques minutes lui sauveront peut-être la vie. S'il est bon de reconnaître l'affection, encore vaut-il mieux tenter de la prévenir, en respectant les règles suivantes (dont certaines ont déjà été détaillées):

- donner à l'animal un repas fortement hydraté, ce qui évitera aux aliments de gonfler dans l'estomac et allongera le temps du repas;
- pour les chiens ayant déjà fait une torsion de l'estomac, fractionner la ration en 3 ou 4 repas journaliers;
- ne jamais alimenter les chiens juste avant une course ou un entraînement;
- enfin il existe une modalité de rationnement qui supprime tout risque: le libre-service. Nous connaissons quelques mushers, propriétaires de nombreux chiens, qui ont adopté ce système qui se révèle par maints aspects le meilleur. Les aliments sont laissés en permanence aux chiens qui, s'ils se montrent très voraces au début, acquièrent vite un comportement normal en ne consommant que ce qui leur est nécessaire. Un autre avantage de ce système réside dans la disparition définitive des "bagarres" au moment du repas, puisque toute compétition entre les différents membres de la meute disparaît.

PATHOLOGIE SPECIFIQUE AU HUSKY DE SIBERIE

Pathologie cutanée

Nous ouvrons ce court volet non pour faire un tour d'horizon exhaustif de l'ensemble des maladies de peau du chien, mais pour donner au lecteur quelques précisions sur une affection cutanée caractéristique et spécifique du Husky: la *dermatose par carence en zinc.*

En effet, le Husky de Sibérie (tout comme le Malamute

d'Alaska) est prédisposé à cette affection. Celle-ci apparaît à partir de l'âge de 1 an et est souvent précipitée dans son expression clinique, par des stress comme la gestation, la lactation ou la course.
La maladie est caractérisée par l'apparition de zones de dépilation (perte de poils) aux jointures, essentiellement à la commissure des lèvres, autour des yeux ou à la base des oreilles; la peau se craquelle, se durcit (on parle "d'hyperkératose") et des croûtes apparaissent. L'animal se gratte peu.
Le diagnostic précis devra être établi par le vétérinaire et fait appel à la mise en œuvre d'un examen histologique, après ponction-biopsie (prélèvement sur l'animal d'un morceau de peau de la zone atteinte). Après quoi, le traitement en est fort simple et efficace, puisqu'il consiste en l'administration buccale journalière d'une solution de sulfate de gluconate de zinc.
Les mécanismes en cause sont encore mal connus, mais force est de constater que cette dermatose régresse très vite après l'administration de zinc chez le Husky.
Dans ce même chapitre concernant la pathologie cutanée, nous nous devons également d'évoquer certains épisodes hivernaux de *dépigmentation de la truffe* ("snow-nose" ou nez de neige des Américains) dont on ne connaît pas bien l'origine: la truffe de certains Huskies se décolore l'hiver (au point de devenir rose dans certains cas), peut-être en relation avec la réfraction du soleil sur la neige, peut-être également en liaison avec une phase d'anémie transitoire en début d'entraînement (à rapprocher de l'"anémie du sportif" évoquée précédemment).
Quoi qu'il en soit, les choses rentrent généralement dans l'ordre d'elles-mêmes.

Pathologie oculaire

Signalons enfin la mise en évidence occasionnelle de troubles oculaires graves, de type atrophie rétinienne progressive, sur certaines lignées de Huskies. Cette maladie, qui existe dans d'autres races de façon plus accrue, est grave, car elle conduit à la cécité du chien; malheureusement, elle reste encore impossible à dépister dans le jeune âge et il est toujours trop tard lorsqu'elle est mise en évidence (entre 3 et 6 ans).

PATHOLOGIES SPECIFIQUES A LA COURSE

Outre les problèmes de diarrhées déjà évoqués, la course est susceptible de provoquer, chez le Husky de Sibérie, une série de troubles pathologiques de gravité variable: atteintes traumatiques, musculotendineuses ou podales (figure 68).

Traumatologie du chien de traîneau en situation de course

Avec le développement d'activités sportives canines très spécialisées donnant lieu à d'âpres compétitions, comme celles de traîneau à chiens, on voit se développer sur les champs de course une pathologie particulière.

Origine des traumatismes

Un certain nombre d'éléments se révèlent être des causes prédisposantes quant à l'apparition de traumatismes divers:
- l'état de la neige et le tracé de la piste;
- le manque de condition physique du chien;
- l'absence d'échauffement préalable.

Concernant les causes strictement déterminantes, c'est le hasard qui finalement intervient le plus à ce niveau: un trou "mal placé" sur la piste peut se révéler catastrophique...

Il faut également signaler ici la relative fréquence des *coups de dents* entre chiens d'attelages différents (chien qui se détache de la "stake-out", attelages trop en contact sur la ligne de départ ou lors d'un dépassement mal conduit), à l'origine de déchirures ou de plaies souvent bénignes et ne nécessitant que quelques points de suture.
Plus graves, mais heureusement beaucoup plus rares, sont les *fractures* des membres. Dans un tel cas de figure, le propriétaire doit avoir une démarche très précise, en essayant d'immobiliser le membre fracturé au mieux (figure 68) afin de pouvoir sans encombre transporter le chien jusqu'à la clinique vétérinaire la plus proche. En cas d'hémorragie, même légère, la meilleure des solutions consiste non pas à mettre en place un garrot, mais à placer sur le lieu du saignement un pansement compressif fait de gaze et d'ouate (il existe d'ailleurs des gazes hémostatiques), quitte à le maintenir à la main jusque chez le vétérinaire.

COMMENT PRÉVENIR LES ACCIDENTS TRAUMATIQUES?

Afin d'éviter en course les accidents évoqués, on peut préconiser une série de mesures préventives:
- veiller au bon état de la piste, à ce que les spectateurs évitent de la traverser (ce qui laisse des traces de pas profondes, donc dangereuses), à ce qu'elle soit correctement damée;
- éviter toute présence de chiens "étrangers" à la course aux abords de la piste;
- échauffer correctement les chiens en les promenant ou en courant à petite vitesse avec eux (ce qui permettra également d'échauffer le musher).

On renforce la partie de l'attelle correspondant au lieu de fracture à l'aide de bois et de ruban adhésif

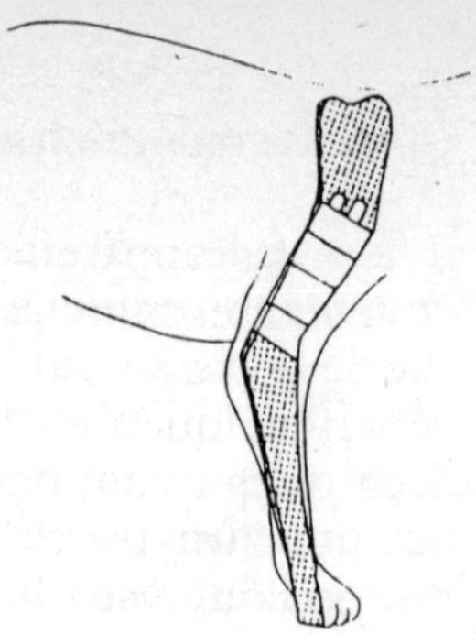

On place du coton sur le membre et le corps du côté atteint et on fixe l'attelle au membre, celui-ci étant rembourré au moyen d'une bande de gaze

On fait le tour du corps avec le coton. On fixe l'attelle au corps en encerclant celui-ci par le pansement. On tire en avant le membre opposé

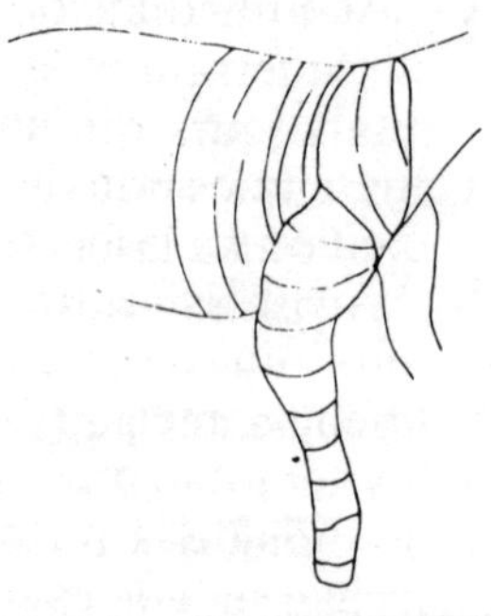

Figure 68: mise en place d'une attelle, en cas de fracture, permettant d'emmener sans encombre le chien chez le vétérinaire (d'après J. BOJRAB; *Techniques actuelles de chirurgie des petits animaux;* Vigot éd.)

Accidents musculaires et tendineux

Si tous les appareils se révèlent sensibles aux agressions sportives, les muscles et leurs tendons sont parfois soumis à rude épreuve.
C'est ainsi que l'on peut observer l'apparition d'affections diverses, qui vont de la simple inflammation du muscle ou du tendon (myosite, tendinite), à la rupture très spectaculaire et douloureuse (déchirure musculaire ou claquage, rupture ligamentaire). Le diagnostic précis de telles affections est du strict ressort du vétérinaire, mais là encore, la principale précaution réside dans un échauffement correct de l'animal, auquel on adjoindra des massages musculaires légers et la mise en œuvre de mouvements "forcés" (en ce sens que le chien ne les fera pas de lui-même) des articulations.

Outre le traitement médical, quelques règles simples devront être suivies afin de "réparer" au mieux la blessure:
- repos complet, presque toujours indispensable, et souvent mal ressenti par le caractère du chien;
- kinésithérapie (on peut rappeler ici l'intérêt de l'application immédiate de glace ou de neige, de l'immobilisation sur le terrain et le non-sens des massages durant les premiers jours qui suivent la blessure). Signalons que des techniques nouvelles, faisant appel aux champs magnétiques ou au laser, sont très efficaces sur les tendinites et la cicatrisation des claquages.

Pathologie des pattes et des coussinets

L'extrémité des membres et les coussinets plantaires sont soumis à rude épreuve lors des entraînements ou des courses. Ainsi, des processus inflammatoires se développent fréquemment, les chiens effectuant de longs déplacements sur des terrains irritant le tissu des soles plantaires: terrains caillouteux, goudron des routes (à éviter à l'entraînement), neige dure et abrasive, glace. Ce processus (on parle d'"aggravée"

Figure 69: le bon état des pattes et des coussinets est vital pour un Husky de course (dessin C. Lesueur)

dans d'autres races) est d'autant plus accru chez le Husky de Sibérie que ses espaces interdigités sont la plupart du temps poilus, ce qui amène la neige (lorsqu'elle est en cours de transformation) à former des agrégats de glace (les Américains parlent de "snow-balls") très coupants. Il en résulte des plaies dans les espaces interdigités, ainsi que des coupures ou des craquelures des coussinets toujours pénibles, car douloureuses et surtout très longues à cicatriser (d'autant plus que le chien est maintenu en activité).

Le traitement fait appel à des bains astringents et antiseptiques (solutions de Synthol ND), à l'application de pommades cicatrisantes et antiseptiques et bien sûr au repos.

Concernant la prévention, deux cas de figures sont envisageables.

• La neige est poudreuse et froide: on applique entre les doigts et sur les coussinets des "médications" à base de graisse et/ou de goudron de Norvège, ainsi qu'une solution dermatologique d'acide picrique.

• La neige est humide et se met facilement en bloc (il est aisé d'en faire des boules): outre le graissage des pattes, on peut procéder à la pose de *bottines* protectrices. Ces bottines sont fabriquées en textile synthétique ou en nylon solide et main-

tenues au moyen d'un ruban adhésif ou d'un système "Velcro". Leur bonne conception est importante:
- trop grandes, elles permettent au pied de glisser et l'échauffement dû au frottement ainsi réalisé est source de problèmes;
- trop petites, elles enserrent le pied et compressent les griffes, ce qui mène à une inflammation douloureuse de l'espace sous-inguéal;
- trop serrées au niveau du Velcro ou des rubans adhésifs, elles compriment l'ergot et peuvent l'amener à entailler la peau;
- à l'inverse, pas assez serrés, elles permettent l'entrée de la neige dans la bottine, ce qui se révèle très vite catastrophique (humidification du milieu, formation de billes de glace abrasives...).

Le coup de chaleur

Il peut paraître paradoxal d'évoquer le syndrome "coup de chaleur" pour un animal dont la principale utilisation se fait par temps froid. N'oublions pas que le Husky de Sibérie est également un chien de beauté susceptible de participer à des concours ou expositions et que l'entraînement au kart (ou la démonstration d'attelages lors d'exposition) est parfois effectuée par certains à 14 heures en plein soleil!
Le "coup de chaleur" correspond à une détresse cardio-respiratoire suraiguë, donc apparaissant très brutalement; elle survient par temps chaud, après une longue exposition au soleil, ou après un effort effectué lorsque la température est trop élevée.
Le chien est soudainement excité, haletant, suffocant et souffre. Il finit par tomber sur le sol et respirant de plus en plus difficilement, ses muqueuses (yeux, faces internes des babines) se foncent pour devenir violettes et il est très congestionné. C'est là une urgence vétérinaire primordiale, l'animal pouvant mourir à tout instant. La seule chose à

faire pour le propriétaire est de transporter rapidement son chien chez le vétérinaire, non sans lui avoir auparavant assuré la meilleure fraîcheur possible (ombre, air, glace sur le crâne). *Ne jamais asperger le chien avec de l'eau froide*, une telle pratique étant de nature à précipiter les choses dans le mauvais sens (par hydrocution).

La prévention du "coup de chaleur" est en fait fort simple, car logique:

- protéger les chiens du soleil et de la chaleur en exposition, voire en course (véhicules ou stake-out dans une zone ombragée);
- proscrire impérativement tout entraînement ou toute démonstration au kart en dehors des périodes hivernales entre 10 heures et 18 heures par beau temps;
- laisser toujours à disposition des chiens une gamelle d'eau fraîche.

PATHOLOGIE DE LA REPRODUCTION

Les maladies en relation avec la fonction de reproduction sont nombreuses, et toutes sont importantes en élevage puisque susceptibles de compromettre la rentabilité même de ce dernier. C'est pourquoi il nous a semblé illusoire d'envisager ici la description de ces affections, toutes se révélant du ressort du vétérinaire, à partir du moment où les règles d'hygiène et de conduite de la reproduction évoquées précédemment sont respectées. Le lecteur averti pourra se tourner avec profit vers l'ouvrage de notre collègue, le Professeur Jean-Paul Mialot (*Pathologie de la Reproduction chez les carnivores domestiques* - Editions du Point Vétérinaire - 1984).

Achat, papiers, expositions... ce qu'il faut savoir

Si le Husky de Sibérie est un remarquable chien de course, et si le sport de traîneau reste à notre avis sa grande finalité en terme d'utilisation, il n'en reste pas moins que ce chien se révèle être un remarquable compagnon dans la vie de tous les jours, et qu'un propriétaire pourra tirer d'énormes satisfactions de sa présentation en exposition.
C'est pourquoi, nous nous proposons de regrouper dans ce dernier chapitre tous les éléments qui s'avèrent nécessaires, tant sur le plan humain que sur le plan strictement légal, à l'acquisition d'un Husky de Sibérie et à sa "valorisation" en tant que chien de beauté.

L'ACHAT D'UN CHIOT HUSKY DE SIBERIE

Quelle que soit sa race et sans doute plus encore dans le cas d'un Husky de Sibérie, la décision d'achat d'un chiot ne doit jamais être prise à la légère. Elle implique au minimum 12 années de votre vie future et on ne compte plus les malheureux chiens achetés sur un coup de tête, puis retrouvés attachés à un arbre à l'approche des vacances...
Le chien va en effet perturber votre mode de vie, de manière parfois similaire à celle qui suit l'arrivée d'un enfant (mais gardons-nous d'aller plus loin dans l'anthropomorphisme): il est une charge matérielle supplémentaire, doit être convenablement logé, nécessite qu'on lui consacre du temps (pour

le nourrir, le promener, l'entraîner) et sera sans nul doute source de quelques désagréments dans son jeune âge.
Comme l'écrit notre confrère le Docteur Maurice Luquet, "il importe d'avoir étudié avec soin toutes les conséquences de cette vie commune en fonction du chien choisi, des possibilités familiales, de votre propre mode de vie. Il ne faut jamais se laisser aller au coup de foudre, irréfléchi par définition".
Concernant le choix de la race, sachez que le Husky de Sibérie est actuellement l'objet d'un phénomène de mode qui, à maints égards, lui est préjudiciable: on prend un Husky (dans certains cas...) par snobisme, pour avoir un chien qui se remarque, d'autant plus s'il a les yeux bleus! A l'opposé, un choix raisonné devra prendre en compte son caractère indépendant (encore que cela dépende, à notre avis, du comportement du propriétaire et de l'éducation fournie), sa soif de grands espaces (un appartement de 40 m^2 au 6e étage ne semble pas idéal) et son besoin vital de courir (peut-on encore accompagner le chien dans un jogging effréné à partir d'un certain âge?). De plus, malgré son caractère indépendant, le Husky est un chien grégaire: il aime la compagnie, les enfants... Evitez de l'acheter pour le laisser seul de 8 heures à 21 heures!
Un autre type de recommandation concerne les "papiers" dont vous devez pouvoir disposer à l'achat: certificat de saillie et de naissance s'il s'agit d'un chiot, pedigree s'il s'agit d'un adulte. A ce titre, l'acheteur devra être très prudent à l'égard d'un chiot provenant d'un élevage "amateur" et proposé moins cher parce que sans papiers. Sans accorder à ceux-ci plus d'importance qu'ils n'en ont (ils ne sont pas, à notre avis, une finalité), eux seuls vous renseigneront avec précision sur les origines du chiot et par voie de conséquence sur les caractères dominants de la lignée (les parents étant eux-mêmes possesseurs d'un pedigree, cela peut vous assurer de la pureté du type morphologique).
Dès lors, comment s'y prendre? Votre dévolu étant jeté sur un Husky, renseignez-vous sur les éleveurs qui en disposent,

le plus sûr moyen étant de contacter le Club de Race (Club Français du Chien Nordique): un chiot n'est pas un objet, il ne s'achète pas dans un supermarché, dans un grand magasin, voire même dans un magasin "spécialisé".
L'éleveur étant choisi, prenez contact avec lui, allez sur place et faites vous présenter l'élevage et la portée en cause. Demandez à voir la mère, qui sera d'ailleurs vraisemblablement avec ses petits (le père vient le plus souvent d'un autre élevage). En règle générale, les éleveurs commercialisent leurs chiots après sevrage, aux environs de 10 semaines. Cette date est importante, car nous avons vu que la sociabilisation du chiot s'établit autour de 8 semaines; séparer le chiot de sa mère avant cet âge serait une erreur. Il en résulterait une absence de sociabilisation qui se manifeste parfois par un "syndrome catatonique de l'isolé du chenil": le chiot, élevé seul est craintif, a peur de l'homme, ne sait pas où il est, fait ses besoins sous lui... C'est là un motif légal d'annulation de la vente.
Dès lors, toutes les conditions sont remplies pour l'acquisition définitive (les prix actuels oscillent entre 3 500 et 5 000 F), les détails de la vente ayant été préalablement fixés. L'éleveur n'a plus qu'à remettre à son acheteur les documents prévus par la loi:
- attestation de vente;
- carte de tatouage (encore appelée carte d'immatriculation);
- certificat de naissance;
- carnet de vaccination individualisé (avec vignettes des vaccins, identification du chien et signature du vétérinaire).

Concernant ce dernier point, l'acheteur doit savoir que l'éleveur n'est en aucun cas tenu de procéder à la vaccination du chiot; ce dernier doit seulement être en bonne santé. Si la vaccination a été effectuée, son coût doit être inclus (avec celui du tatouage) dans le prix de vente du chiot; la seule exception sera le cas où le vendeur, vous ayant averti, l'aura fait faire à votre demande.

QUELQUES CAS PARTICULIERS

Achat d'un chiot à l'étranger

Un chiot né à l'étranger ne pourra être importé en France que s'il a été correctement vacciné contre la rage (il ne peut donc avoir moins de 3 mois), la maladie de Carré et la maladie de Rubarth (hépatite contagieuse). Il devra de plus être accompagné d'un certificat de bonne santé, établi par un vétérinaire du pays d'origine et datant de moins de 3 jours avant le passage de la frontière.
De plus, de nombreux pays (U.S.A., Canada, Scandinavie...) utilisent contre la rage des vaccins vivants atténués non reconnus en France. Après consultation de votre vétérinaire, il faudra, dans la plupart des cas, envisager une revaccination antirabique du chiot, afin de le mettre en conformité avec la législation sanitaire française.

Achat par correspondance

Bien que cette modalité de vente nous apparaisse mauvaise à maints égards, elle est encore couramment pratiquée. Solution de facilité (ce qui en fait augure mal des futures relations entre le chien et son maître), elle ne devrait être réservée qu'aux personnes se trouvant dans l'impossibilité de se déplacer... Mais on peut alors se demander si le choix d'un Husky de Sibérie est bien judicieux! Dans ce cas, toutes les tractations se feront *par écrit*, l'ensemble des conditions de vente (prix, garanties d'origine, vaccinations...) devant s'y trouver consignées afin d'éviter toute mauvaise surprise.
L'expédition en elle-même se fait aux risques de l'acheteur; celui-ci devra donc être sûr que l'éleveur prend pour cet envoi un maximum de précautions. En plus des modalités pratiques du transport, il existe actuellement dans le com-

merce des caisses prévues à cet effet (du type de celles utilisées lors de transports aériens) tout à fait satisfaisantes. Une précaution à prendre est de faire constater dès la livraison le bon état de santé de l'animal par le livreur. Ce type de transport est pour le chiot (ou le chien) un stress important; il conviendra donc d'acclimater celui-ci très progressivement, aussi bien en ce qui concerne l'hygiène de vie que les habitudes alimentaires.
"Fermeté dans la douceur", c'est ainsi que l'on pourrait résumer l'attitude de l'acheteur dans les premiers jours qui suivent l'arrivée du chiot au foyer.

Achat d'un adulte

Dans l'absolu, les modalités pratiques d'achat d'un chien adulte ne diffèrent pas de ce que nous venons d'évoquer. L'acheteur devra simplement rester prudent et circonspect quant aux récompenses diverses et aux titres présentés: la validité de ceux-ci nécessitera de la part du vendeur la présentation, puis la remise de ces justificatifs.
L'achat d'un Husky de course ne sera effectué qu'après avoir pu apprécier (quitte à demander pour ce faire, l'aide d'une personne compétente) ses qualités en situation de course (lors d'un entraînement, voire mieux lors d'une compétition).

LA RESPONSABILITE DU VENDEUR DE CHIEN

Nous ne pourrions donner plus d'informations précises à ce sujet que n'a pu le faire notre collègue, le Professeur Guy Queinnec, lors d'un récent séminaire de la Société Française de Cynotechnie. C'est pourquoi nous recommandons au lecteur intéressé de prendre connaissance d'un article de la revue "*Pratique Médicale et Chirurgicale de l'Animal de Compagnie*" (organe de la C.N.V.S.P.A., Conférence Nationale des Vétérinaires Spécialistes en Petits Animaux), consacré à ce sujet.

LES PAPIERS DU CHIEN DE RACE

L'attestation de vente

Définie par le décret n° 75282 du 21 avril 1975.
Signée par le vendeur et l'acheteur (ou remplacée par un certificat de donation signé des 2 parties si l'animal est offert gracieusement), l'attestation de vente doit mentionner: la date de la vente, la date de la livraison, l'identité de l'animal, le prix de la vente, le nom et l'adresse du ou des vétérinaires choisis par les deux parties pour assurer le diagnostic en cas de maladie de Carré ou d'hépatite contagieuse. A ce titre, une visite de contrôle effectuée par le vétérinaire de l'acheteur doit être effectuée dans les 8 jours suivant l'achat.

La carte d'immatriculation par tatouage

Les chiens inscrits au L.O.F. (Livre des Origines Français) doivent être identifiés par tatouage (immatriculation enregistrée au fichier central des animaux de l'espèce canine, à la Société Centrale Canine), selon l'arrêté du 16 février 1971 (modifié le 28 juillet 1971).
Ce tatouage peut être pratiqué (de préférence entre 6 et 8 semaines), sur demande du propriétaire:
- par un vétérinaire praticien;
- par un tatoueur agréé, titulaire d'une autorisation obtenue auprès du Ministère de l'Agriculture sur proposition de la Société Centrale Canine.

Il est effectué à l'oreille ou sur la face interne de la cuisse et est composé de 1 à 3 lettres suivies de 3 chiffres. La carte de tatouage est remise au propriétaire (moyennant la perception d'un droit pour partie reversé à la S.C.C.) comprend 2 volets:

- l'un est conservé par le propriétaire;
- l'autre est transmis au plus vite à la S.C.C.

Le certificat de naissance

Délivré en application du décret du 26 février 1974, il est la preuve de l'inscription provisoire d'un chien au L.O.F. Prouvant que son titulaire est issu de géniteurs inscrits définitivement au L.O.F., il est le témoignage officiel de sa qualité de chien de race.

Pourquoi "inscription provisoire"? Parce qu'il est de règle qu'un animal ne soit définitivement inscrit au L.O.F. qu'après avoir été reconnu apte à contribuer au développement et à l'amélioration de sa race.

Pour sa délivrance, les formalités sont les suivantes.

1. *Le certificat de saillie* (imprimé spécial) est adressé à la S.C.C. par le propriétaire de la chienne dans les quatre semaines suivant la saillie. Il faut que les deux géniteurs impliqués dans une saillie soient inscrits définitivement au L.O.F. et donc détenteurs du pedigree.
2. A réception du certificat de saillie, la S.C.C. procède à toutes les vérifications nécessaires, ouvre un dossier avec attribution d'un numéro de référence et envoie au propriétaire de la chienne une liasse pré-remplie comportant deux parties (déclaration de naissance et demande d'inscription).
3. *La déclaration de naissance* doit être adressée à la S.C.C. par le producteur (propriétaire de la chienne) dans les deux semaines suivant la naissance.
4. Le producteur fait tatouer les chiots par un praticien habilité: ce dernier lui remet les cartes d'immatriculation des chiots ainsi que les volets correspondants destinés au Fichier Central. Les chiots doivent obligatoirement être identifiés par tatouage avant de quitter l'élevage et le pro-

ducteur est le seul responsable de l'application de cette règle.

5. Dès que les chiots ont été tatoués, le producteur adresse à la S.C.C. en un envoi groupé:
- la demande d'inscription, complétée et lisible (la totalité de la portée doit être déclarée; l'écart admissible avec la déclaration de naissance ne peut concerner que les seuls chiots morts);
- les volets d'immatriculation au Fichier Central;
- le titre de paiement des droits d'inscription.
6. Le dossier étant complet, les chiots sont enregistrés au L.O.F. et l'ordinateur établit les certificats de naissance. Ceux-là seront expédiés par paquet-poste recommandé au producteur de la portée qui a la responsabilité de les remettre ou de les adresser aux acquéreurs des chiots.

La cinquième formalité est de la seule compétence du producteur qui dispose, pour l'effectuer, d'un délai de cinq mois à compter de la naissance. Son non-accomplissement entraîne le blocage du dossier. Le producteur, alors seul responsable de ce blocage, peut être amené à en répondre personnellement devant les acquéreurs des chiots.

Le certificat de confirmation

Il est le témoignage de l'inscription définitive de son titulaire au L.O.F. Il atteste sa qualité de chien de race. Il prouve que son titulaire a été reconnu, après examen de confirmation, comme un reproducteur apte à contribuer au développement et à l'amélioration de sa race. Les chiots issus de deux parents détenteurs du pedigree ont automatiquement accès au L.O.F.

Pour la délivrance du pedigree, réglementée par le décret du 26 février 1974, les formalités sont les suivantes:

1. La délivrance est conditionnée par la réussite à l'examen de confirmation, qui est obligatoire pour les reproducteurs des deux sexes. Tout chien doit être tatoué et imma-

triculé au Fichier Central. Avant sa présentation à l'examen de confirmation, il est recommandé de vérifier que le tatouage est bien lisible.

2. *L'examen de confirmation* est demandé par le propriétaire du chien au moyen d'un imprimé spécial, le formulaire d'examen de confirmation, qui doit être lisiblement rempli et signé. L'âge minimal d'admission à l'examen de confirmation est variable selon les races.
   Cet examen est pratiqué soit en exposition, soit en présentation, soit sur les indications du club de race par un expert-confirmateur français. Lorsque le propriétaire présente son chien à l'expert-confirmateur, il doit être muni du certificat de naissance, de la carte d'immatriculation au Fichier Central, du formulaire d'examen de confirmation.
3. Lorsque la confirmation est accordée, le propriétaire du chien adresse à la S.C.C. en un envoi groupé:

- le formulaire d'examen de confirmation complété et signé par l'expert-confirmateur;
- le certificat de naissance original signé par l'expert-confirmateur (les photocopies ne peuvent être acceptées puisqu'il s'agit de remplacer un document provisoire par un document définitif);
- le titre de paiement des droits d'inscription.

4. Le dossier étant complet, la S.C.C. effectue les vérifications nécessaires, transmet au club de race, pour accord, le formulaire d'examen de confirmation signé par l'expert-confirmateur, procède à l'inscription au L.O.F. à titre définitif dès réception de l'accord du club de race; l'ordinateur établit le pedigree, qui est adressé au propriétaire du chien par pli recommandé.
5. Si la confirmation est refusée, le propriétaire du chien, estimant ce refus injustifié, peut, dans un délai de deux mois à compter de la notification, faire appel de la décision de l'expert-confirmateur. Les clubs de race disposent de leur côté de ce même délai de deux mois pour faire

appel de la décision de l'expert. Après versement d'une caution, le chien sera représenté devant un jury d'appel composé de trois experts (dont un accepté par l'appelant) qui siège au lieu et à la date fixée par la S.C.C. La caution reste acquise à la S.C.C. si l'appelant est débouté.

Lorsque le chien est titulaire d'un pedigree étranger, se renseigner auprès de la S.C.C. sur les formalités à accomplir pour le faire inscrire au L.O.F.

Au cas où le vendeur ne serait pas encore en possession du certificat de naissance, l'acquéreur est en droit d'exiger qu'il consigne sur l'attestation de vente le numéro du dossier en cours de traitement à la S.C.C. et son engagement à remettre le certificat de naissance à l'acquéreur dès qu'il l'aura reçu de la S.C.C.

Quelques adresses utiles

Société Centrale Canine
215, rue Saint-Denis
75093 PARIS Cedex 02
Tél.: 42.33.61.67

Club Français des Chiens Nordiques
Président: Monsieur J. Grace
19, rue du Docteur Guérin
59240 DUNKERQUE
Tél.: 28.69.26.42

Secrétaire: Madame M. Bartolozzi
"Dessevet"
Saint Julien en St. Alban
07000 PRIVAS
Tél.: 75.65.75.16.

Fédération Française de Pulka et Traîneau à Chiens
"Les Hutins"
Veraz
01000 GEX

PRESENTATION DU CHIEN EN EXPOSITION

Dans les expositions organisées en France par la Société Centrale Canine ou par ses Sociétés régionales affiliées, sont délivrés différents certificats, parmi lesquels des Certificats d'Aptitude au Championnat de Beauté (C.A.C.B.), voire dans certains cas des Certificats d'Aptitude au Championnat International de Beauté (C.A.C.I.B.) selon les règlements précis adoptés par la S.C.C. et la F.C.I. Les épreuves de travail (en l'occurence les courses de traîneaux) sont également susceptibles d'amener des points pris en compte dans ce type de jugement. Le lecteur intéressé pourra se procurer ces règlements auprès du C.F.C.N. ou de la S.C.C.

Que faire en exposition?

Après vous être inscrit à une exposition (la liste en est disponible auprès du Club de Race ou des Sociétés Canines Régionales), une première recommandation à indiquer à l'exposant est de n'y conduire qu'un chien en parfaite santé, en pleine forme ("en bonne condition"). Le second point très important est d'éduquer le chien à "bien se présenter", de manière à ce que le juge puisse apprécier convenablement ses mérites. Pour ce faire, le propriétaire pourra répéter chaque jour un exercice qui consiste à habituer le chien à se présenter de manière naturelle sur une surface horizontale, au repos absolu, répondant au commandement, ne tirant pas sur sa laisse et surtout restant indifférent à toute manifestation insolite (on pourra pour ce faire promener le chien dans un hall de gare). Il faudra également lui apprendre à rester au pied et à se laisser palper "sous toutes les coutures" sans réagir.

Le strict déroulement de l'exposition impose, quant à lui, de respecter impérativement quelques règles simples de conduite, voire de bienséance:

- présenter à l'entrée sa carte d'exposant et les certificats de vaccination du chien;
- chercher l'emplacement et la cage qui vous ont été réservés et y rester;
- repérer le ring de présentation du chien et répondre rapidement aux appels du micro;
- accrocher de manière visible la carte de ring à son vêtement;
- suivre scrupuleusement les désirs et les instructions du juge;
- amener le chien à se prêter docilement à tous les examens qui seront effectués sur lui (denture, conformation, toise...);
- ne jamais regarder le juge lors des présentations et des défilés, mais se concentrer sur le chien;
- *accepter, quelle qu'elle soit*, la décision que le juge prend en son âme et conscience; le juge est l'arbitre d'une rencontre sportive *amicale* (un peu particulière, certes...) et en aucun cas sa décision ne doit être discutée ou commentée;
- veiller à la propreté de votre chien, ne serait-ce que par respect des autres.

En résumé et en un mot, "soyez sportif" et considérez l'exposition comme une occasion de rencontrer des amis en prenant plaisir à montrer votre chien et non comme un ring de boxe.

Règlement de l'examen de sélection des chiens nordiques

Article 1. L'examen de sélection des Chiens Nordiques est ouvert à tous les propriétaires de chiens nordiques adhérant au Club Français du Chien Nordique et dont la cotisation est à jour. Les chiens devront être obligatoirement âgés d'un an au moins et posséder un certificat de naissance délivré par la Société Centrale Canine, ou être inscrits à un organisme reconnu par la Fédération Cynologique Internationale (provisoirement, seront acceptés les chiens inscrits "à titre initial").

Article 2. Cet examen de sélection a pour but de rechercher des sujets bien typés et bien équilibrés, au caractère nordique, ayant suffisamment de qualités apparentes pour faire un bon reproducteur.

Article 3. Les mensurations suivantes seront prises sur chaque sujet avant les jugements:

- hauteur au garrot;
- longueur du corps (de la pointe de l'épaule à la pointe de la fesse);
- longueur totale de la tête.

Des mensurations plus complètes pourront être prises sur les sujets retenus à la "sélection".

Article 4. Les chiens seront présentés devant un jury composé d'un ou plusieurs juges spécialistes de la race. Ils ne seront pas classés. Le ou les juges attribueront un qualificatif correspondant à la valeur du sujet par rapport au Standard. Chaque sujet sera jugé seul sur le ring, normalement en laisse, puis *sans laisse* pour apprécier ses attitudes naturelles.

Article 5. Durant l'examen sans laisse, le caractère de chaque sujet sera apprécié. Le chien devra rester calme, sans crainte ni agressivité.

Article 6. Parmi les chiens ayant obtenu le qualificatif "Excellent" et ayant été reconnus satisfaisants à l'épreuve de caractère, le Jury réuni attribuera à ceux ayant le plus de qualités apparentes le titre d'*étalon ou de lice sélectionnés* pour une durée de *3 ans.*

Article 7. Les mâles accompagnés de *quatre* de leurs produits, issus au moins de *deux femelles différentes,* et tous classés "excellent", se verront attribuer le titre d'étalon recommandé.

Les femelles accompagnées de *quatre* de leurs produits, sur *deux portées différentes,* tous classés "excellent", se verront attribuer le titre de lice recommandée.

Article 8. Les mâles accompagnés d'au moins *neuf* de leurs produits, issus de *trois femelles différentes* au moins, et tous classés "excellent", se verront attribuer le titre de reproducteur d'élite.

Les femelles accompagnées d'au moins *huit* de leurs produits, issus de *deux* mâles différents et tous classés "excellent", se verront attribuer le titre de reproductrices d'élite.

Article 9. Les sujets ayant obtenu le qualificatif "très bon" mais remplissant les conditions des articles 7 ou 8, peuvent concourir pour ces titres.

Article 10. Aucun titre ne sera attribué à un chien n'ayant pas passé avec succès l'épreuve de caractère.

Article 11. Il sera remis, pour chaque chien, un double des notes prises par le jury.

Les sujets pour lesquels il pourra être produit un certificat de contrôle de non-dysplasie se verront désormais attribuer un sigle distinctif: (a)

RECENSEMENT DES CLUBS DE SPORT DE TRAINEAU

• *Nord*

Troika: Ph. de Smet - 46, rue de Paris - 59130 Lambersart.

• *Bretagne, Pays de Loire*

Club Performance Traîneaux à chiens (CPTC): D. Anée - 29, rue du Plessis de Grenedan - Tél.: 40.74.86.06.

• *Région parisienne*

Ass. des Sports de Traîneaux d'Ile de France (ASTIF): J. Philip - 24, rue de la Source - 77810 Bi-Thomery - Tél.: 60.70.00.56.

Club de la Pulka et du Traîneau à Chiens d'Ile de France (CPTCIF): F. Mannato - 5, rue du Pavé - 78490 Le Tremblay-sur-Mauldre - Tél.: 34.87.84.49.

• *Lyonnais, Ain*

Club sportif de Traîneau et Pulka (CSTP): P. Leduc - 24, rue Etienne Richerand - Villette 69003 Lyon - Tél.: 78.53.68.86.

• *Haut-Jura*

Ass. des Conducteurs de Traîneaux des Hauts plateaux Franc-Comtois (AMAROK): A. Begou - Les Granges Michel Les Verrières-de-Joux - 25300 Pontarlier - Tél.: 81.39.15.17.

• *Ardennes*

Amis Ardennais du Chien de Traîneau (AACT): JC. Charles - Les Vieux Prés Pouru aux Bois - 08140 Douzy - Tél.: 24.26.32.15.

• *Alpes*

Comité du Mont-Blanc de Pulka et du Traîneau à Chiens: P. Muffat - rue de Savoie - 74700 Sallanches - Tél.: 50.58.36.93.

Club Dauphinois des Sports de Traîneau (Traîneau Dauphinois): D. Metz - 22, Chemin de la Revirée - 38240 Meylan - Tél.: 76.90.71.42.

Club des Sports de Traîneau de Chamrousse-Belledonne: C. Rage-les-Adrets - 38190 Brignoud - Tél.: 76.71.06.99.

Bibliographie

- ALTHAUS T. *La sélection du chien par l'endurance* - Première journée de médecine sportive canine 1985 - Ed. Point Vétérinaire-Canina S.A.
- ASTRAND P.O./RODAHL K. *Précis de physiologie de l'exercice musculaire* - 1980 - Ed. Masson - Paris.
- BLOCH T. *L'entraînement d'un attelage de chiens de traîneau* - Première journée de médecine sportive canine 1985 - Ed. Point Vétérinaire-Canina S.A.

Un sport de glisse qui a du chien - Fascicule de club de la pulka et du traîneau à chiens - 1981.
- BOJRAB J. *Techniques actuelles de chirurgie des petits animaux* - 1978 - Ed. Vigot - Paris.
- BREARLEY J.M. *This is the siberian Husky* - 1974 - Ed. T.H.F. - Neptune city (U.S.A.).
- BULLETIN DU CLUB FRANÇAIS DES CHIENS NORDIQUES.
- BULLETIN DU CLUB DE LA PULKA ET DU TRAINEAU A CHIENS.
- BULLETIN DE L'INTERNATIONAL SIBERIAN HUSKY CLUB.
- COLLINS D. *The Collins guide to dog nutrition* - 1984 - Ed. Howell Book - New York (U.S.A.).
- DEMIDOFF L.B. *How to raise and train a siberian Husky* - 1983 - Ed. T.H.F. - Neptune city (U.S.A.).
- DEMIDOFF L.B./JENNINGS M. *The complete siberian Husky* - 1984 - Ed. Howell Book - New York (U.S.A.).
- DENIS B. (Prof.) *Génétique appliquée à l'espèce canine* - 1984 - Ecole vétérinaire de Nantes - Chaire de zootechnie.
- EGEDE H. *Description et histoire naturelle du Groenland* - 1763.
- ELLIOT R. *The new dogsteps* - 1984 - Ed. Howell Book - New York (U.S.A.).
- FERRANDO R. *Alimentation du chien* - 1973 - Ed. Vigot - Paris.
- FOX E./MATHEWS D. *Bases physiologiques de l'activité sportive* - 1984 - Ed. Decarie - Montréal (Canada).
- GAU C. *Le chien de traîneau dans l'armée danoise* (Rapport de stage) - 1984 - Ecole vétérinaire d'Alfort.
- GRANDJEAN D. *Nutrition hyperlipidique et aptitudes sportives à l'effort d'endurance chez le chien* (Thèse doctorat Nutrition) - 1983 - Université Paris VI.

• GRANDJEAN D./MATEO R. *Les bases de l'entraînement* - Première journée de médecine sportive canine 1985 - Ed. Point Vétérinaire-Canina S.A.
Aspects métaboliques de l'exercice musculaire chez le chien - Première journée de médecine sportive canine - 1985 - Ed. Point Vétérinaire-Canina S.A.
• GUILLET E./ROUSSELET-BLANC/GRAFFARD C./LENORMAND/GRANDJEAN D. *Les chiens de chasse* - 1985 - Ed. Larousse - Paris.
• HADWEN S. *Sledge dogs / The canadian sledge dogs of the eastern and western artic in "The Polar Record"* - 1935 - pp. 62-75.
• HALL C.F. *Narrative of the north polar expedition USA Polario* - 1871 - pp. 231-263.
• JENSEN B. *Folkways of Gröenland dog-keeping* - Dansk etnografisk tideskrift - 1961 - pp. 43-66.
• LEMAY P. *Le traîneau à chiens d'hier à aujourd'hui* - 1977 - Ed. de l'Aurore - Québec (Canada).
• LOUVEAU P. *Le siberian Husky* (Thèse doctorat vétérinaire) - 1983 - Alfort.
• LUQUET M. (Dr) *Le berger de Brie ou briard* - 1983 - Ed. De Vecchi - Paris.
Le chien (morphologie, extérieur, esthétique) - 1981 - Ed. Maloine - Paris.
• MIALOT J.P. *Pathologie de la reproduction chez les carnivores domestiques* - 1985 - Ed. Point Vétérinaire - Maisons-Alfort.
• NESBITT G.H. *Canine and feline dermatology* - 1983 - Ed. Lea and Febiger - Philadelphia (U.S.A.).
• PISANO B. *Siberian Huskies* - 1979 - Ed. T.H.F. - Neptune city (U.S.A.).
• RASMUSSEN K. *Report of the fifth thule expedition* - 1921-1924.
• REVUE *Vos chiens.*
• RECUEIL DE MEDECINE VETERINAIRE. *Gastro-entérologie des carnivores* - 1982 - Numéro spécial.
• RUCKEBUSCH Y. *Physiologie, pharmacologie, thérapeutiques animales* - 1977 - Ed. Maloine - Paris.
• SEVESTRE J. *Eléments de chirurgie animale* - 1980 - Ed. Point Vétérinaire - Maisons-Alfort.
• THOMSON R. *Cart and sled dog training* - 1981 - Ed. Raymond Thomson - Washington (U.S.A.).
• TOMA B. (Prof.) *Cours sur la vaccination du chien* - 1983 - Ecole nationale vétérinaire d'Alfort (service des maladies contagieuses).
• VILLA N. *Les chiens de traîneau et le sport de traîne* (Thèse doctorat vétérinaire) - 1984 - Alfort.
• WOLTER R. *L'alimentation du chien et du chat* - 1982 - Ed. Point Vétérinaire - Maisons-Alfort.

(Remerciements à notre ami Roger Hurisse).

[illegible] R. *[illegible]* [illegible] - Ed. Point Vétérinaire [illegible]

[illegible] - Ed. Point Vétérinaire [illegible]

[illegible] ET [illegible] CASTARO [illegible]
[illegible] 1983 - Ed. [illegible]

[illegible] - *The [illegible] of the [illegible]*
[illegible]
[illegible]

[illegible] *dog* [illegible] - Dansk [illegible]

[illegible] - 1971 - [illegible]

[illegible] vétérinaire [illegible]

[illegible] 1983 - Ed. [illegible]

[illegible] - Ed. Maloine [illegible]
[illegible]
[illegible]
[illegible] - 1983 - Ed. [illegible]

[illegible] - Ed. [illegible] - [illegible]

[illegible] - 1981-1982 [illegible]

[illegible]

[illegible]

[illegible] - 1980 - Ed. Point [illegible]

[illegible] dog [illegible] - Ed. Raymond [illegible]

[illegible] - 1981 - [illegible]
[illegible] contagieuses)
[illegible] (Thèse [illegible]

[illegible] - 1982 - Ed. Point [illegible]

[illegible]

Table des matières

Dans la même collection

Le grand livre des chevaux
L'élevage des escargots
Cobayes et Hamsters
Les pigeons voyageurs
Elevage moderne des abeilles
Les chats à poil long
Elevage des poissons en eau douce
L'élevage des bovins
Votre chat
Le livre du chat
L'élevage moderne des lapins
Poissons d'eau douce
Les maladies des oiseaux de cage
Le cheval de selle
Le grand livre des canaris
L'élevage moderne des porcs
Perruches et perroquets
La basse-cour
L'élevage des chèvres et moutons
L'élevage des lombrics
L'élevage des lapins nains
Les pigeons de rapport
Comment élever, dresser vos canaris et les entraîner au chant
Les oiseaux exotiques
Améliorez la santé de votre chien

Achevé d'imprimer
en mai 1988
à Borgo San Dalmazzo (Cuneo), Italie,
sur les presses de
Istituto Grafico Bertello
Dépôt légal: mai 1988
Numéro d'éditeur: 1879